KB238287

천년을 움직이는 교육

실기교육방법론

| 천년을 움직이는 교육

실기교육방법론

교육의 규범적 측면

교화와 교육이 같다고 보는 또 하나의 이유는 두 개념 모두 무엇인가 가치 있는 것
이 달성되어야 한다는 기준을 내포하고 있다는 것이다. 교육과 가치 있는 것과의
관련은 특정한 내용을 개입시키지 않고도 성립하기 때문이다.

한 만 봉 지음

KSi 한국학술정보㈜

서 문

교육은 백년을 책임져야 한다. 그럼에도 불구하고 한국 교육은 그렇지가 못하다. mrgl 입시교육을 교육부 장관이 바뀔 때마다 바뀌어가고 있다. 이러한 체제라면 교육에 대한 국민의 관심은 서서히 불신으로 변하여 퇴보로 갈 것이다.

앞으로 미래를 발전으로 이끌기 위해서는 현장중심 교육이 튼튼히 서서 지속적 발전교육으로 가게끔 하여야 할 것이다. 이에 본 실기교육방법론을 저술하게 된 계기이다.

이 책은 평범한 모든 국민이 쉽게 이해하고 공감대를 형성할 수 있는 이론과 용어로 저술되었다. 실기교육방법론이라는 책이 시중에는 수십 종에 이르고 있다. 그러나 대부분 기존의 학설과 이론을 답습하는 선에서 작업되었다. 본 책에서는 이러한 문제점을 극복하고 다원적이고 종합적인 시각에 입각하여 다루었다. 정치, 경제, 사회, 문화의 종합적 이론들을 교육에 접목시켜 실질적인 실기교육이 무엇인지를 밝혔다.

이 책은 현실적인 현장교육서이며 비전과 꿈과 소망을 심어주는 현실 적용의 살아 있는 책이 될 것이다. 이 책을 통하여 미래사회 지도자가 많이 배출되고 자부심과 긍지를 갖는 사람들이 많이 나오기를 바란다. 다만 내용을 포괄적으로 다루다보니 학문에서 필히 다루어야할 부분들을 누락시킨 부분들이 없진 않다. 또한 내용 및 전개상 여러 부분들을 국내외 학계, 전문가의 이야기를 요약 발췌한 부분들이 있음을 밝힌다. 그러나 독창적인 아이디어로 예화 적용을 통해 재미있게 접근함은 필자의 독창적임을 밝혀둔다.

끝으로 이 책을 출판하기까지 도움을 주신 출판사 관계분들과 강태우 선생님, 이승희 선생님, 박상희 선생님, 학술정도 모든 분들께 감사를 표한다.

2007년 11월 성균관대학교 중앙도서관에서
한만봉 씀

목 차

I

교육의 기본적 논의

1. 교육의 개념

　교육이라는 개념은 기존의 이론적인 면에서부터 현장적용 실기 등
다양한 분야와 포괄적인 의미를 가지고 있다. 그러므로 교육을 단순하
게 구분 짓는 것은 불필요하며 단순하게 구분 지었다고 해서 그것이
정답이 될 수는 없다. 과거에 철학자들이 다루어온 정의나 지식과 같
은 말은 현대로 적용할 때 보면 여러 가지 상이한 용도를 가지고 있다
고 볼 수 있다. 소크라테스에서부터 무어에 이르기까지 철학자들은 이
런 여러 가지 이론적 관념을 합리화하고 공식화하려 했다. 그러나 다
른 한편에서 본 학자도 있다. 비트겐슈타인은 이들의 생각이 잘못되었
다고 지적했다. 왜냐하면 말의 용도는 하나의 정의로 포괄될 수 있는
것이 아니고 복잡한 유사성으로 연결되어 있기 때문이다. 교육이라는
용어(활동으로서의 교육이 아닌 용어로서의 교육)의 용도 또한 명확한
정의로 포괄될 수 없는 용도가 있음이 사실이기 때문이다. 그렇다고
해서 교육이란 말의 핵심적 어의에 부합하는 사용기준이 없다는 뜻은
아니다. 중요한 것은 용어의 용도 중에서 근본적인 것과 지엽적인 것
을 분간하고 어떤 용어를 어떻게 사용해야 하는가와, 무엇을 위해 사
용하는가가 중요한 관건이 된다.

　많은 사람들은 진정한 교육의 의미를 이해하지 못할 때가 많다. 그
리고 이해하더라도 편협되거나, 고정관념식의 가치로 미리 판단하고,
해석하여 정답을 만들어 버리는 오류를 갖고 있다. 우리가 알아야 할

것은 모든 단어는 사물의 이름이 그 전형적인 지시대상과 관련하여 의미를 가지는 것과 같은 방식으로 의미를 가지는 것이 아니라는 것이다. 교육 또한 이런 용어에 속한다. 교육이라는 용어는 재배라는 단어와 달리 어떤 특정한 활동을 지칭하는 용어가 아니다. 교육은 교화와 마찬가지로 특정한 활동이나 과정을 꼬집어서 지칭하는 것이 아니라 어떤 활동이나 과정이 갖추어야 하는 기준을 명시하는 것이다. 그러므로 교육은 쉬우면서도 어려운 것이 된다. 교육을 잘 받은 나라는 선진국이 되고, 교육이 제대로 되지 못한 나라는 후진국에 머무를 수밖에 없다. 한국이 선진국 대열에 진입하고, 국가 신인도가 높아지며, 한국 돈을 가지고 다른 나라에 갔을 때 많은 것을 누릴 수 있는 근본적인 힘은 어디에서 나오느냐 하면 그것은 교육에서 나온다. 그래서 나라마다 교육을 중요시하는 것이다. 즉 인간만이 교육적인 고등동물이기 때문이다. 그러면 한국교육은 과연 이런 교육 본연의 길을 가고 있는 것인가? 부정부패, 편법, 부정입시, 뇌물수수 입학(특히 예술 교육 쪽이 많다), 정치인의 비리, 기업인의 탈법, 교사의 자질저하, 학생의 하향평준화, 교육계의 공익우선이 아닌, 이익우선 실태, 사교육의 문제, 전통교육의 부재와 평가절하, 순수학문의 위기, 이공계의 붕괴, 인문계의 가치절하, 돈이면 모든 것이 해결되리라고 보는 황금만능주의, 특정단체의 종교적 편협성 등등 수많은 문제를 안고 있는데, 이것을 해결할 진정한 교육은 존재하고 있는가를 보아야 한다. 그러므로 교육은 중요하고 힘들다는 것이다.

　방관해서도 안 되며, 지나치게 강압적이어서도 안 된다. 어느 정도의 선에 맞추어야 하는지가 관건이 되는 것이다. 이를 위해 교육과 교화가 조화를 갖추어야 한다.

1) 교육의 규범적 측면

교화와 교육이 같다고 보는 또 하나의 이유는 두 개념 모두 무엇인가 가치 있는 것이 달성되어야 한다는 기준을 내포하고 있다는 것이다. 교육과 가치 있는 것과의 관련은 특정한 내용을 개입시키지 않고도 성립하기 때문이다.

(1) 교육의 과업·성취분석

교육이라는 말속에는 무엇인가 가치 있는 것이 전달되거나 촉진된다는 뜻이 들어 있다. 교육학자 라일이 말한 바대로 성취어의 특수한 경우가 교육이라는 것이다.

- 라일은 과업어와 성취어의 구별을 통해 교육을 보았다.
- 과업어: 탐색하다. 경주하다. 추리하다. 경청하다.
- 성취어: 발견하다. 승리하다. 결론 맺다. 이해하다.

① 성취어는 과업어의 활동이나 과정 이외의 부가적 활동이나 과정을 나타내는 것이 아니라 과업을 성공적으로 수행한 결과를 나타내는 것이다. 그러나 성취가 반드시 가치 있다거나 과업이 도덕적으로 옳다는 뜻이 들어 있는 것은 아니다. 그러나 교육의 경우에는 그런 뜻이 들어 있다. 왜냐하면 누구를 교육한다고 하는 것은 비단 어떤 일을 성취했다는 것만이 아니라, 그 일이 가치 있는 일이라는 것을 의미한다. 뿐만 아니라 그 일을 하는 방법이 도덕적으로 이론의 여지가 없어야 한다는 뜻도 그 속에 들어 있다.

② 또한 교육이란 말은 성취뿐만 아니라 여러 종류의 과업도 포함한다. 즉 교육은 노력의 뜻과 성공의 뜻을 모두 포함한다.

③ 교육이란 말이 어떤 특수한 상황을 지칭하는 것이 아니듯이 교육이
실현하고자 하는 가치 있는 것에도 수많은 종류의 성취, 가치 있는
정신상태가 포함되어 있다. 이것이 교육목적에 관한 논의가 분분한
근본적 이유이다. 반면 라일의 성취어 중 대부분은 보다 특수한 정
신상태를 가리키며 과업 또한 특수한 활동들로 볼 수 있다.

(2) 교육의 목적

● 교육의 내재적 목적: 개인의 잠재능력의 발달이나 지력과 인격의
　발달을 말한다.

지력과 인격을 개발한다는 것은 곧 가치 있는 것을 개발한다고 하는
말의 구체적인 내용을 명시하는 것이며 이것이 바로 어떤 사람을 교육
한다는 말의 의미이다. 따라서 교육목적은 특정한 성취 또는 정신상태
를 명백히 규정함으로써 '교육받는 사람'이라는 형식적인 개념에 실질
적인 내용을 부여한다. 이러한 결론은 목적의 개념을 잘 분석해 보더
라도 알 수 있다. 목적이란 말은 추진 중인 활동의 초점이 되는 것에
주의를 집중한다는 뜻과 그 일을 이룩하지 못할 가능성이 있다는 뜻이
동시에 들어 있다. 교육과 관련하여 목적이 그토록 자주 입에 오르내
리는 것은 지극히 당연하다. 교육이라는 활동은 사람들이 아주 심각하
게 생각하고 있으면서도 그것을 통하여 무엇을 성취하고자 하는가를
언제나 명확하게 파악하지 못할 뿐만 아니라 진정한 성취를 하기가 그
다지 쉽지 않은 활동영역이기 때문이다. 그러므로 교육의 목적이 무엇
인가를 묻는 것은 사람들로 하여금 성취할 가치가 있는 것에 관하여
명확한 인식을 가지게 하고 그것에 주의를 집중시키는 한 가지 방법이
다. 반면 외재적 목표를 알고 싶을 때 하는 의도가 무엇인가, 그 일을
하는 동기는 무엇인가라는 질문은 교육자체에 관해 물을 때는 이상하
다. 왜냐하면 교육이라는 것은 궁극적으로 가치 있는 것을 전달하는
일이며 따라서 그 질문은 마치 좋은 삶을 사는 의도를 묻는 것 같이

되어버릴 것이기 때문이다. 그러나 그 질문은 교육에 속하는 여러 가지 세부적인 활동에 관해서는 충분히 물어볼 수 있는 질문이다. 흔히 교육의 목적과 의도사이의 혼란은 교육적 가치를 가질 수 있고 또 통상 가지고 있는 활동에 관하여 말해야 할 내용을 교육 그 자체에 관하여 말하기 때문에 빚어진다.

2) 교육의 인지적 측면

- 교육은 인지가 필수적이다. 인지가 없는 교육은 그 효과를 백퍼센트 누릴 수 없다. 직접적인 인지 또는 간접적인 인지 두 가지를 볼 수 있다.

(1) 지식과 이해

교육받은 사람이 되기 위해서는 단순히 기술 내지 방법상의 요령을 터득하기만 해서는 부족하다. 교육받은 사람이 되는 데는 또한 일군의 지식과 모종의 개념구조를 가지고 있어서 그런 방법상의 요령을 잡다한 사실수집 이상으로 끌어올릴 수 있어야 한다. 말하자면 사실을 전체적으로 조직하는 원리에 관하여 다소간의 이해를 가지고 있어야 한다는 뜻이다.

- 교육받은 사람에게 필요한 지식의 요건을 화이트헤드의 이론을 통해 살펴보면 다음과 같다.
- 교육은 무기력한 지식이어서는 안 된다. 이 의미는 첫째, 지식은 서로 유리되어 있는 것이 아니라 전체적으로 사물을 보는 안목을 이루어야 한다는 것이다. 둘째, 교육받은 사람의 지식은 어떤 사고의 형식 안에 들어와 있다는 데서 당연히 따라오는 그러한 확신을

내포하고 있어야 한다. 확신이 없을 때 사고의 형식이란 전혀 무의미해진다. 이는 소크라테스와 플라톤이 '지식은 덕'이라고 한 말에서 확인할 수 있다.

(2) 안 목

안목이 없는 사람은 자기가 하고 있는 일에 관해 아주 제한된 생각밖에 가지고 있지 않다. 과학자를 예로 들면 안목이 부족한 사람은 과학에 관련된 일을 하면서도 과학과 과학 이외의 여러 가지 다른 것들과의 관련, 말하자면 삶의 정연한 패턴 속에서 과학이 차지하고 있는 위치를 볼 수 없다. 이런 사람에게 우리는 교육받은 사람이라는 칭호를 붙일 수 없다.

우리는 철학자로서 과학자로서 또는 요리사로서 각각의 분야에 필요한 능력을 길러주는 일에 관심을 가질 경우에는 훈련이라는 말을 쓴다. 그러나 교육의 경우에는 철학자로서, 과학자로서 또는 요리사로서 교육받았다고는 하지 않는다. 교육이라는 것은 이와 같이 전문화된 능력에 국한될 수 있는 것이 아니기 때문이다. 물론 우리는 그와 같은 훈련을 받은 사람들이 동시에 교육받은 사람이기도 한가를 물을 수 있다. 이것을 물을 때 우리는 적어도 그러한 전문적인 직업인으로서 그들의 안목이 어느 정도 넓은가를 따지는 것이다.

(3) 교육과 훈련

훈련이라는 것은 제한된 기술이나 사고방식을 길러주는 것임에 비해 교육은 보다 넓은 개념체계를 다룬다. 훈련받은 마음을 가진 사람은 자기 앞에 놓인 특정한 문제를 꼼꼼하게 또 유능하게 해결할 수 있다. 그러나 교육받은 마음이라고 말할 경우에는 그러한 분위기의 여러 국면 내지 차원을 넓게 의식하고 있다는 뜻이 들어 있다. 다시 말해 훈련은 제한된 상례적 상황에서 적절한 상황파악 내지 습관적인 반응을 하도록 하는 것이며 교육에서와 같은 보다 넓은 인지적 의미가 없다. 따라서 훈련의 개념은 특수한 목적 내지 기능을 위하여 또는 제한된 범위의 사고방식이나 실천기준에 맞게 사용될 것을 전제로 하여 기능 이나 능력이 습득되는 경우에 적용된다.

3) 교육적 과정의 기준

'교육이라는 것은 가치 있는 것을 전수하는 작용'을 말한다. 따라서 교육의 목적은 가치 있는 것이 무엇인가를 따져보고 교사는 가치 있는 일을 날인하여 주고, 교실수업을 통해 또는 체벌과 같은 강제 수법을 통해 마음의 틀에 가치 있는 일을 채워 넣는 일이라는 교육적인 작용 을 표현하는 방법으로 사용되었다.

그리고 아동중심 교육은 교육 내용의 가치를 등한시하면서 교육의 '내용'보다는 '방법'에 주의를 집중시킨 것이다. 따라서 교사에게 요구 된 것은 아동존중과 최대한의 불간섭, 아동의 흥미, 필요, 발달 단계에 대한 이해였다. 교사는 아동이 경험을 통해 학습하게 하고 선택하게 하여 성장하게 하는 것이다.

그러나 아동의 교육내용의 가치문제에 대해 도외시해도 좋은 것은 아닌데, 그것은 아동의 성장이 어떤 방향으로 이루어져야 하는지, 아동 의 흥미 중에서 어떤 것이 개발되어야 하는가를 결정하는 것이다. 그 게 바로 아동 중심 교육에서의 교육내용의 가치이다.

과거의 형식적인 면을 강조한 교육자들은 '내용'에 집중한 나머지 '방법'에 대한 융통성이 부족하였다.

'아동중심'의 이데올로기를 신봉하는 사람들은 '교육'이라는 말을 '이 끌어낸다'라는 말과 관련되어 있다고 생각한다. 스티븐슨은 안에 있는 것을 계발한다는 의미로 '설득적 정의'라는 말을 사용하였는데, 그에 의하면 '안에서 이끌어 내는 과정적 원리에 따라 질시되는 것이 아니면 무엇이든지 교육으로 간주될 수 없다'고 하였다. '교육'이라는 말은 어떤 활동이 만족시켜야 하는 기준을 명시하는 것이라고 한다. 그 기준 중의 하나는 교육활동 속에 무엇인가 가치 있는 것이 내재해 있어야 한다는 것이다. 또 하나의 기준은 이해와 안목이 있어야 한다는 것이다. 즉 가치 있는 것을 소중히 여기고, 그것에 흥미를 가지며, 나아가서 그것을 잘 알고 자유롭게 사용한다는 뜻이 들어 있다. 예를 들어 과학자가 과학을 물질적 이득의 수단으로 생각한다면 그것은 '교육'받은 사람이 아니다. 교육과 '이끌어 낸다'라는 관련을 확고하게 하는 개념적 사실은 '과업'이라는 말인데, 여기서 교육의 과업이라는 말은 학생, 교사의 과업 둘 다 가리킨다. 교사의 과업은 학습과정과 뗄 수가 없는데, 학습과정은 마지막 과정인 성취와의 관련에서 이루어진다. 또한 성취는 반드시 학생의 성취라야 하는데, 교사의 성취는 오직 학생의 성취로만 정의될 수 있다는 것이다. 따라서 훌륭한 교사란 아이들이 처음에 흥미를 느끼지 못하는 일에 계속 전념하도록 할 수 있는 사람들이다.

'가르친다'라는 의미를 셰플러는 그 과정에서 교사가 자기의 견해를 제시하여 학생들이 그것을 이해하고 독립적으로 판단하도록 하는 것, 학생들이 이해를 요청할 때 거기에 응하는 것, 학생들이 충분히 설명을 받았다고 생각할 때까지 설명을 계속하는 것을 의미한다. 이 점에서 우리의 이유를 학생들에게 보여주고, 또 그렇게 함으로써 학생들의 평가와 비판을 받는 일이라고 하였다. 이상 셰플러의 말은 교사의 가르치는 행위와 이유를 제시하는 것이라고 하였다. 여기서 교육적 의도라는 것은 학생에게 지식이나 기술이나 행동방식을 가르칠 뿐만 아니라 그 속의 숨은 의미까지 학생들이 이해하고 평가할 수 있도록 가르치는 의도를 말한다.

그러나 '가르친다'는 의미를 '교육한다'는 의미와 같게 생각할 수 없다. '가르친다'는 의미가 '교육'의 두 가지 조건을 만족시키지 못할 경우 '교육한다'고 말하지 않는다.

우리는 조건화나 세뇌를 교육이라고 부르지 않는데 그 이유는 아이가 스스로 무엇을 배웠는지, 무엇을 이해했는지 의식하지 못하기 때문이다. 다시 말하면 교육의 개념은 교육받는 개인으로 하여금 무엇인가를 성취하게 하도록 하는 것, 어떤 기준에 도달하게 하는 과업인 것이다.

교화(indoctrination)는 조건화와 마찬가지로 교육에서 제외되지 않는다. 왜냐하면 교화는 교리(doctrine)와 관련이 있고, 교리는 일종의 신념이기 때문이다. 따라서 교화를 위해서는 교리를 이해하고 거기에 동의하게 하지 않으면 안 된다. 반면 조건화는 신념과 관계가 없다. 물론 교화는 다른 근거로 교육과정에서 제외될 수 있는데, 교화하는 과정에는 학습자가 존중되지 않는다는 것이 그 근거가 된다. 교화는 권위 의존적으로 신념을 갖게 되기 때문에 교육이라는 기준의 두 가지 조건은 만족하지만, 세 번째 교육의 조건 의식, 자발성이라는 기준에는 저촉된다. 아동 중심주의 정체는 아동을 다루는 데 있어서 심리학적인 원리가 무시되고 있다는 데 대한 도덕적 분개와 심리학적 통찰이 결합되어, 아동은 교화되거나, 강제되거나, 명령을 받을 것이 아니라 인간으로서 존중되어야 한다는 것, 그리고 아동은 경험을 통하여 학습할 권리와 학습의 내용을 선택할 권리를 가져야 한다는 방법상의 원리가 탄생되었다.

4) 교육과 자유교육

자유교육을 주장하는 것은 특별한 종류의 교육을 주장하는 것이 아니라 우리가 보통 이해하는 의미로서의 교육을 저해하는 제약 내지 장애를 없애야 한다는 것을 주장하는 것이다. 즉 교육의 세 가지 기준이 충족되기 어려운 경우에 그중 어떤 한 기준을 특별히 강조한다는 뜻에서 소극적인 기능을 가지고 있다. 다시 말하면 자유교육은 직업 훈련과 같이 공리적인 목적을 위하여 손과 두뇌를 훈련하는 것이 아니라 교육을 해야 한다는 주장이다. 말하자면 그것은 외재적 목표를 달성할 수 있는 것만을 교육과정으로 보는 데 대한 비판이다.

'교육받은 사람'은 예컨대 과학과 같은 한 분야에서 훈련을 받았지만, 세계를 보는 다른 관점들을 충분히 잘 알고 있어서 자기가 하는 일이나 그 밖의 여러 가지 일의 역사적 안복이나 사회적 의의나 예술적 가치 같은 것을 파악하고 있어야 한다는 것이다. 이는 교육의 '인지적인 기준'이라는 본질적인 측면을 강조하는 것이다.

교육이라는 말의 핵심적 어의는 다음과 같은 사용기준이 내포되어 있다.

(1) 교육은 가치 있는 일을 전달함으로써 그것에 헌신하는 사람을 만든다는 뜻을 가지고 있다.
(2) 교육은 지식과 이해, 그리고 모종의 지적 안목을 길러주는 일이며 이런 것들은 무기력한 것이어서는 안 된다.
(3) 교육은 교육받는 사람의 의식과 자발성을 전제로 한다는 점에서, 몇 가지 전달과정은 교육의 과정으로 용납될 수 없다.

교육이라는 가능성과 한계를 알 수 있다. 인간은 태어날 때에 신체적으로나 정신적으로나 무능력한 상태로 태어난다. 이것은 인간은 교육을 통한 성장의 가능성이 크다는 것을 뜻한다. 즉 인간이 가지고 있는 변화 가능성이 교육의 기초가 되는 것이다. 또 인간의 미성숙은 오랜 기간 동안 부모와 사회의 도움에 의지해서 생존을 유지해야 한다는 의존성을 뜻한다. 다시 말해서 인간은 부모나 사회라는 교육적 환경을 지니고 있다는 점이 동물과 다르게 교육이 가능한 근거가 된다는 것이다. 인간은 정신 또는 마음을 가지고 있으며, 정신 또는 마음이 있기 때문에 교육이 가능하며 또한 교육을 통하여 인간을 변화시킬 수 있다. 또 인간은 인간 특유의 유전적, 환경적 특성에 의하여 교육이 가능하며 또한 유전적 요인과 환경적 요인이 갖는 제약에 의하여 어느 정도의 한계를 갖고 있다. 또한 필요성도 알 수 있는데 인간은 신체적, 정신적으로 아주 미약한 존재로 출생하기 때문에 생명을 유지하기 위하여 교육이 반드시 필요하다고 할 수 있다. 교육은 인간이 인류문화의 정수를 전달받아 인간으로서의 존엄을 누리는 생활을 하고 자신의 삶의 의미와 가치를 실현하는 생활을 하기 위하여 반드시 필요한 것이다. 이런 점에서 본다면 교육이란 것은 여러 가지 의미에서 많은 점을 지닌다.

교육에 있어서 또 중요한 것이 있다. 그것은 교수매체이다. 교수매체를 어떻게 사용하느냐에 따라 교육의 효과를 다각화할 수 있기 때문이다.

2. 교수(수업)매체

1) 교수매체의 개념

(1) 교수매체는 교육목표를 달성할 수 있도록 교수자와 학습자, 학습자와 학습자 사이에서 학습에 필요한 커뮤니케이션이 발생하도록 도와주는 다양한 형태의 매개수단과 시스템을 의미한다.

(2) 좁은 의미의 교수매체는 슬라이드, 비디오, 사진, CAI 등이 있으며, 교수자의 수업활동을 도와주는 것들이 포함된다.

(3) 넓은 의미의 교수매체는 수업전략으로부터 학교의 교육환경을 비롯하여 교육을 지원하는 정보통신의 산물이 포함된다.

2) 교수매체의 유형

분류	정 의	매체 종류	비 고
정적 매체	시각자료가 중심 주로 정적·수동적인 교수학습과정에서 활용됨. 비용 효과적인 매체	인쇄자료(책), 사진, 그림, 차트, 그래프, 포스터, 만화, TP자료, 슬라이드 자료, 실물환등기 자료	비투사적인 정적 매체와 투사적인 정적매체로 나눌 수 있음
청각 매체	육성과 기타 소리를 녹음하여 전달하는 매체	축음기, 전축, 오픈릴 테이프 레코드,CD, 카세트테이프레코드, 오디오카드 레코드 등	오픈릴 테이프와 카세트테이프 레코드가가장 보편적으로 활용됨
동적 매체	시·공간의 조작을 통한 움직임과 함께 소리 정보 동반	필름(35㎜, 16㎜, 8㎜), 비디오테이프, 비디오디스크	유성과 무성이 있으나 유성이 보편적임
상호 작용 매체	문자정보, 그래픽, 정사진, 비디오 정보와 음성정보를 포함한 다양한 형태의 정보가 컴퓨터 시스템을 통하여 학습자와 상호작용하는 매체	CAI, 하이퍼미디어, 멀티미디어비디오디스크	컴퓨터가 기본이 됨

3) 교수매체의 원리 및 특성

(1) 교수매체의 원리

원 리	내 용
인지의 원리	- 선택의 원리: 인지 가능한 모든 인지 대상 중에서 일부분을 선택하여 인지한다. 그 선택의 기준은 ① 인지자의 과거 경험, ② 현재의 관심, ③ 인지 당시의 상황 등이다. - 복합의 원리: 무엇을 인지할 때 어느 한 가지 감각을 통하여 개별적으로 인지하지 않고 대부분의 경우 여러 감각을 통하여 동시에 복합적으로 인지한다. - 유일성의 원리: 하나의 인지대상에 대하여 어떠한 두 사람도 똑같이 인지하지 않는다.
통신의 원리	교수매체의 활용도 일종의 통신과정으로, 학습내용이라는 통신내용을 교수매체를 통하여 학습자에게 전달하는 원리이다.
학습의 원리	- 행동학습의 원리(자극-반응 학습원리): 학습은 자극에 대한 학습자의 반응의 연쇄작용으로 형성된다. - 인지학습의 원리: 학습자의 행동적인 면보다 인지적인 면을 더 중요시하는 학습원리로서, 학습자의 인지구조 전체가 변해 가는 과정을 학습으로 본다.

(2) 교수매체의 특성

1. 매체의 본질적 특성: 교수매체는 교사와 학습자 사이에 정보를 전달하여 상호 간의 의사소통을 가능하게 하는 것.
2. 매체의 수업적 특성
   ① 매체는 교수의 전 과정에서 교사의 대리자적 특성을 지닌다.
   ② 매체는 수업의 보조물로서 교수활동을 돕는 특성을 지닌다.
3. 매체의 기능적 특성
   ① 고정성: 시공을 초월하여 어떤 사람이나 상황을 포착하여 보존하고 재구성하는 성질

② 조작성: 사물이나 사건, 상황들을 여러 가지 방법으로 시간적 상황을 고려하여 변형시키는 성질, 즉 실제의 사물이나 사건을 조작하여 다양한 형태로 변형, 전환할 수 있는 속성.

③ 확충성(분배성): 공간적 확대로 하나의 사건에 대하여 거의 동일한 경험을 다수인에게 제공하는 성질, 즉 공통적인 내용을 구체화시키는 것.

4) 교수-학습과정에서의 교수매체의 기여도

(1) 교수활동이 표준화될 수 있다.
- 표준화된 교수매체를 가지고 수업을 하게 되면 교사 개인차에 따른 수업의 양과 질을 다소 줄일 수 있어 교수활동이 표준화되는 장점이 있다.
(2) 교수-학습과정의 효율성을 높일 수 있다.
- 교수매체는 교수-학습목표에 도달하는 데 필요한 시간이 감소되어 효율성을 높일 수 있다.
(3) 교수-학습과정의 효과성을 높일 수 있다.
- 교수매체를 통해 학습내용이 적절하게 제시되면 학습내용의 파지를 높이고 재생을 돕는 데 효과가 있다.
(4) 교수-학습과정의 매력성을 높일 수 있다.
(5) 교수매체가 가진 보완성은 교수자나 학습자에게 필요한 시간과 장소에서 교수-학습활동이 가능하도록 도와준다.
(6) 매체의 시공은 교수자가 교수-학습과정에서보다 긍정적인 역할을 할 수 있도록 돕는다.

5) 교수-학습과정에서 교수매체의 역할

(1) 교사중심의 수업을 보완하기 위한 보조자료로서 이는 교사가 강의 등의 방법을 통해 수업을 하면서 필요할 때마다 각종 매체를 보조자료로 활용하는 형태이다.

(2) 교수매체의 중심의 수업 : CAI 프로그램 수업

(3) 학습자의 개별화 학습을 위한 도구로써 수업매체

(4) 특수한 대상이나 목적을 위한 교수매체의 활용

(5) 원격수업을 위한 교수매체

3. 컴퓨터 보조수업(CAI)

1) CAI(Computer Assisted Instruction)

(1) 개 요

① 실제 수업과정과 유사한 과정을 컴퓨터를 활용하여 컴퓨터가 직접 수업기능을 하도록 되어 있는 체제로서 컴퓨터가 직접 교수매체로 활용되어 교과내용을 학습자에게 가르치는 방법.
② CAI의 기원은 교수기계와 Skinner의 프로그램학습에서 시작되었다.

(2) 특 징

① 무한한 인내력, 고도의 정확성, 완벽한 기억력이 있어 학습속도가 늦은 학생들을 구제할 수 있다.
② CAI는 빠르고, 정확한 정보처리 능력이 있어 복잡한 그래프나 그림을 포함한 복잡한 정보 재생이 가능하다.
③ 여러 가지 수업원리를 활용하는 언어가 개발되어 그 융통성이 매우 높아진다.
④ 인간 교사와 CAI는 수업활동을 공동책임을 지는 형식으로 역할 분담이 가능하다.

⑤ 높은 정보처리 능력과 정보재생 능력으로 CAI는 학업성취도의 즉각적 평가가 가능하다.

(3) CAI의 장점과 단점

(가) 장 점
① 상호작용적이다.
 ㉠ CAI에서는 교사와 학습자 사이에 정보를 교환하는 상호작용이 역동적으로 일어난다.
 ㉡ 컴퓨터는 학습자의 반응에 따라 학습자의 능력과 특성을 평가 분석하여 그 결과에 따라 학습자에게 적합한 과제를 선정하여 제시할 수 있다.
 ㉢ 어떠한 반복학습에서도 인내를 가지고 계속적으로 학습자를 상대해 줄 수 있다.

② 교수-학습과정이 개별화된다.
 ㉠ 개별화된 패키지(package)는 학습자가 이해한 것을 즉각적으로 모니터하여 학습자의 요구에 기호하여 응답해 줄 수 있다.
 ㉡ 학습태도와 학습능력 수준이 같지 않은 개별 학습자를 동시에 수용하여 기대하는 성취수준에 개별적으로 이르게 할 수 있다.
 ㉢ 학습자 개개인에게 맞는 수준과 속도로 학습을 진행.

③ 흥미로운 학습경험을 제공할 수 있다.
 ㉠ 내용진행과 화면처리방식에 있어서 다양한 기법을 사용할 수 있다.
 ㉡ 애니메이션이나 그래픽을 이용해서 강조하려는 내용을 재미있게 제시하면서 학습자에게 친근하게 학습내용을 제시할 수 있다.
④ 학습자에게 독립된 문제 상황에서 적절한 학습전략을 구사할 수 있는 환경을 제공.

⑤ 운영상 편리하며 비용 면에서도 효과적이다.

　㉠ CAI 코스웨어는 교사가 가르치는 것과 똑같은 과정을 제공해 줄 수 있으므로 교사가 없는 곳에서도 수업이 가능하다.

　㉡ 코스웨어를 이용하면 원격교육, 무학년, 무학급의 교육과정도 충분히 운영해 갈 수 있다.

　㉢ 필요한 수업내용을 컴퓨터 디스켓에 얼마든지 복제할 수 있고, 통신망를 통해 원거리로 보낼 수 있으므로 장기적으로 볼 때 비용 면에서도 효과적이다.

　㉣ CAI에서는 과다한 비용이 들거나 위험부담이 높은 훈련내용을 모의실험해 볼 수 있으므로 경제적이면서도 안전하다.

(나) 단　점

① 하드웨어에 소용되는 비용이 높다.

② 컴퓨터 모니터를 통해 재현되는 그래픽은 실제적이지 못하다. 즉 컴퓨터 영상은 색상의 종류와 배합에 제한이 뒤따르며 화면의 해상도가 낮고 동적인 화면을 구성하기가 어렵다.

③ 코스웨어(course-ware)가 질, 양, 다양성 측면에서 부적절하다고 인정되고 있다.

　㉠ 질적인 측면에서는 학습과제나 학습자의 요구, 학습자 특성에 대한 세심한 분석이 뒷받침되지 않으며, 새로운 지식이 빨리 축적되어 감에 따라 코스웨어의 수명이 그 개발 시간과 노력에 비해 짧다.

　㉡ 수요가 많은 중간 능력 학습자의 수준에 맞추어 코스웨어가 개발되므로 영재나 지진아들의 개별학습 요구를 만족시키지 못하고 있다.

(4) CAI의 유형

(가) 개인교수형

① 컴퓨터가 교사의 역할을 담당하여 새로운 내용을 가르치고 확인한다.

② 컴퓨터가 지식과 정보를 화면에 제시하고, 학습자의 이해를 확인하는 문제를 제공한다.

③ 문제에 따른 학습자의 반응을 확인 후 피드백 제공한다.

④ 다음 학습의 길을 결정하는 형태의 코스웨어.

⑤ 개인교수형의 수업은 지식만을 제공하는 것이 아니라 학습자 개개인에게 연습의 기회와 평가를 제공함으로써 대화형으로 수업을 이끌어 가는 것이 이상적이다.

⑥ 사실의 제시와 법칙이나 원리의 학습에 적합하다.

⑦ 구조: 개요부분 → 정보제시 → 질문과 응답 → 응답에 대한 판단 → 피드백과 교정 → 종결

(나) 반복연습형

① 학습자가 새로운 정보와 지식 및 기술을 습득한 후 그것을 반복하여 다루어 볼 기회를 제공함으로써 교육효과를 기대한다. 정규수업을 보충하고 강화하기 위한 것이다.

② 컴퓨터라 지정한 문제나 학습자가 스스로 선택한 문제를 제공한다.

③ 학습자의 답을 컴퓨터가 정오 판독을 하여 틀린 부분을 교정하도록 다른 문제를 제시하고 이 과정을 반복케 한다.

④ 수학문제, 단어 외우기, 기본 기술훈련에 유용한 방법.

⑤ 구조: 개요부분 → 문항 선정 → 질문과 응답 → 응답에 대한 판단 → 피드백 → 종결.

(다) 시뮬레이션형

① 시간적·공간적·경제적 제약으로 인하여 실제 경험해 볼 수 없는 상황을 학생들이 현실 세계와 닮은 경험을 해보도록 현실의 어떤 측면을 모방하거나 축소시켜 가르치는 형태.

② 학습의 동기와 효과를 높일 수 있어 학습자의 능동적 참여를 조장.

③ 시뮬레이션의 목적은 학습자가 현실의 어떤 부분에 대한 유용한 모델을 세우도록 도와주면서 그 모델을 인식하고 효율적으로 점검해 보는 기회를 제공하는 것이다.

④ 학습의 과정 ㉠ 새로운 정보의 제시, ㉡ 정보의 획득기회 제공, ㉢ 기억과 숙달을 위한 연습기회의 제공, ㉣ 평가로 나눌 때, 개인교수형은 ㉠, ㉡에 반복연습형은 ㉢에 역점을 두고 있으나 시뮬레이션은 네 가지단계 모두에 유용하게 사용된다.

⑤ 구조: 개요부분 → 시나리오 제시 → 반응요구 → 학생반응 → 피드백과 조절 → 종결

⑥ 시뮬레이션형의 수업효과

㉠ 실제상황과 유사한 상황에서 여러 가지 지식 및 기술을 습득케 함으로써 학습의 전이도를 높일 수 있다.

㉡ 학습자를 학습과정에 능동적으로 참여시켜 현실적 감각을 부여하고 학습동기를 촉진시킨다.

㉢ 실제상황을 가속시키거나 시간을 지연시킴으로써 특수한 상황에 대한 통찰력과 이해력을 높인다.

㉣ 비용과 시간이 절약되고 교육의 효율성이 높다.

(라) 게임형

① 게임형은 시뮬레이션형과 흡사하게 동기를 높이고 교수 효과도 높인다.

② 시뮬레이션이 현실을 모방한 모델을 제시하지만 게임형은 반드시 그렇지는 않다.

③ 게임에는 이미 정해진 규칙과 그 규칙 내에서 달성해야 할 목적과 도전감 있는 흥미 요소가 포함되어 있다.

④ 교수게임형은 어떤 지식의 사실, 원리, 과정, 기술, 태도 등의 학습에 사용한다.

⑤ 동기유발과 학습을 강화시키기 위해 오락적인 요소를 가미시켰으며, 이미 습득한 지식과 기능 등을 강화하는 고도의 동기유발적 접근방법이다.

⑥ 구조: 개요부분 → 시나리오 제시 → 반응요구 → 학생의 반응 / 상대방의 반응 → 재정비 → 종결

⑦ 교수게임형의 유의사항

㉠ 최적의 효과를 위해서 학습자에게 여러 단계의 도전을 제공해야 한다.

㉡ 학습자 자신이 프로그램을 조정하고 있다는 느낌을 주어야 한다.

㉢ 인간 상호적인 동기가 유발되게 하여야 한다.

(마) 발견학습형

① 발견학습이란 학습자에게 스스로 원리를 발견하도록 하는 과정 중심의 학습형태로 고도의 지적 기술학습에 유용.

② 시행착오를 통한 원리의 발견, 구체적 예를 통한 원리의 발견, 시험과정을 통한 원리의 발견 등이 컴퓨터를 통하여 구현되는 방법.

(바) 시험형

① 학습자의 성취정도를 평가하기 위한 체제.

② 컴퓨터가 시험문제를 만들고 계열화하도록 도와주는 시험과정의 관리 및 시험결과에 대한 정확한 판정을 내린다.

③ 학습자의 능력을 정확히 측정함으로써 시험의 질을 높이고, 교수자에게 관리와 결과 기록에 따른 시간의 절약, 다양한 형태의 시험유형 활용에 도움을 준다.

지난 수십 년간 있었던 한국사회의 급속한 교육팽창의 가장 핵심적인 것은 국민의 뜨거운 '교육열'이라 할 수 있다. 그간 교육열에 대한 많은 연구가 있었지만 사회변동에 따른 한국인의 교육관 및 교육행태의 변모양상을 동태적으로 분석하고 예측할 수 있는 이론적 분석틀이 부족했다. 여기서는 교육열이 아닌 '교육수요' 개념을 가져와서 그의 결정기제를 고찰함으로써 기존 연구들의 제한점을 극복하고자 한다.

II

한국교육의 제 논의

1. 한국교육팽창

1. 특징: 교육팽창이 낮은 학교급부터 순차적으로 진행되었고, 성별 교육격차의 현격한 감소가 나타났다. 또한 성별 교육격차의 현격한 감소 현상을 보이고 있다.

2. 배경: 일제 강점기에 억눌린 교육열이 해방 이후 경제발전과 함께 교육수요로 이어졌으며, 평등주의 의식으로 기존의 선발주의적 교육관이 대중주의적 교육관으로 대체됐다. 또한 정부의 적절한 투자 배분과 효율적 교육비 활용이 있었다. 가계 소득의 증가와 도시화로 인해 인구밀도가 높아져 교육에 대한 규모의 경제가 가능해졌다.

2. 한국사회교육수요의 결정

한국사회의 교육수요는 동기요인, 강화요인, 제약요인이라는 세 가지 요인들의 영향력이 복합적으로 어우러져 나타났다고 할 수 있다.

1) 한국사회교육수요의 결정요인

(1) 동기요인: 교육 수요자들에게 교육을 받아야겠다는 기대욕구를 촉발시키는 다양한 사회문화적 특성을 가리킨다.

학력주의: 한국에서 학력은 개개인을 평가하는 데 있어서 가장 중요한 척도이다.

숭문주의: 학문을 숭상하는 유교적 숭문주의 전통에 그 뿌리를 두고 있다.

일반적 잠재 능력 중시 능력관: 한국에서 널리 수용되는 능력의 지표는 교육적 성취이다.

집단주의적 서열의식: 개인이 속한 집단의 사회적 위신이 지위를 결정하는 경향이 강하다.

평등주의: '대중화된 엘리트주의'의 형태로 강력한 대학교육에 대한 열망으로 표출된다.

연고주의: 한국사회는 '연줄사회'라는 연고주의적 속성이 강하게

자리잡고 있다.

입신양명적 교육관: 지위지향적 문화전통, 출세주의와 관련한다.

사회이동 통로의 획일성: 교육을 '제때'에 마쳐야 하는 사회적 압력이 존재한다.

(2) 강화요인: 교육에 대한 기대욕구를 강화시키거나 그것이 실제 행동으로 이행되는 것을 촉진하는 사회문화적 특성들에 의해 구성된다.

경쟁지향성: 상승이동을 위한 사람들의 치열한 경쟁의식이 교육수요를 유발하였다.

상승열망: 사회적 상승의 주된 통로가 교육이었다.

가족주의: 어떤 한 가족 성원의 출세는 다른 성원 모두의 지위에도 중요한 영향을 미친다.

장기정향성: 당장의 만족이 아닌 장차 발생할 보상을 기대하여 교육을 받는 경향이 강하다.

체면 중시 성향: 높은 학력을 통해 자기과시를 하고 싶어 하는 심리는 교육수요로 이어졌다.

가족 내 교환체계: 교육에 대한 지출은 투자적 성격이 강하다.

(3) 제약요인: 교육에 대한 기대욕구의 실현을 현실적으로 제약하는 여러 변인들을 가리킨다.

가계소득: 교육을 받는 데 있어서 비용조달의 어려움이 있을 수 있다.

교육비: 가계소득이 불변일 때, 교육비 부담이 가중되면 교육수요는 위축된다.

자녀의 수: 자녀의 수가 많아지면 자녀에게 배분되는 자원의 수는 줄어든다.

－교육제도: 입시제도와 입학정원이 교육수요에 제약으로 작용할 수 있다.

2) 한국사회교육수요의 결정기제 및 성격

- 한국사회의 교육수요는 동기요인, 강화요인, 제약요인이 어우러져 교육수요에 대하여 발휘하는 총체적인 영향력의 크기와 방향에 의해 결정된다. 각각의 요인은 독립적으로 교육수요에 영향을 미치기도 하고, 다른 요인들을 매개로 하여 간접적으로도 교육수요에 영향을 미치기도 한다.

- 한국의 교육팽창은 교육수요를 결정하는 동기요인이나 강화요인의 영향력은 안정적으로 유지되어 온 반면, 정치적 또는 경제적 이유로 인해 제약요인이 크게 완화되면서 나타난 결과이다. 그러나 동기요인 및 강화요인에 내재되어 있는 일부 부정적 요소들이 결합하여 사회적으로 비생산적인 교육수요를 창출하고 교육의 본질을 왜곡시켰다.

- 한국에서 학교 급이 올라갈수록 교육투자 수익률이 높아지는 현상은 이론적으로 매우 예외적인 경우이며, 그 이유는 대학 졸업장이 능력에 대한 '신호기능'을 하고, '지대추구'의 지렛대로 기능하기 때문이다. 한국사회에서 교육이 신호기능을 수행할 수 있게 한 사회문화적 특성은 일반적 잠재 능력 중시 능력관으로 볼 수 있으며, 이로 인해 일류대학 졸업자가 사회적 호의를 받을 수 있게 된 것이다. 그러나 교육이 신호기능을 수행하거나 지대추구 행위의 한 방편으로 이용되면, 교육수요가 사회에 생산적 기여를 하기 어렵고, 부의 강제적 재분배로 사회적 불평등을 심화시킬 수 있다.

3) 사회변동이 교육수요에 미치는 영향

- 사회 변동: 사회 또는 사회집단의 기본 구조가 변화하는 것을 말한다.

− 한국사회에서 산업화, 도시화, 합리성의 강화와 같은 사회변동에 의해 초래되는 사회구조 및 가치관의 변화가 앞으로 교육수요에 미치게 될 영향에 대한 고찰이 필요하다.

 (1) 동기요인과 교육의 관계

① 현대사회에 고학력 실업문제가 야기되고, 사회적으로 부, 권력, 명예와 같은 직접적인 지위 가치의 추구보다는 경제적으로 안정되고 여유 있는 삶을 추구하게 되었다.
▶ 학력주의 동기에 의한 교육수요 감소
② 산업화는 도시화를 자극하고, 그로 인해 인구의 지역적 이동이 촉진되고, 직업구조의 변형을 통해 직업적 이동 역시 촉진됨으로써 사회적 평등화가 초래되었다. 또한 산업화에 따른 성취동기, 사고방식 그리고 생활양식의 변화도 평등주의적 의식구조 및 행동양식을 조장하게 되었다.
▶ 평등주의 동기에 의한 교육수요는 증대될 것으로 전망
③ 21세기 산업은 지식정보산업 중심으로 전환될 것으로 예견됨에 따라, 산업구조 및 고용구조에도 변화가 있을 것이다.
▶ 국민들의 교육수요에도 중요한 영향을 미치게 될 것이다.
④ 현재 한국사회에서 진행되고 있는 사회구조 및 가치체계의 변화는 사회이동통로의 다양화를 시사하며, 이는 교육이 아닌 다른 통로를 통한 사회이동의 기회의 확산으로 이어질 것이다.
▶ 사회이동 동기에 의한 교육수요는 감소될 것으로 전망

 (2) 강화요인에 대한 영향

① 산업화, 도시화의 진전은 개인주의적 성향의 강화를 초래시켰다. 개인주의 성향이 강화되면 집단주의적 서열의식, 입신양명적 교

육관, 연고주의, 가족 내 교환체계 등은 약화된다.

▶ 사회문화적 특성에 의한 교육수요 감소

② 자신의 이익만을 지키고 추구하려는 한국인 특성의 왜곡된 개인
주의는, 전통적 가족주의 및 그와 관련된 다른 사회문화적 특성
들을 약화시킨다.

▶ 교육수요 감소

그러나 한편으로는 가족이기주의를 강화시켜 사람들의 경쟁지향
성을 더욱 자극한다.

▶ 교육수요 증가

③ 가족 구성원리가 '부자(父子) 중심'에서 '부부 중심'으로 옮겨지고
이혼 등의 가족 해체가 증가함에 따라, 노후 생계보장 수단으로
서의 자녀의 가치가 떨어지고 있다.

▶ 교육수요 위축의 가능성

(3) 제약요인에 대한 영향

① 급속한 경제발전은 가계의 교육비 부담 능력을 제고시킴으로써
교육수요를 늘렸으나, 앞으로는 이 같은 성장은 기대할 수 없다.

▶ 소득 증대에 따른 제약 요인 완화는 없을 것이다.

② 과거와 같이 가족 규모의 축소, 핵가족화 현상 등으로 인한 자녀
수 감소도 없을 것이다.

▶ 자녀수 감소에 의한 제약요인 완화는 없을 것이다.

③ 교육제도와 관련한 정부의 규제 완화 및 철폐 노력이 입시제도
및 입학정원의 자율화를 촉진시킬 가능성이 있다. 또한 출산력
감소로 고졸자가 격감하여 대학교육에 대한 초과수요는 더 이상
존재하지 않을 것이다.

▶ 교육제도 측면에서의 교육수요에 대한 제약 완화

(4) 교육수요에 대한 총체적인 영향

한국에서의 사회변동은 동기요인 및 강화요인은 약화시키는 한편, 제약요인은 지속적으로 완화시킬 가능성이 크다. 따라서 사회변동이 교육수요에 미치게 될 총체적인 영향의 크기 및 방향은 동기요인 및 강화요인의 약화라는 교육수요 감소 압력과 제약요인의 완화라는 교육수요 증가 압력의 상대적 크기에 의해 결정될 것이다.

한국인의 교육에 대한 지대한 열정과 관심은 많은 사회적 병폐를 초래하기도 했지만 한국사회가 지닌 큰 자산 가운데 하나라는 점은 부인하기 어렵다. 이러한 관점에서 국민의 교육열이나 교육수요가 적정 수준을 유지하도록 유도하고 관리하는 일은 중요하다.

앞으로는 교육이 개인의 전인적 성장을 돕고 사회적으로도 생산적 기여를 할 수 있도록 사회제도를 정비해야 하는데, 이를 위해서는 학력주의를 실력주의로 대체시키고, 직업교육체제를 확충하며, 대학에 다니지 않고도 상승이동이 가능한 대안적 사회이동 기회를 제공하려는 노력이 필요하다. 교육을 사다리로 이용하지 않고 이루어진 상승이동 사례가 증가하면, 교육이 본연의 기능을 수행하기가 훨씬 용이해질 수 있고, 사람들의 교육수요를 보다 합리적이고 생산적인 배경에서 유발시킬 수 있게 될 것이다.

3. 교사의 자질문제

교사의 자질을 알아보기 전에 먼저 교사는 교육이라는 사업에 종사하는 인간을 대상으로 하는 직업인데, 인간을 대상으로 하는 직업이 있지만, 교사는 인간의 어느 부분적인 기능만을 그 대상으로 하는 것이 아니라 전인으로서의 인간, 즉 지적, 정신적, 신체적, 정서적, 사회적 정치적 특징을 지닌 인간 그 자체를 대상으로 한다. 교원은 인간의 성장과 발전 또는 개인의 자아실현을 돕고, 바람직한 사회성원으로 적응할 수 있는 인간의 형성을 돕는 고귀한 임무를 수행하는 사람들이다. 이러한 교원이 몸담아 일하는 직종이 바로 교직이다.

그럼 자질이란 타고난 성품이나 소질을 말하는데 자기가 맡아 하는 일에 대한 실력의 정도로서 어느 직업이든지 개인의 직무를 효율적으로 수행하기 위해서 일정한 수준의 자격과 자질이 요구된다.

교사의 자질은 교육의 질을 가름하는 중요한 척도가 되기 때문에 교육의 질적 향상은 충분한 자질과 역할을 수행해 내는 능력을 갖춘 교사를 양성 확보하고 질적 관리를 위한 현직 교육을 얼마나 잘 수행하느냐에 달려 있다.

교사의 자질은 교사에게 요구되는 교육 수준, 경험 수준, 그 외 육체적, 사회적 그리고 정신적 특성을 말하는데, 교사로서의 역할을 수행하기 위하여 그러니까 예를 들어 학생들을 가리키기 위해 필요한 지식, 기술, 교사로서의 품성 및 태도 등으로 구분할 수 있다. 즉 다시 말하면 교직에서 요구되는 다시 말하면 학교 같은 곳에서 요구되는 기능을 수행해 낼 수 있는 능력이라고 할 수 있다.

그러면 인간 교육을 성공적으로 수행하는 데 요구되는 바람직한 교사상은 무엇인가? 교사의 임무가 단순히 지식이나 기술을 전달하는 일이 아니라 인간을 인간답게 만드는 종합적인 제 활동을 수행하는 것이라고 볼 때, 이러한 교육 이상을 실현하는 데 요구되는 교사상이 구체적으로 어떠한 것인가를 살펴보겠다.

첫째, 인간 인격자로서의 교사

다시 말하면 교사의 기본적인 과업은 미성숙한 인간을 인간다운 인간으로 성숙하도록 도와주는 것이다. 이를 성공적으로 수행하기 위해서는 교육자 자신이 먼저 인간다운 인간이 되어 학생들에게 사람다운 사람으로서의 모습을 보여줄 수 있어야 한다. 이러한 점에서 교사는 학생들에게 인간적인 면에서 하나의 모델이 되어야 한다.

자세하게 말하면 교사는 폭넓은 교양을 쌓아야 한다. 오늘날 급속도로 변화하는 사회 속에서 지적 고립을 면하고 격변하는 사회에 신축성 있게 적응하기 위해서는 무엇보다도 폭넓고 다양한 교양이 필요하다. 폭넓은 교양은 교사로 하여금 견실한 인생관·사회관 그리고 국가관·세계관을 가지게 하는 원천이 된다.

다음으로는 교사는 바람직한 인격의 소유자가 되어야 한다. 즉 교사는 스스로 주체성, 개성, 내면성을 간직하는 인격체로 각성되어야 한다. 교사는 한 인간으로서 인격적인 존재여야 하며, 조화된 인격자로서 사표로서의 품성과 자질을 구비한 사람이어야 한다. 왜냐하면 교육은 인간 형성을 위한 활동이므로 교사의 인격적 감화를 중시하지 않을 수 없기 때문이다. 둘째는 뚜렷한 가치 의식과 윤리 의식의 소유자, 교사는 뚜렷하고 건전한 가치 의식과 윤리 의식을 지니고 있어야 한다. 학생들에게 건전한 가치 의식과 윤리적 태도를 갖게 하는 데 결정적인 영향을 미치고 있다. 교육자에게는 올바른 가치의 선택과 결정 그리고 평가의 능력이 요구된다. 그러므로 교육자는 도덕적 가치에 기초를 둔 민주주의적 사회에서 질서를 수립하는 데 영향이 있다.

셋째, 교사는 바람직한 윤리 의식을 지녀야 한다. 교육자에게 요구되는 윤리 의식을 다른 말로 표현하면 도덕적 자질이다. 교육에 있어서 지표가 되는 인간상은 반드시 바람직하고 이상적인 인간상이 아니어서는 안 된다. 동시에 이것은 교사 자신이 이상으로 하는 인간상이기도 하다. 그러므로 이 같은 이상향에 도달하고자 하는 윤리적 노력은 특히 교사에게 있어서 중요한 직업윤리인 것이다. 따라서 교육자는 윤리적 노력을 게을리 해서도 안 된다. 또한 교직은 국민의 생활과 국가 발전에 지대한 영향을 주는 직업이다. 따라서 교사에게는 학생 지도나 조직 생활에서 요구되는 윤리적 실천이 이론보다도 더욱 중요하다고 볼 수 있다.

넷째, 바람직한 교육관과 교직관의 소유자, 교육 사업에 생애를 건 교육자에게는 바람직한 교육관과 교직관이 요청된다. 교육은 인간 형성을 위한 전문적 과업이므로 교육자는 나름대로의 두렷하고 바람직한 교육적 신념을 가지고 있어야 한다. 무엇이 올바른 교육이며, 내가 교육을 통하여 이루려는 이상적 인간상은 어떤 것이며, 어떤 자세를 가지고 교육에 임해야 하는 것은 그의 교육 활동에 있어서 가장 기본적인 토대가 된다. 이상적인 교사는 올바른 교육관과 교직관을 가지고 있으면서 또한 뛰어난 교육 실천력을 갖춘 교사이다. 교사는 인간 형성을 위한 전문적 과업이므로 교육자는 나름대로의 뚜렷하고 바람직한 교육적 심념을 가지고 있어야 한다. 무엇이 올바른 교육이며, 내가 교육을 통하여 이루려는 이상적 인간상은 어떤 것이며, 어떤 자세를 가지고 교육에 임하는가 하는 것은 그의 교육 활동에 있어서 가장 기본적인 토대가 된다.

다섯째, 전문적 자질의 소유자

전문직 종사자로서의 교육자는 교육이라는 전문직 과업에 대해 폭넓은 지식과 이해 및 교직 수행에 필요한 능력이 필요하다. 교사는 폭넓은 교양을 갖추고 있어야 할 뿐만 아니라 자기가 담당한 교과에 정통하여야 하고, 풍부한 교육학적 식견을 가지고 있어야 한다. 또한 교사는 학습자에 대한 포괄적 이해와 교육 내용에 관한 폭넓은 지식을 가지고 있어야 한다.

여섯째, 역사의식의 소유자, 교사는 역사의식을 지니고 있어야 한다. 훌륭한 교사는 탁월한 실력과 품성의 소유자임과 투철한 역사의식의 소유자여야 한다. 다시 말해서 교육의 주체자로서 교사는 적어도 세계적 시야에 서서 교육적 노력에 몸 바쳐야 하는 역사인이어야 한다는 것이다. 올바른 역사의식을 지닌 교사만이 심오한 통찰력으로 인류와 사회를 올바른 방향으로 인도할 수 있다. 우리는 잘못된 역사의식과 그에 따른 교육이 인류 문화를 파괴한다는 사실을 히틀러의 나치 정권을 통해 엿볼 수 있다. 그러기에 과거의 모든 위대한 교육자들은 투철한 역사의식의 소유자였다. 나아가 미래의 교사도 또한 투철한 역사의식의 소유자여야 한다.

일곱 번째, 교육에 대한 사명감과 교육애의 소유자, 교사로서의 사명감을 가지고 있어야 한다. 교육의 중요성을 인식하고 교사로서의 긍지와 사명감을 가지고 어떠한 악조건 속에서라도 끝까지 교사로서의 자세를 견지할 수 있는 뚜렷한 사명감이 있어야 한다. 그리고 교사에게 있어서 무엇보다도 중요한 것은 인간애이다. 교사의 교육애는 인간애를 토대로 한다. 바람직한 교사는 교육애에 불타는 사람으로서 교직을 성직으로 여기고 모든 정력과 정열을 교육하는 일에 바치는 사람이어야 한다. 가르침을 받는 학생의 성장과 발달에 기쁨과 만족을 느끼고 교육 활동에 최선을 다하며 보다 나은 교육을 위한 연구에 진력하며, 바람직한 교육을 다하는 일에 생애를 거는 사람이다. 이처럼 교육은 사람을 대상으로 하는 것이므로 사람을 사랑하고 중히 여기는 마음이 없으면 교육자가 될 수 없다. 따라서 천직 의식을 가진 교육자, 사명감이 투철한 교육자는 바로 교육애가 있는 교육자를 말하는 것이다.

　여덟 번째, 개혁적 자질의 소유자, 교사는 개혁자로서의 자질과 능력이 필요하다.

　교사는 특히 교육에서 교육 혁신에 대하여 수동적이거나 방관적인 태도를 취할 것이 아니라 이에 능동적으로 참여하며, 스스로의 위치에서 교육의 혁신을 추진하고 실천하는 변화의 촉진자 구실을 할 것이 기대된다. 교육자는 발전과 쇄신을 위한 구상을 항상 가지고 이를 능동적이고 창의적으로 실천해 감으로써 교육 개형의 적극적인 참가자가 되어야 한다. 그리고 새 시대가 필요하는, 즉 미래에서 아니면 앞으로 필요하는 교육자는 사회 개혁의 선도자여야 한다. 보다 나은 사회를 만들기 위하여 앞장을 설 수 있는 자질을 가진 그런 교사를 새 시대는 필요로 한다. 그러므로 새 시대의 교사는 꿈과 이상을 가지고 사회를 개혁하는 일에 매진하지 않으면 안 된다. 즉 교사는 사회 혁신의 기반을 조성하는 진보적 역할을 수행하여야 한다.

　이것을 더 구체적으로 논하여 보면, 교사는 올바르고 흔들리지 않는 중심 잣대와, 이것을 실천할 수 있는 의지가 있어야 한다. 학생들의 학교생활 속에서 교사는 사회의 가치와 생활양식을 대표하는 입장에 서게 된다. 예를 들어 학생들에게 올바른 사회적 가치와 규범을 교육하기 위해서는 학생 개개인의 행동을 인정도 해주고 격려도 해주며, 또 어떤 경우에는 질책도 하고 벌을 주기도 한다. 이러한 경우에 있어 교사 자신이 올바르지 않고 상황 상황마다 흔들린다고 생각해 보라. 학생들은 배움에 있어 혼돈과 무질서만 일으킬 뿐이다. 또한 이것을 실천하지 않는다면 생각을 가지고 있는 것 못지않게 될 것이다.

　교사는 교육자에게 필요한 아동관과 교육에 대한 사명감을 지녀야 한다.

교사는 아동을 하나의 인간으로서 존중하고 그의 주체적 학습 능력에 대한 확신을 지녀야 한다. 즉 아동은 나름대로의 적극적 학습 능력을 지니고 있으며 교사는 이를 촉진하는 조력자 또는 안내자 역할을 수행한다는 관점을 지녀야 한다. 또한 교사는 교직에 대한 신념과 사명감을 지녀야 한다. 교직을 생계유지 수단으로만 보지 말고, 미래의 주체에 대한 교육을 미래 사회를 창조하고 변화시키는 최고의 수단으로 인식하여야 한다. 이러한 확신 또는 사명감을 평생 동안 지속해야 하는 것인바, 때로는 자신감이 떨어지고 회의가 생길 수도 있다. 그럴 때마다 교사는 광련 인문과학 서적을 탐구하거나 동료 교육자들과 적극적으로 교류함으로써, 자신의 확신과 사명감을 굳게 유지하여야 한다.

교사는 학생들에 대한 이해와 애정을 지녀야 한다.

교사는 아동의 지적·정의적·신체적 발달에 대하여 상식이나 개인적 경험에 입각한 지식을 넘어서는 전문적 지식과 이해를 지녀야 한다. 아동 개인을 이해하기 위해서는 그 아동이 속한 사회의 특성과 변화 방향에 대한 수준 높은 식견을 가져야 함은 물론이다. 또한 아동에 대한 헌신적 애정을 지니고 있어야 한다. 이러한 애정을 지니고 있는 교사는 아동의 부정적 측면을 강조하기보다는 긍정적 측면과 능력을 강조하고 신장시키는 노력을 전개하게 된다. 그 결과 교사와 아동의 상호작용이 더욱 원활하게 되어 최대한의 교육적 효과를 거둘 수 있다.

교사는 교육내용에 대한 이해와 교수 능력, 그리고 탐구 능력을 지녀야 한다.

교사는 평소에 가르치고자 하는 내용에 대한 연구를 계속하여야 하며, 교사의 교육내용에 대한 이해가 피상적 수준에 머무르게 되면, 그 교사는 아동들에게 핵심적이고 필수적인 내용 요소와 주변적인 내용 요소를 구분하여 제시하지 못하게 된다. 본래 강조를 두어 가르쳐야 할 개념이나 원리 등에 대해서는 피상적 제시에 그치고, 중요하지 않은 주변 활동에 지나치게 많은 교수-학습 시간을 소모한다.

또한 교사는 교육 내용을 아동들에게 효과적으로 제시하고 효과적인 학습을 도와주는 기법을 내면화하고 있어야 한다. 같은 교육내용이라고 아동의 특성에 따라, 교수-학습 여건에 따라 다른 교수법을 필요로 할 수 있다. 다양한 교수법을 상황에 적절하게 제시하는 교사의 능력이야말로, 기능이 아니라 예술의 영역에 속하는 것이다. 뿐만 아니라, 교사는 다방면에 대한 탐구 의지와 탐구 능력을 지녀야 한다. 교사의 탐구 능력은 스스로의 성취도를 높일 수 있을 뿐 아니라, 교사로부터 행동의 모델을 찾는 아동들의 탐구 능력을 향상시키는 데 중요한 요소가 된다.

적극적인 행동 의지와 항상 노력하는 자세를 지녀야 한다는 것이다.

교사는 대체로 매우 다양한 역할과 과다한 업무를 수행해야 한다. 과다한 업무에 시달리다 보면, 자칫 모든 업무에 소극적이 되고 최소한의 노력만을 전개할 수 있다. 무엇보다도 교사 본연의 업무인 교재 연구와 아동 이해를 위한 연구, 교수-학습자료 수집 등을 소홀히 하게 될 가능성이 있다.

교사 역할의 중요성에 비추어 볼 때, 교사들은 교육 환경의 어려움에 매몰되지 않고 오히려 적극적으로 그 어려움을 극복해야 한다. 그리고 교사는 평소에 축적해 온 삶의 자세와 아동관에 일관된 행동을 적극적으로 실천하고 그러한 노력을 지속적으로 전개하여야 한다.

학부모와 지역사회 인사들 아니면 선후배 교사들과 효과적으로 상호작용할 수 있는 의사소통 능력과 인격적 감화력을 지녀야 한다.

교사는 필요에 따라 예를 들어 성적문제든지 진학문제 등으로 인해 학부모와 학생의 면담을 수행하기도 한다. 때로는 다른 기관과 접촉하여 청소년 선도를 위하여 협의하고 공동 노력을 전개하기도 한다. 예를 들어 교육청과 학교가 공동으로 같이 금연캠페인이나 경찰청과 같이 청소년 폭력 등에 대해 공동으로 노력하여 전개하여 청소년들을 선도한다든지 등. 공동으로 그리고 교사는 공식적인 학교 조직의 일원이다. 그래서 선후배 교사들과 교재 연구 또는 학교 환경 개선을 위한

다각적인 협의를 하게 된다. 예를 들어 연구를 하여 논문 등을 발표하든지 교사는 이러한 다양한 상호작용의 상황에서 설득력 있는 의사소통을 전개하여야 한다.

그럼으로써 주어진 문제에 대하여 여러 사람이 짧은 시간 내에 최선의 결론을 도출할 수 있다. 특히 현대사회에서 개인적 경쟁이 심화되고 물질숭배 의식이 높아질수록, 학생들과 더불어 순수한 삶을 살며 자신을 갈고 닦는 노력을 전개하고 있는 교사들에 대한 기대와 존경이 더욱 높아지게 된다. 이러한 점을 고려하여, 교사는 평소에 다른 사람들과의 상호작용에서 교육자로서의 품위를 견지해야 한다.

교사는 수업의 주체, 교육 공급자. 지식 전달 및 문화 전달자로서의 역할을 맡아왔다. 21세기 시간과 공간이라는 테두리가 큰 의미가 없어질 정보 사회 체제의 학교에서는 정보를 많이 생산하고 활용하는 사람만이 생존할 수 있다. 우리 스스로 새로운 지식, 정보, 기술을 창조하고 개발해야 한다.

교사의 자질에 대해 문제점도 있다. 교사는 교육의 목적이나 목표가 설정되는 일과 무엇을 가르쳐야 할 것인가의 문제를 해결하는 일, 그리고 그러한 내용을 어떻게 가르쳐야 할 것인가를 규명하고 실천한 후 설정한 교육목표가 얼마만큼 달성되었는가를 검증하고 반성하고 그 결과에 따라서 다시 교육목표가 재검토되는 등 순환의 과정이 이루어지는 동안 발전적 교육 작용이 전개되어야 하는데 사회의 모든 변화가 급속하게 이루어지고 있는 오늘날에 와서는 그 많은 지식 중에 어떠한 것을 골라서 정해진 기간 내에 가르쳐야 할 것인가 하는 교육과정의 문제가 더욱 중요하게 다루어지게 되었다. 그리고 그러한 내용을 어떠한 방법으로 가르치고 학습하여야 급격히 변화하는 사회에서 생산적인 힘을 갖는 지식을 습득할 수 있느냐의 문제가 두드러진 관심사가 되었다.

"교사의 능력이 부족할 때에는 연수를, 자질이 부족할 땐 퇴출해야 한다."는 말이 있는데, 교육은 우리가 살아가는 데 하나인 의무이고,

누구나 교육을 받는데, 교사들이 열심히 가리켜야 학생들이 자기가 가고 싶은 좋은 대학도 가고 좋은 곳에 취업도 하고, 앞으로 사회를 발전시키고, 등을 하는데, 이런 문제점이 있으면 생활지도나 상담 및 업무능력이 떨어지는 교사는 연수를 받게 할 필요가 있고 학생들과의 대면 접촉이 어렵다면 행정직으로 전환시키는 것도 하나의 방법이다.

그리고 교사의 체벌에 대한 문제점이 많다. 이것도 하나의 자질인데, 우리 사회에서 인권보호의 차원에서 체벌에 대한 관심이 높아지는 데에도 불구하고 체벌로 인한 고통을 호소하는 학생들의 하소연은 곳곳에서 넘쳐나고 있다. 인권단체나 청소년단체 각 시도 교육청 사이버 상담과 청소년 인권상담 코너에는 체벌 피해를 호소하는 내용들이 대부분인 것을 보면 관심에 비해 체벌에 대한 폭력성은 아직도 여전히 나타나고 있는 것으로 보인다. 그 이유는 무엇일까. 우리나라 현행법에는 버젓이 체벌을 합법화하고 있다. 체벌에 대한 처벌 기준으로 제시되어 있는 법률 조항은 너무 모호함을 띠고 있어 학생들의 인권을 보장할 수 있는 방책이라고는 보이지 않는다.

그렇다면 체벌이 합법화되어 학생들에게 체벌을 하는 것은 정당한 것인가.

교사는 '사랑의 매'라는 이름의 폭력으로 체벌로 일반적으로 교권이나 교육적 효과라는 정당성의 옷을 입고 행해진다. 아이들에 대한 교육과 훈육의 한 방편이며 교사가 교육을 진행하기 위한 교수권이라는 얘기다. 때문에 처벌을 하는 교사들은 흔히 '사랑의 매'라는 표현을 쓴다. 여기에 열악한 교육환경 속에서 질서 유지를 위해서는 어쩔 수 없다는 '현실론'을 덧붙인다. 국가에서 교사들에게 체벌을 허용한다는 것은 교사가 지성인이라는 것이 전제했다고 볼 수 있다. 교사를 믿기에 어떠한 의미로 그 매를 사용해야 하는지를 안다는 의미로써 체벌을 허용한 것이다. 하지만 학교 현장에서 현재 일어나고 있는 체벌의 실상을 보면 이러한 주장은 설득력을 가질 수 없다. 우선 체벌의 사유와 목적이 비합리적이다. 교사들은 수업 분위기를 위한 '본보기 효과'를 내세우지만 이러한 체벌은 특정 학생의 인격을 수단으로 취급하였다는 점에서 인권침해의 소지가 다분하다.

▶ 교 사

교육 작용은 교사, 학생, 교육 내용의 3대 요소로 이루어진다. 그리고 이 교육 작용을 주도하는 요소가 바로 교사이다. 상식적인 의미에서 교사는 '공·사립 교육 기관에 학생의 지도를 위해 고용된 사람', '한 영역에서 뛰어난 자질을 갖추고 남을 가르치는 사람', '교직 과목을 이수하고 공적으로 인정된 교사 자격증을 가지고 있는 사람', '남에게 무엇인가를 가르치는 사람'을 말한다. 넓은 뜻으로는 사회인 중에서 아동·학생·청소년·성인에게 좋은 영향과 감화를 주어 그들의 인간적인 성장을 조성하는 사람을 가리킨다. 그러나 공교육(학교교육) 제도 하에서 교사란 교원, 즉 아동이나 학생들을 지도·편달하는 자격증을 갖춘 학교 교사, 특히 초등 및 중등학교의 교사를 가리킨다.

▶ 교직을 바라보는 세 가지 관점

교직, 즉 교사를 바라보는 관점에는 세 가지가 있다. 첫째는 성직으로서의 교직관이다. 이는 교직을 종교적인 관점에서 특별한 소명 의식을 지닌 사람들이 수행할 수 있는 것과 같이 신성한 직업으로 본다. 따라서 이 교직관에 따르면 교사는 성직자와 같이 인간의 정신적인 면과 영적인 면을 다루기 때문에, 세속의 여러 직업과는 다른 자세로 교직에 임해야 한다.

둘째, 노동직으로서의 교직관이다. 이 관점은 교사도 정신적 노동을 주로 하는 노동자이며, 다른 직종과 차이가 없다는 입장이다. 즉 교사도 노동의 대가로 보수를 받고 처우 개선과 근무 여건 개선 등을 위해 노동 삼권을 행사할 필요가 있으며, 집단행동을 통해 정부나 고용주에 맞서 교사의 권리를 위해 노력할 필요가 있다는 견해이다.

셋째, 전문직으로서의 교직관이다. 이는 교사를 전문직종으로 보는 견해이다. 즉 교직은 지적·정신적 활동을 주로 하고 남을 위하는 봉사성과 고도의 자율성과 윤리성을 필요로 하는 직업이다. 따라서 교사 스스로가 교사의 자질 함양과 사회 경제적 지위 향상을 위해 적극적인 노력을 기울여야 한다. 특히 현대사회에서 강조되고 있는 전문직으로서의 교사는 자기가 가르치는 과목에 대한 해박한 지식과 가르치는 방법에 대한 전문적 지식을 갖추고 있어야 하며, 인간과 사회에 대한 자기 나름의 명확한 교육 철학을 지니고 이를 실천해 가야 한다.

▶ 전통적인 교사상

전통적으로 교사는 일반적인 직업인과 달리 의사나 성직자와 같은 매우 전문적인 직업으로 간주되어 왔다. 전문직은 그 분야에서 탁월한 능력을 지니고, 권위가 있어야 하며 사회에 봉사하는 정신으로 직업에 임해야 한다. 교사는 특히 자기희생을 바탕으로 타인을 감화시켜 새로운 인간으로 변하게 만드는 감화의 능력이 있어야 한다.

교사는 학생에 대하여 애정이 있어야 하며, 학생 개개인에게 관심을 가지고 그들의 인간성을 존중해 주어야 한다. 교사는 가르치는 일에 긍지와 자부심을 가져야 한다. 교사는 모든 학생의 발달 가능성을 진정하고 늘 긍정적인 태도를 지니고 있어야 한다. 교사는 학생이 아직 발견하지 못한 것을 찾아 주려고 노력해야 하며, 또 찾는 데에 힘을 다해야 한다. 교사는 이상적 방향을 지니고 있어야 하며, 이를 실천해야 한다. 교사는 학생을 강압으로 인도하기보다는 항상 모범을 보여주어 학생들 스스로 따르게 해야 한다. 교사는 자기 자신의 지적 차원을 충만시키기 위해 꾸준히 노력하여 끊임없는 자기 성장에 관심을 가져야 한다. 교사는 인류애적인 이상이 있어야 하며, 지적 변화보다는 삶의 방향 변화에 영향을 주어야 한다. 교사는 투철한 철학이 있어야 하고, 늘 배려하는 마음을 지녀야 한다.

▶ 현대 교육에서 교사의 자질과 역할

정보 산업사회의 도래가 학교교육에 가져온 가장 큰 변화는 교육 방법의 획기적인 변화이다. 즉 첨단의 정보통신 기기들은 종이와 글씨로만 된 기존의 학습자료 외에 학습을 효율화할 수 있는 다양하고 생생한 표현 매체들을 제공할 뿐만 아니라, 엄청난 양의 정보를 학습과 수업의 수행을 위하여 신속하고 적절하게 선택, 정리, 개별화해 주고 있다.

인터넷에 의해 학교, 가정, 도서관이 하나로 묶이고, 교육 기관은 학습 정보의 데이터 기지로서의 교육 정보 서비스 기능이 중요해졌으며, 이에 다라 학생들은 백과사전을 포함한 도서관의 모든 자료를 마치 자신의 공부방에 있는 것처럼 집에서 원하는 자료를 입수할 수 있게 되었다. 또한 멀티미디어 소프트웨어 프로그램이 교과서를 대신하고, 노트북의 모니터가 칠판을 대체해 가고 있다. 학생들은 학교에 가지 않고서도 집에서 원하는 교사와 교실을 찾아가고 있다. 이때 학습자가 찾아갈 수 있는 교실과 교사는 다양하다. 현재 존재하는 교사와 통신으로 접속할 수도 있고, 멀리 떨어진 교실 수업에 화상을 통해 참석할 수도 있다. 즉 가상 대학, 원격 교육을 통해 가상 또는 화상 교사와 대면하는 것이다.

그러나 화상 교사는 실제 교사가 아닌, 컴퓨터에 내장된 가상 교사일 뿐이다. 즉 컴퓨터 프로그램에 의해서 학습자의 다양한 수준과 문제에 따라 적절히 반응하고 학습을 촉진할 수 있도록 설계된 지능형 교사이다. 이 화상 교사는 학습자의 개별적 요구 사항과 문제를 더 잘 보살필 수 있다. 예컨대, 화상 교사는 학습자가 원하는 어느 시간에도 피곤해 하지 않고 나타나 학습자의 수준에 적합한 개별지도를 할 수 있다.

정보화 사회에서 교사들은 지금과 같은 노동・시간 집약적 교수 활동에서 벗어나 고도의 학습 정보 관리자, 교육과정 운영자, 개별・집단

학습 안내자의 역할을 맡게 될 것이다. 그러나 이는 교사의 전통적인 역할이 축소되는 것이 아니라 새로운 역할이 추가됨을 의미한다. 이를 위해 교사들은 다양한 정보 처리 능력을 갖추어야 할 것이다. 정보의 홍수 속에서 필요로 하는 정보의 출처를 알 수 있고, 이를 검색·추적할 수 있는 능력, 문자 정보뿐만 아니라 영상 및 음성 정보를 처리·가공할 수 있는 능력, 정보를 처리하는 각종 정보 통신 기기를 조작할 수 있는 능력 등을 갖추는 것이 필요하다. 정보 통신의 멀티미디어적 독해·활용 능력은 이제 정보 산업사회의 교사라면 누구나 갖춰야 할 기본 자질이 되고 있다.

아울러 교사는 동료를 지원하고, 학부모를 도와야 하며, 학생을 이해하여 양육하고, 학생과 상호작용하며 학습을 촉진시키고, 연구하며 교육 프로그램을 개발하는 등 21세기를 이끌어 갈 수 있는 자질을 지녀야 한다.

▶ 교사와 학생의 관계

학생의 인격은 교사의 인간적인 교육 방법에 의해 형성될 수 있다. 교육 내용이 아무리 인간적이라 하더라도, 비인격적인 교사에게 배운다면 학생들은 비인간적인 어떤 것을 학습하게 되고 인간성마저 비뚤어지게 될 가능성이 있다. 그러므로 교사와 학생 사이의 신뢰는 교육의 성공 여부를 결정하는 중요한 요인이라 할 수 있다. 교사와 학생 사이의 믿음은 다음과 같은 관계를 유지할 때 형성된다.

첫째, 교사와 학생 사이는 교사와 학생 둘 다 자유로이 활동하는 인격체로서 각자의 인격이 '서로 만나는' 관계여야 한다. 교사는 학생을 항상 하나의 인격체로 존중해야 하며, 목적이 아닌 수단으로 대하지 말아야 한다.

둘째, 교사와 학생 사이를 우열을 구분할 수 있는 상하 관계로 보아서는 안 된다. 교사와 학생의 관계는 늘 진리와 삶 앞에서 적나라하게 서 있는 구도(求道)적 동반자 관계로 보아야 한다. 즉 진리와 삶 앞에서는 교사가 교사이기를 그치고 학생이 학생이기를 그치는 한에서 진정한 '만남'이 가능하다. 서로의 삶에 동참하여 동반자로서 고뇌할 때, 교사와 학생 둘 모두의 조화로운 삶이 보장되며, 서로가 서로를 일깨워 주어야 진리의 공동 생산이 가능해진다.

셋째, 교사와 학생 사이는 어떠한 선입견이나 편견 없이 상대방을 있는 그대로 받아들여야 한다. 즉 상호 존중적 이타적인 삶을 영위해야 한다. 교사는 학생의 결점까지도 사랑하며 포용하는 자세로 학생을 대해야 하는 것이다.

넷째, 교사와 학생은 신뢰의 분위기 속에서 서로의 삶 앞에 자기 자신을 드러내야 한다. 교사의 가장 중요한 과제는 학생에게 신뢰의 중요성을 깨우쳐 주는 일이다. 신뢰의 전제는 개방이다. 즉 자신을 먼저 상대방에게 드러내 보여야 비로소 상대방도 자신을 믿고 드러낸다.

이러한 관계를 전제로 교사와 학생은 대화를 하고 서로의 인격을 형성·발전시켜 나가는 것이 중요하다.

4. 동기유발 교육의 필요성

1) 동기유발의 정의

동기(motivation)란 움직인다는 의미로 라틴어 Movere에서 유래되었으며, 인간의 행동을 일으키는 근원적인 힘으로 이해되고 있다. 즉 동기란 개체의 행동방향을 결정하는 경향이나 태세라고 할 수 있다. 일단 동기가 생기게 되면 행동이 일어나는데, 이때 행동은 반드시 어떤 방향으로 나아간다. 그러므로 동기는 행동을 하게 하는 원동력이 된다. 이러한 원동력은 목적추구의 행동을 하게 하는 준비 태세나 상태이며, 대상이나 목표로 개체를 이끌어갈 수 있게 하는 에너지화한 상태를 의미한다.

그러나 동기의 개념은 학자들에 따라 약간의 차이를 보인다. Atkinson(1958)는 행위의 방향과 강도 및 지속에 대한 직접적인 영향이라고 정의하였고, Young(1961)은 인간과 동물의 행위를 결정짓는 요인이라고 정의하였다.

이상을 종합해 볼 때, 동기유발(Motivation)이란 행동의 근원이 되는 힘인 동기를 일으키는 것을 말한다. 즉 동기유발이란 개체가 동기를 가지고 목표 지향적인 행동을 일으키는 과정이다. 학습에 있어서 동기유발은 학습자가 하고자 하는 경향이 생기게 하고 유목적이고 적극적인 학습활동을 하도록 하는 것이다.

2) 동기유발의 이론적 배경

첫째로, 동기는 행동에 활기를 띠도록 하는 기능을 가지고 있다. 유기체의 행동을 동기 → 유인물 → 만족의 과정, 즉 어떠한 결핍의 상태에서 이를 충족코자 하는 동기가 형성되고 그 동기는 특정한 유발물을 찾아 만족(요구의 해소)을 줄 때까지 여러 가지 반응(행동)을 하는 과정으로 볼 수 있는데, 여기서 동기가 없으면 아무런 행동도 일어나지 않게 되나, 동기가 강하면 강할수록 동기의 해소를 지향하는 목표(적응)를 추구하는 활동이 활발하게 일어나게 된다.

둘째로, 선택의 기능을 가지고 있다. 학습자는 그에게 흥미가 있는 문제에 대하여는 적극적인 반응을 보이나 흥미가 없는 일에 대해서는 외면을 한다. 또 인간은 여러 가지 일을 동시에 할 수 없고 특정한 시공 안에서는 한 가지 일밖에 할 수 없기 때문에 많은 일 가운데서 자기에게 적절하고 만족을 초래할 만한 것을 선택하여 행동을 결정하게 된다. 어떠한 행동을 할 것인가를 결정하는 행동의 선택은 오로지 유기체의 동기에 따라 결정된다. 인간의 행동은 그들의 요구와 동기를 해소시키는 데 유효한 반응을 선택적으로 학습한 과정 또는 결과에 따라 형성되는 것이다.

셋째로, 목표를 향해서 활동시키는 기능을 가지고 있다. 학습에서 동기가 유발되었다고 하는 것은 곧 학습목표를 확인하고 있다는 말이 된다. 즉 동기는 목표를 가지고 있고 그 목표에 따라 행동(반응)을 이끈다. 이 목표를 지향하여 유기체의 반응을 일관적으로 이끌어 가는 것이 동기이다.

오늘날 학습장면에서는 특히 학습자 자신이 명확한 학습목표를 갖추고 있어야 할 것이 요망되고 있는데 그것은 학습자로 하여금 그 학습활동에 크게 도움이 되기 때문이다. 여기에서 학습 활동뿐만 아니라 학습의 계획 단계에서부터 교사와 학생의 공동계획을 통하여 학습자 자신이 명확한 학습목표를 알고 있어야 할 것이 요망된다.

3) 학습동기유발의 목적

현재 우리는 급변하는 과학기술정보의 사회에 살고 있다. 현시점에서 미래사회를 대비하는 교육의 필요성이 강조되고 있다. 날로 심각해지고 있는 국제 경제사회 속에서 우리가 앞서 나아가기 위해서는 미래의 교육경쟁에서 이기는 길밖에는 다른 길이 없다. 그러므로 우리 교육의 질을 좀더 높이고, 교육방법을 개선하여 창조적이고 능동적인 인간 육성을 위하여 더욱 박차를 가하여야 한다. 교육의 질적 향상과 교육방법의 개선을 위해서는 먼저 교육내용의 선진화가 이루어져야 하고, 효율적인 교수학습활동에 필요한 교육자료와 교육방법이 개발되어야 한다. 낙후된 교육내용방법 그리고 빈약한 교육자료를 가지고는 미래의 교육경쟁에 대비할 수 없기 때문이다. 아울러 교육현장에서, 전문화된 지식과 정보를 신속히 제공받을 수 있는 제도적인 체제와 전달매체가 절실히 요구된다. 또한 교육내용의 구성과 전달방법에 창의적이고 합리적인 아이디어가 동원되어야 한다. 여기에 교육매체를 교육현장에서 활용할 필요성이 있는 것이다.

4) 동기유발의 기능

동기의 기능은 행동을 일으키는 발생적 기능, 어떤 방향에로 향하게 하는 방향적 기능, 일어난 행동을 지속시키는 강화의 기능, 그 밖에 선택적 기능으로 집약될 수 있다.

발생적 기능

동기의 발생적 기능은 행동을 촉진시키는 기능으로 시발적 기능이라고 볼 수 있다. 시작이 반이라고 하듯이 동기는 어떤 행동의 출발점 기능을 가지고 개체를 지배한다. 일차적 동기가 발생하여 행동의 유인이 되기도 하고 2차적 동기인 칭찬이나 힐책에 따라 행동이 발생된다. 어떠한 동기가 발생하면 그 목표를 달성할 때까지 긴장상태가 계속되며 그 목표를 달성하면 긴장은 해소되는 것이다. 그러므로 학습에 있어서도 동기의 발생적 기능은 성취동기와 같아서 실제 학습상황에서 많이 사용된다.

방향적 기능

행동의 방향을 결정하는 기능으로서 학습의 목표를 지향해서 학습태도를 가지게 한다. 학습자가 선택한 반응이 동기의 긴장을 해소시켜 학습자에게 만족감을 줄 때에는 그에 따라 학습자는 일정한 방향을 향해서 행동하게 된다. 즉 어떠한 상황에 적절한 행동이나 반응을 나타내어 목표를 정하는 방향감이 그 속에 작용하고 있는 것이 방향적인 기능이다.

강화의 기능

동기가 행동의 원동력이 되어 행동을 지속하게 하고 강화시키는 것으로서 칭찬이나 인정과 같은 외부적 상황이 특정한 행동을 오랫동안 수행하도록 유도하는 것이다.

선택적 기능

인간의 행동은 가치 지향적이고 선택적이기 때문에 동물과 다른 행동을 한다. 즉 가장 바람직한 행동을 선택하여 행동으로 나타나게 되는 것이다. 따라서 학습자의 행동은 동기에 의하여 어떻게 반응하면 효과적인가 하는 것을 고려하여 선택적으로 행동을 하게 된다.

→학습활동에 있어서 동기유발은 내재적 동기유발(intrinsic motivation)
과 외재적 동기유발(extrinsic motivation)로 나눌 수 있다.

① 내재적 동기유발: 학습활동에 있어서 흥미나 관심을 환기토록 하
며 재미가 있어서 공부하도록 하는 것이다. 즉 내재적 동기유발
은 학습자 스스로가 자발적으로 학습하려는 의욕을 갖게 하는 것
을 말한다.
② 외재적 동기유발: 칭찬하거나 꾸짖거나 경쟁심을 북돋움으로 해
서 학습활동을 강화시키는 것이다. 즉 외재적 동기유발은 외부에서
학습자로 하여금 학습하도록 학습활동을 일으키는 것을 말한다.

5) 수업에서의 동기유발 방법

(1) 내재적 동기유발 방법

(가) 호기심

호기심은 새로운 것, 신기한 것을 추구하고, 탐구하려고 하는 일종의
정성 활동이며, 문제해결이나 학습의 동기가 된다. 질문을 통해서 학습
자는 새로운 것에 호기심을 느껴 관심을 갖게 되고 지식을 얻게 된다.
그리고 적극적으로 호기심을 자극하여 질문을 유발시킨다. 특히 아동의
창의성 지도는 어릴 때부터 가지고 있는 호기심이 기초가 되어 이루어
지기 때문에 특별한 지도가 따라야 한다.

(나) 교사의 열성

어떻게 반응할지에 관한 단서에 대해서 학습자는 교사로부터 그것을
찾으려 할 것이다. 의식적이든 아니든 간에 교사는 주제나 과제에 관

한 태도와 신념의 모델이 될 것이다. 만일 교사가 학생들에게 그것은 재미있고 중요하며 가치 있는 것이라는 암시를 열성적으로 나타낸다면 학생들은 동일한 태도를 쉽게 가지게 된다고 한다. 그래서 교사는 학생을 가르칠 때 열성적으로 그 과제의 중요성을 학생들에게 전달해야 한다. 학생들의 학습을 동기화시키기 위한 방법으로 교사 열성의 기본 목적은 학생들을 즐겁게 혹은 흥분을 야기하는 데 있는 것이 아니라 그들에게 주제와 활동의 중요성을 몸소 보여주는 데 있다.

(다) 구체적이고 친숙한 내용

정의, 원리 그리고 다른 일반적 내용들은 학생들이 이해하기 어려운 경우가 많다. 교사는 학습내용을 알기 쉽게 요약하고 구체적이고 실질적이게 하지 않으면 학생들에게 의미가 없는 경우가 있다. 교사는 학생이 학습할 내용이 개인들의 생활에 어떻게 응용되는지 구체적으로 설명을 할 수 있고 실제 생활경험과 관련해서 개인의 수준에 알맞게 정의를 해줄 수 있을 때 학생들이 학습하고자 하는 동기가 유발된다. 그들에게 물건이나 그림을 보여주고, 시범을 구체적인 내용으로 보여주며 내용으로 요약하여 줄 수 있고 친숙한 개념, 대상, 사상들로 대화식으로 말하여 주어야 한다. 새롭고 익숙하지 못한 내용을 존재하는 구체적 지식으로 도와줄 수 있을 때인지 동기가 유발된다.

(라) 인지갈등을 유도하기

학생들이 알아야 할 모든 것을 이미 안다고 생각할 수 있는 친숙한 주제의 경우 교사들은 학생들이 기대하지 않았고, 자신들의 생각과 일치되지 않으며 역설적인 면을 지적함으로써 인지갈등을 야기할 수 있다. 교사는 학습할 내용의 특이하고 색다른 요소에 학생들의 주의를 환기시킬 수 있고, 일반적 법칙에 대한 예외를 지적할 수 있으며, 역설을 바탕으로 한 신비를 해결하도록 도전시킬 수 있고, 진실한 현상이라고 생각해온 자신들에게 어떻게 해야 할까 하는 질문을 하게 할 수 있다.

(마) 자발적 학습동기 유도하기

학생들에게 자기 자신들이 학습을 위한 동기를 일으키도록 유도할
수 있다. 교사는 학생들에게 자신들의 흥미와 기대에 관련지어서 주제
를 생각해 보도록 하고, 그들이 대답하기 좋도록 질문을 정의해 보도
록 요구할 수 있으며, 주제에 대한 그들의 특별한 관심을 열거하고, 그
들이 발견한 놀라운 것을 기록하도록 할 수 있다. 이와 같은 연습은
그들 자신 내에서 학습을 위한 동기가 일어나야 한다는 것을 이해하도
록 도와주는 데 또한 유용한 방법이다.

(바) 학습목표 제시하기

과제를 소개할 때 교사는 과제의 성질과 학생들이 참여함으로 해서
받을 수 있는 학문적 이점에 주의를 불러일으킬 수 있다. 이것은 과제
에 그들의 반응을 안내하기 위해 학습태세를 설정하는 데 도움을 준다.
구체적이고 특수하게 하기 위해서 목표상황과 자기평가에 대한 기준을
학생들에게 제시하기 위해 과제를 성공적으로 완수했을 때 단순하게
관제가 무엇인가를 일반적 용어로 기술한 것보다 학생들이 행할 수 있
는 행동 용어로 목표를 구체적으로 진술하는 것이 도움이 된다. 학습
목표의 진술은 지식발달 과제에 비하여 기술 발달 과제에 대단히 중요
하다.

(사) 비형식적 송환 주기

교사들은 학생들에게 교과내용의 이해와 달성가능성에 관한 송환을
해주어야 한다. 학교학습에서는 송환이 학습과정에서 자동적으로 일어
나는 것이 아니므로 교사들은 송환을 조정하고, 수행을 조정하고, 정답
을 주고, 한 사람씩 여러 가지 방법으로 송환을 해줄 수 있다. 이상적
인 송환의 시기는 학습수행이 일어난 직후에 해주는 것이 좋다. 학습
직후에 송환을 해줌으로 학생들이 잘못한 학습 내용을 즉시 수정할 수
있고 정확히 학습된 것을 정답이 송환됨으로 해서 재학습이 일어나 더

욱 공고히 될 것이다. 송환은 분명하고, 특수하고 그리고 건설적인 것이어야 한다. 이것은 학습자의 기억을 재생시켜야 하고, 수행된 성공적인 부분을 포함하여야 하며, 그리고 지속되는 학습노력에 대한 안내를 제공하고 격려하는 방법으로 제시되어야 한다.

(아) 문제해결 시범 제공

문제해결 전략과 정보는 학생들이 과제 내용에 대하여 생각할 때 사용될 수 있다. 교사는 학생들에게 주어진 과제를 해결하는 문제해결 방법을 외연적이면서 관찰할 수 있는 시범을 통하여 제시해 주어야 한다. 학생들은 미숙하고 자신들의 수준에 맞추어 사고하고 행동하므로 교과 내용을 학습할 때 불분명하게 반응하는 경우가 많다. 특수한 내용이나 기술과 문제해결 전략을 보여줄 때 교사는 학생들에게 전형적인 방법으로 할 것이 아니라 시범을 보여주기 전에 문제해결 방법을 개인별로 생각해 보게 하고 시범을 보여주어야 한다. 시범 후에 학생들은 일반적인 문제해결 접근의 선택, 핵심적인 내용의 선택결정, 진행과정의 점검, 바르게 행동한 데 대한 만족감을 포함해서 학생 스스로 느낄 수 있도록 해야 한다. 사고하는 인지과정과 문제해결 방법을 관찰하도록 교사가 학생에게 주는 인지적 시범은 교수방법뿐 아니라 학습에 대한 학생들의 동기 및 사회화의 촉진방법으로 유용한 것이다. 이와 같은 시범은 학습자의 인내심, 신념, 합리적 의사 결정, 정보를 통한 문제해결, 오류를 통한 정보획득의 기회를 제공한다고 할 수 있다.

(자) 학습노력을 위한 상위인지 의식 유발

교사는 자신이 지도하는 학생들에게 수행하는 과제에 대한 목표의식, 이들 목표 추구를 위해 사용하는 방법의 조정, 그들이 적용한 방법의 효과를 기록, 그리고 그들이 전개하는 이들 사건에 대한 그들 자신의 조정을 훈련시킬 수 있다. 특히 그들은 학생들에게 오반응을 욕구좌절이나 포기에 대한 단서로 하기보다 집중적 노력을 위한 단서로 훈련시킬 수 있다. 학생들은 학습을 위하여 동기가 주어질 때 그들의 주의를 집중시켜 활동적 노력을 투입하고, 그들이 이해하는 것을 확인하고, 자신이 가지고 있는 지식과 가지고 있지 않던 새로운 지식을 통합하고 그리고 뒤에 사용할 수 있는 형태로 정보를 부호화하고 저장한다. 여기에 덧붙여 학생은 효과적인 학습과 문제해결에 대한 인지적 및 상위인지적 기술을 소유해야 한다. 모든 것에 최대의 효과를 얻을 수 있는 기술은 없지만 그래도 일반적으로 유용한 것이 있을 수 있다. 이런 상위인지 의식을 유발하는 방법에는 아래와 같은 방법들이 있다.

1. 능동적인 학습준비
2. 자료를 기억시키기
3. 제시정보를 정교화시키기
4. 내용을 조직화 및 구조화하기
5. 이해를 조정하기
6. 알맞은 정서 유지시키기

  (2) 외재적 동기유발 방법

(가) 과제를 선택해주기

  학생들의 흥미와 관심은 다양하지만 교수목표가 있으므로 교사는 학생들의 능력과 발달상의 욕구에 알맞은 과제와 방법을 선택해 줄 수 있다. 만일 교사가 학생들에게 알맞은 것을 다양한 메뉴로 제시해 주지 않으면 학생들은 바람직하지 못한 내용과 방법을 택할 수도 있으므로 교사의 알맞은 과제선택의 제시가 필요하다.

(나) 신기하고 다양한 자료주기

  학생들은 여러 가지 경험을 학교에서 가지게 된다. 교사가 매일 같은 형태의 과제를 학생들에게 주면 학생들은 쉽게 지루해 하고 싫증을 느낄 것이다. 학생들은 매일 새로운 지식을 다양한 방법으로 경험하길 좋아한다. 그러므로 교사는 학생 개개의 욕구와 과제 개개의 목표에 알맞게 형태, 내용, 매체, 학생의 활동을 확인하여 최근에 수행한 작업과 다소 다르게 새로운 것이 되도록 노력해야 한다.

(다) 자발적 반응기회 주기

때때로 어떤 과제는 해결 방법이 한 가지밖에 없는 경우가 있지만 대부분 학생들의 학습과제는 학생에게 자발적 의사결정과 창의성을 발휘할 수 있도록 설계되어 있다. 만일 대부분의 학생들이 그들의 학습활동의 모두가 자신들의 의사나 결정과는 관계없이 교사에 의해서 처방되고 조정되고 있다고 지각한다면 압박감과 구속감을 느끼게 될 것이다. 그와는 반대로 학생들이 그들의 시간과 과제를 자율적으로 조직하고 과제의 요구에 알맞게 노력을 함으로써 경험적 자율과 창의성을 위한 기회를 가질 수 있다는 것을 지각할 때 과제수행을 위한 동기유발이 될 것이다.

(라) 활동 및 조작기회 주기

학생들은 교사 및 다른 또래 친구들과 상호작용을 하고, 교재를 조작하고, 단순히 듣거나 읽기보다 어떤 방법으로든 능동적으로 반응하기를 허락해 주는 활동을 좋아하는 경향이 있다. 이들 기회는 단순히 질문하고 대답하는 형태를 넘어서 학습목표를 달성하기 위해 상호 협동적이고 공동적인 유대감을 가지고 계획, 실험, 토의, 역할수행, 모의활동 그리고 창의적 적용을 포함하는 교실활동이다. 교사는 전통적인 암송과 토의 형태까지도 단순한 질문을 넘어서 문제를 논의하고, 질문을 자극하고, 가상적 장면을 조성하여 문제를 창의적으로 생각하도록 하여 더욱 적극적인 학생관여를 조장할 수 있다. 이러한 방법으로 학생들은 사실과 개념을 단순히 기억하게 하는 대신에 내용과 방법을 실제적으로 생각하도록 할 수 있도록 이끌어 갈 수 있다.

(마) 반응에 대한 송환 주기

학생들은 자신들이 직접 반응할 수 있는 과제를 좋아하는 경향이 있다. 학생들이 능동적으로 반응할 수 있는 기회가 주어지지 않은 과제에 대한 수행이 반응활동은 할 수 있지만 후속되는 반응에 대한 단서를 이끌어 나가는 계기를 줄 수 없는 과제에는 지속적으로 노력하고자 하지 않으며 즉각적인 송환을 받는 과제를 좋아하는 경향이 있다. 그래서 가능한 한 즉각적인 송환이 뒤따르는 능동적 반응을 하도록 하는 과제가 특히 바람직하다. 오늘날 컴퓨터에 의한 학습자료 제시 방법은 즉각적인 송환계획이 들어가 있다. 교사는 과제를 진행함에 있어서 집단별로 이끌어 가고 개별적인 학습에서 송환제공을 순환시키고 정답을 알려주어 송환을 나열하고 과제를 논의함에 의해서 더욱 활동적인 학급활동을 조성할 수 있다.

(바) 수행결과 제시

산업근로자들은 그들이 참여하여 노동한 것이 생산되어 나온 것을 직접적으로 확인하기를 좋아한다. 학생들도 동일하게 학업과제를 수행한 결과를 제시받길 좋아한다. 개인은 단순히 큰 흐름 속의 일부가 되기보다는 그들 자신의 권리에 의미를 부여하고 통합시킬 수 있는 과제를 즐겨하고, 그들이 그 과제를 끝냈을 때 완성했다는 만족감을 경험할 수 있는 노력을 좋아한다. 학생들이 완성한 과제의 생산결과를 실제에 사용할 수 있고 생산의 정도를 관찰할 수 있을 때 학습동기가 더욱 유발된다.

(사) 상상과 모의활동 제시

학생들이 어떤 과제는 직접적으로 관찰하거나 참여할 수 없는 경우가 있다. 이런 경우에는 학생들이 간접적으로 사건들을 경험하고 정서적으로 참여할 수 있도록 하는 것이 좋다. 교사는 여러 가지 특징을 가지고 있는 학생들이 그들의 행동결과를 동일시할 수 있게 하도록 하기 위해서 모의활동이나 직접적으로 개인적 방법으로 내용을 다루는 역할놀이를 설계할 수 있다. 이와 같이 간접적 경험 또는 모의활동은 학생들이 직면하게 될 문제에 대하여 지식과 기술을 묘사해 줌으로써 문제해결 경험을 가지게 할 것이다. 모의활동은 전체 규모의 연극, 역할놀이 등을 포함하여 매일 매일의 교수활동에 이용될 수 있다.

(아) 게임과 같은 특성을 주기

학생들의 실습, 적용활동 등 어떤 종류의 내용이라도 게임이나 레크리에이션의 특징을 가지도록 구조화할 수 있다. 이런 활동은 뚜렷한 목표를 가지고 있지만 이 목표에 도달하기 위해서는 학생들이 문제를 해결하고, 함정을 피하고, 장애를 극복해야 하는 것을 요구한다. 학생들에게 문제에 도달할 수 있는 방법이나 혹은 목표의 정의를 포함할 수 있고, 다른 것은 문제해결에 결정적이지만 숨겨져 있는 정보를 찾는 활동일 수 있고, 학습활동에 도움을 줄 수 있는 다른 여러 가지 확실하지 않은 방법을 사용할 수도 있다.

(자) 높은 수준의 목표와 다양한 질문

학생들이 기본적 사실, 개념, 정의들을 학습하는 것이 중요하다. 그러나 보다 낮은 수준의 지식과 이해의 목표에 집중하는 일상적인 활동은 대부분 학생들에게 싫증을 일으킨다. 그래서 알맞은 도전감이 있는 높은 수준의 목표에 해당되는 적용, 분석, 종합, 평가의 활동을 빈번히 하는 것이 좋다. 역시 어떤 특수한 정답을 유출하기 위해 설계된 수렴적 질문과 의견, 예언, 행동 혹은 문제해결의 암시, 확산적 사고를 유발할 수 있는 질문을 하는 것이 좋다. 이와 같은 질문은 학생들을 보다 활동적이고 창의적으로 사실, 정의, 개념들에 반응하도록 한다. 높은 수준의 목표와 다양한 질문은 학생들에게 자료가 더 유의미하고 이해할 수 있도록 하는 데 도움을 준다. 만일 단순히 과제와 자료를 학생들에게 제시한다면, 학생들은 그것을 활동적으로 전개하고, 그들 자신의 단어로 변환시키고, 그들의 과거 지식과 경험에 관련지어서 자료의 의미를 부여하는 기회를 잘 지키지 못할 것이다.

(차) 친구와의 상호작용 기회 제공

대부분의 학생들은 과제를 수행할 때 친구들과 상호작용하기를 좋아한다. 교사는 토론, 논쟁, 역할놀이 혹은 모의를 통하여 학급전체 활동으로 친구들과 상호작용의 기회를 제공할 수 있다. 특히 친구 지향적인 학생은 교사와의 상호작용의 기회보다 오히려 친구와의 상호작용의 기회를 더 좋아한다. 교사는 학습활동에서 학생들이 서로 서로 가르쳐 주도록 하고, 논제를 토의하고, 문제해결 방안을 암시해 주고, 어떤 생산 활동을 짝 또는 작은 집단이 함께 일하도록 활동을 계획할 수 있다. 이들 친구와 상호작용 활동은 학습목표 전체가 충분히 구조화되어 있을 때, 한두 학생이 독점하는 활동이 아니고 모든 사람이 능동적으로 참여하고 집단 활동을 할 수 있도록 역할 수행이 잘 열거되어 있을 때 학습에 대한 동기유발이 더욱 높아질 수 있다.

(카) 성적 충동

초등학교 고학년이나 사춘기에 있어서는 이성과 같이 학습이나 작업을 시키면 이성 앞에서 자기실력을 과시하려고 한다(이성 간의 경쟁심과 협동심). 이러한 기회를 주는 학습활동도 강한 동기가 될 수 있다. 반대로 이성 면전에서 비난 또는 질책 등은 자극보다 학습의 역효과를 나타내는 경우가 많으니 깊이 삼가야 할 것이다. 그리고 실제에 있어서 남녀 공학반의 학급운영에 있어서는 이러한 점을 특히 유의해야 한다.

(타) 좋은 학습 환경의 구성

학습동기를 유발시키고 학습의욕을 불러일으키기 위해서는 우선 학습에 필요한 적절한 학습 환경 구성이 따라야 한다. 그러므로 가정에서나 학교에서 학습자에게 필요한 학습 환경 구성문제가 능률적이고, 효과적인 교과지도나 학습경영상에 있어서 절대 불가결의 조건의 하나라고 하겠다. 따라서 교사는 교육과정운영에 맞추어서 변화적이고 역동성 있는 학습구성을 하여 학생들에게 항상 새롭고 온화한 분위기가 생산적이고 창의력을 길러 줄 수 있는 활력소가 되도록 해야 한다.

(파) 상과 벌의 효과적인 사용법
    1. 상은 결합을 강화하나 벌은 결합을 강화시키지 않고, 단지 간접적 작용만 한다.
    2. 강화가 학습결과를 잊지 않게 하는 근본원리이다.
    3. 칭찬은 성적을 향상시키나, 힐책은 점차 성적을 저하시킨다.
    4. 칭찬은 누구나 효과가 있으나, 벌은 지능이 낮은 학생, 여학생, 내향성 학생은 효과가 없다.
    5. 상벌의 효과는 주고받는 사람과의 관계, 장면의 분위기 등에 의해 달라진다.
    6. 상은 과다함을 피하고, 적당하여야 한다.

앞에서 말한 내용을 살펴볼 때, 동기란 생리적 조건이나 심리적 조건이 원인이 될 수도 있으며 기타 많은 종류의 행동 원인을 찾아볼 수 있다. 즉 동기는 인간으로 하여금 어떤 행동을 하게 하는 원동력을 뜻하는데, 이러한 원동력은 내재적인 힘과 외재적인 힘에 의해서 일어난다.

학습 동기란 일반적으로 개체가 동인(drive) 또는 동기(motive)를 가지고 목표 지향적인 행동을 일으키는 과정을 말한다. 바꾸어 말하면 학습자가 학습 동인을 갖고 일정한 학습활동을 전개하는 것을 뜻하며 결국 학습 의욕을 일으키게 하는 것이 학습 동기라고 할 수 있다. 따라서 적절한 학습 동기를 유발시켜 주는 것은 학습 성취를 높여주기 위한 가장 기초적인 과정이라 할 수 있기 때문에 동기유발은 아주 중요한 의미를 지닌다고 볼 수 있다.

동기유발 방법들은 서로 분리된 것이 아니라 개인의 진취적 태세로 통합되어 있다. 따라서 동기를 높이기 위한 교사의 노력도 단편적이 아니라 종합적인 것이 되도록 해야 한다. 우선 학생들에게 학습을 가치 있게 받아들이도록 지도하고 개성을 존중하면서 우수한 교수 능력으로 교수-학습에 임할 자세가 요구된다.

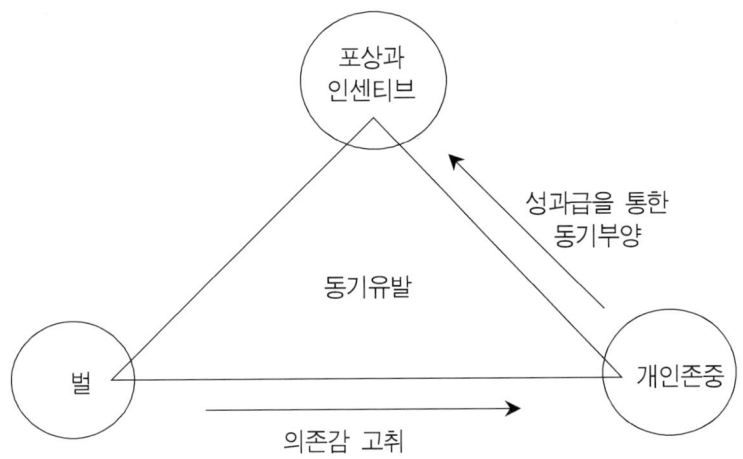

5. 심화보충형 교육의 필요성

　우리 교육의 고질적인 병폐인 획일적인 교육을 지양하기 위한 취지
만큼은 교육계에서도 많은 인식의 변화를 가져왔고, 그런 만큼 호응도
얻은 게 사실이다. 이 시점에서 초등국어교육 현장에서 수준별 교육과
정이 어느 정도 정착되고 있는지, 그 적용 과정에서 나타나는 문제점
이 있는지, 있다면 무엇인지, 또 그것을 실천하는 방안에는 어떤 것이
있는지 살펴보는 과제는 매우 의미 있는 작업이다.

　현대 교육은 학생 중심 교육을 의미하고, 학생 중심 교육이란 학습
자의 흥미와 적성, 능력뿐 아니라 이러한 모든 것을 포괄하는 한 인간
으로서의 학습자의 인격을 존중하는 교육과정의 성격을 지니고 있다.
이론뿐만 아니라 심화된 교육이 인격적인 발전을 이루는 교육으로 발
전을 하게 만드는 초석이 될 것이다. 한국교육의 나아갈 방향은 지나
친 이론교육뿐만 아니라 현실적용의 실습이 포함된 다원주의 교육으로
발전을 하여야 할 것이다.

1) 학생중심수업

　학생중심수업은 학생이 중심이 되는 수업을 말한다. 즉 학생이 자신
의 학습에 대하여 의욕을 가지고 자기 스스로 학습 내용을 선택하여

학습 계획을 세운다.

또 자기가 세운 학습 계획에 따라 학습하고, 그 결과를 정리하는 과정을 거치게 된다. 이러한 수업이 이루어지기 위해서는 교사의 전향적 자세가 요구된다.

즉 교사가 자신이 중심이 되어 학생들에게 무엇을 가르쳐야겠다는 것보다는 학생들이 스스로 할 수 있는 방법을 찾도록 해주고, 학생들이 필요로 하는 것에 대하여 그들의 능력과 적성에 맞는 도움을 주어야 한다는, 학생 중심수업을 구상할 수 있어야 한다.

그러기 위해서는 평소에 학생들의 개별적 특성을 자세히 파악해 두어야 한다.

학생이 중심이 되어 학습의 계획부터 결과의 평가까지 이루어지는 학습이다. 지금까지 부분적인 자기 주도적 학습은 이루어져 왔으나 전체 학습을 자기 주도적으로 하려는 시도는 없었다고 해도 과언이 아니다.

물론 다인수 학급에서 과다한 학습량을 주어진 시간 안에 소화시켜야 할 것으로 생각하는 현재의 관념 속에서는 다소 무리인 듯이 보일 것이다.

그러나 첫술에 배부를 수 없듯이 처음부터 만족한 자기 주도적 학습은 안 될지라도 자기 주도적 학습을 지향하는 교수-학습 방법을 꾸준히 연구 실천하여 학생들도 훈련이 된다면 불가능한 것도 아닐 것이다.

학생중심수업은 구성주의 수업으로도 불린다. 구성주의에 따르면 지식은 사전 경험을 바탕으로 개인이 구성한다고 믿는다.

따라서 경험이 다른 두 사람은 똑같은 지식을 가질 수 없다.

전통적 수업에서는 이해를 고려하지 않은 경우가 많았다. 교사는 외워야 할 것을 지정해 주었고, 학생은 그것을 외워서 그대로 복사 혹은 반복해 냈다.

그러나 이러한 수업은 '무엇을 알았는가? 그것을 왜 배우는가? 그것이 자신의 삶과 우리가 살아가는 세계에 무슨 관련이 있는 것인가?'를 물었을 때 대답하지 못하며, 자신의 관점을 갖지도 못한다.

구성주의 수업에서는 "모방적인 행동이 아니라 '깊이 있는 이해'가 목적이다." 또한 "학생들이 무엇을 반복할 수 있는가를 찾는 것이 아니라, 그들이 무엇을 생성하고 증명하고 보여주는가를 찾는다."(재클린 부룩스, 마틴 브룩스(지음), 추병완, 최근순(옮김), 『구성주의 교수·학습론』, 백의, 1999, p.30.)

Merrill(1991)은 이러한 구성주의 수업의 특징을 다음과 같이 요약했다.

첫째, 지식은 학습자에 의해 구성된다.

둘째, 학습은 경험의 개인적 해석이다. 셋째, 학습은 학습자에 의해 능동적으로 일어난다.

넷째, 학습은 공동으로 협력하여 일어난다.

다섯째, 학습은 실제 세상과 유사하게 상황화되어야 한다.

여섯째, 학습의 측정은 학습의 맥락 자체에 통합하여 현실적으로 이루어져야 한다.

또한 학생중심수업은 진보주의 교육과도 그 맥락을 함께 한다. 진보주의자들 역시 전통적인 교사중심수업에 반대했다. 특히 "듀이의 신봉자들이 진보주의 교육협회를 결성하여 조직적인 개혁운동을 전개하였다."(박의수 외, 『교육의 역사와 철학』, 동문사, 2005, p.340.)

이들은 7개 항의 강령을 채택하였는데 이는 아동이 외적 권위에 의하지 않고 자신의 사회적 필요에 의한 발달의 자유를 강조하고, 교사를 아동의 활동을 고무하며 적절한 정보를 제공하는 안내자가 되어야 한다고 주장하는 등 학생중심수업을 지지하는 이론을 내놓았다.

학생중심수업에도 여러 차원이 있을 수 있다. 최근에 열린 교실, 창의성 같은 것이 강조되면서 교사는 말하고, 학생은 듣는 수업에서 벗어나 여러 시도가 있었다. 교사는 학생들에게 조별과제를 내준 후 발표를 하게 하기도 했고, 질의응답을 통해 학생 간에 질문, 대답을 유도하기도 했으며, 자신은 보충적 설명자의 역할을 하기도 했다. 이러한 수업은 현재에도 상당히 활성화되어 있다고 할 수 있다. 현재 교실에서 가장 실제적으로 응용되고 있는 학생중심수업은 조별토론, 조별발표 수업이다. 그러나 이러한 수업에서도 학생이 중심이 되지는 못했다. 왜 그런지 수업의 실제 사례를 통해 살펴보겠다.

수업은 2007년 1학기 직업과 경제라는 교양 과목으로 한국폴리텍 대학생이 대상이었다. 교수는 임의로 조를 편성한 후, 조별 발표식으로 수업을 진행한다고 하였다. 그 이유는 경제가 단순히 외우는 것으로는 큰 의미가 없고, 학생들이 나름의 관점(경제관)을 갖는 것이 중요하며, 이러한 방식이 교수가 강의를 하는 것보다 재미있을 것이라는 점을 들었다. 즉 학생 스스로 지식을 단순히 외우는 것이 아니라 실제로 학생들이 수업을 진행하고, 토론까지도 이끌며, 역사에 대한 관점을 스스로 구성하는 학생중심수업이라고 할 수 있었다.

학생들은 자신들에게 주어진 주제를 50분가량 발표했다. 남은 시간에 학생들이 질문을 했고, 발표를 한 조에서 대답을 했다. 즉 학생들이 공부해서 발표하고, 그것에 대해 학생들이 질문하는 방식이었다. 교수는 학생 간의 질문, 대답이 논점을 벗어나지 않게끔 지도하는 수준에 머물렀고, 이 과정이 끝난 후 발표에 대해 간략하게 언급하였다.

이 수업의 결과를 살펴보면, 첫째로 학생 중에서 주도적인 학생과 주변적인 학생이 나뉘어졌다. 즉 아무것도 안하는 학생, 논의에는 관심이 없고 핸드폰 문자만 날리는 학생, 다른 학생이 준비한 내용을 듣기만 하는 학생이 생겼다.

이는 교수중심수업의 문제가 그대로 반복됨을 의미한다(이후로는 교수를 교사라는 말과 혼용하여 쓰도록 하겠다). 다시 말해 교사의 역할

을 하는 학생과 그것을 단지 받아들이거나 아예 받아들이지도 않는 학
생으로 나누어진다. 둘째로 교사의 역할이 매우 축소되었다. 교사는 발
표를 지켜보고 평가하며, 발표가 끝나고 몇 마디 코멘트로서 수업을
진행할 수 있었다. 셋째로 시험 때 혼란을 겪게 된다. 즉 학생들의 발
표를 통해서는 무엇이 중요한 것인지를 확인하기 어려웠다. 또한 발표
에서 교사가 중요시하는 것은 그 발표의 독창성, 경제에 대한 새로운
해석인데, 이것은 시험에 반영되지 않는다. 이는 수업과 평가가 괴리되
는 결과를 불러왔다.

위의 수업은 분명히 학생중심이었다. 교수는 큰 방향을 제시하고, 출
석을 부르고, 학생들의 발표에 대한 조언자의 역할을 했을 뿐 교수 중
심이 되어 지식을 주입하려 하지 않았다. 이러한 것은 통상 학생중심
수업이라고 일컬어지는 수업이 정말 학생을 수업의 중심이 되게 하는
데 크게 도움이 되지 않는다는 것을 보여준다.

위의 수업 사례는 학생만 중심이 되었기 때문에 학생이 중심이 되지
못한 수업이라고 할 수 있다. 그 이유는 무엇보다 학생들의 경제에 대
한 사전지식이 별로 없었다는 데에 있다. 이러한 상태에서 학생들은
스스로 수업의 중심이 되기보다 또 다른 문제를 안고 있었던 실험이었
다고 보인다.

그렇다면 어떻게 정말 학생이 중심이 되는 수업이 가능할 수 있을
까? 이에 대한 방안을 위해 먼저 교사−학생의 관계를 다시 생각해 봐
야 한다.
먼저 교사중심수업에서는 교사가 중심이 되었다. 교사는 가르치는
주체, 학생은 그것을 받아들이는 객체였다. 학생중심수업은 이에 반대
한다.
즉 지식은 개인이 구성하므로 학생이 수업의 중심이 되어야 한다는 것

이다. 그러나 위의 사례에서 볼 수 있듯이 교사를 단지 조언자 정도로 한정하는 학생중심수업은 또 다른 문제점을 야기한다. 개인이 사전지식을 통해 새로운 지식을 구성한다면, 그 사전지식은 어떻게 구성되는가? 결국 지식을 받아들이는 작업도 어느 수준에서는 필요한 것이다. 그래야 새로운 것을 받아들였을 때 구성할 수 있다. 그렇다면 교사가 중심이 되는 것도 문제가 있으며, 학생이 중심이 되는 것도 문제가 있다. 이를 해결하는 방법은 양자의 종합이다. 즉 교사중심수업도 아니고, 학생중심수업도 아닌 교사-학생 모두가 중심이 되는 수업이 이루어져야 한다. 이 글에서는 이것을 교사-학생 서로중심수업이라고 칭하고자 한다. 그리고 이것이 결국 학생이 중심이 되는 수업을 가능하게 할 것이다.

학생이 중심이 되는 수업을 하는데 왜 교사도 중심이 되어야 하는가? 중국의 철학자 이탁오는 "친구가 될 수 없다면 진정한 스승이 아니다. 스승이 될 수 없다면 진정한 친구, 또한 아니다."라고 말했다.

우리는 통상 교사를 친구 혹은 동료 혹은 앞선 학생으로 생각하지 않는다. 그러나 교사도 학생이다. 이것이 학생-교사 서로중심수업의 전제이다.

왜 교사가 학생인가? 먼저 교사는 앞선 학생이다. 교사는 먼저 공부를 한 사람으로서 그 (학습)시간의 간격으로 인해 보다 늦은 학생들에게 지식을 전달해 줄 수 있다. 다음으로 교사가 학생인 것은 당위적인 것이기도 하다.

지식은 변화하고, 학생도 변화한다. 공부하지 않는 교사는 절대로 잘 가르치거나 옳은 조언을 할 수 없다. 마지막으로 교사는 학생으로부터 배우는 학생이다. 개인마다 사전지식에 의해 지식을 새롭게 구성한다면 학생들은 다양한 차원의 지식을 구성할 수 있다. 인간은 저마다 다른 경험 세계를 갖고 있고 어떠한 지식도 개인마다 다르게 이해하고 해석한다. 이러한 학생들과의 수업, 토론, 대화는 그 자체로 교사에게 학습일 수 있다.

일주일 중 첫 시간에 교수는 강의를 한다. 강의의 효과를 높이기 위해 수업 전 평가를 활용한다. 교수는 해당 내용을 온라인을 통해 평가한다. 학생들은 수업 전에 각자 내용을 숙지하여, 미리 시험을 보고 무엇이 중요한가를 파악한다. 그리고 강의를 통해 학생들은 기본적인 개념을 학습해야 한다.

강의가 먼저 이루어져야 하는 이유는 먼저 학생들이 기본적인 개념을 숙지해야 학생 스스로 문제를 설정하고 토론할 수 있다. 기본적인 개념부터 이해가 되지 않으면 학생들은 서로 다른 개념을 갖고 서로 다른 얘기를 하며 시간을 낭비할 수 있고, 무의미한 시간을 보낼 수 있다. 또한 강의는 교수를 공부하게 한다. 교수를 공부하게 만들지 않는 수업은 당장은 물론이고, 장기적으로 수업의 질을 저하시킬 것이다. 기존의 학생 발표 혹은 학생 토론 후 교수의 간단한 코멘트와 평가로 이루어지는 수업은 교수의 역할이 지나치게 축소돼 학생들을 위해 공부를 하지 않아도 되는 것이 가능할 수 있다.

나는 강의와 함께 인터넷 커뮤니티를 적극 활용한다. 즉 홈페이지를 구축하여 놓고, 학생들이 들어와 강의 내용을 볼 수 있으며, 앞으로 강의 진행사항, 전달사항, 공지사항, 새로운 학문의 다양한 장르 등을 인터넷 홈페이지를 통하여 얻어 갈 수 있도록 하고 있다.

온라인과 오프라인을 동시에 활용하는 방법인 것이다.

사이버대학의 장점과 강의실 강의의 장점을 최대한 살린 것이다. 이것의 효과는 매우 크다. 진정으로 공부하는 학생들은 이러한 시스템을 통하여 많은 것을 공부하고 얻어가기 때문이다.

이와 같이 강의를 함에도 불구하고 대학교육의 문제점도 많다. 이를 한번 이해해 보자. 그러므로 우리의 교육문제를 새롭게 펼쳐나갈 수 있는 기회가 되기 때문이다.

세계는 급속히 동시다발적으로 변화하고 있다. 이러한 급변하는 사회에서 대학의 역할은 매우 중요하다. 이는 대학이 지닌 인간과 사회에 대한 책임성을 전제로 하는 것이다. 대학이 대학다운 모습을 갖기 위해서는 교육, 연구, 사회봉사의 세 기능을 원만하게 수행할 수 있어야 한다. 이러한 기능을 수행하기 위해서는 인적, 물적 요건을 구비해야 한다. 이를 바탕으로 대학이 교육, 연구, 사회봉사와 관련된 진리탐구와 창조적 활동을 자율적으로 할 수 있는 성숙한 분위기가 조성되어야 대학이 대학답게 발전할 수 있다.

그러나 한국대학의 현실은 어떠한가? 한국의 대학이 교육, 연구, 사회봉사라는 세 가지 본질적 기능을 원만하게 수행하는 공공적, 사회적, 학문적 성격을 충분히 반영하고 있는가에 대해 많은 사람들이 회의적인 반응을 나타내고 있다. 오히려 현재 대학교육은 미증유의 위기에 처해 있다고 할 수 있다. 왜냐하면 대학이 제 기능을 올바르게 수행하고 있지 않음으로써 인재양성에 실패하고 있고 사회적 책무성도 외면하고 있으며 학문적 수월성이라는 측면에서도 기대에 미치지 못하고 있기 때문이다. 그 이유는 한국 대학이 너무나 파행적으로 운영되어 왔기 때문이다. 한국의 대학은 21세기라는 미래에 대해 대비하지 않고 현실에 안주해 왔었다. 이에 대학교육의 개혁에 대한 요구가 안팎으로 거세어지고 있지만 대학 내부의 대비책의 마련이 미흡하다. 이러한 노력은 고사하고 대학은 비리의 온상이었고, 세무공무원에 이어 사정을 강화해야 할 대상으로 지적되었다. 대학은 진리의 상아탑이라는 말을 듣는다. 확실히 현재의 우리나라 대학은 대학으로서의 권위는 잃어버렸다. 대학에 가기 위한 12년간의 노력을 생각하면 대학이 이렇게 시시한 것이었나 하는 생각이 들게 만든다. 학교의 시설에 실망했다는 것은 말할 나위도 없지만 대학에 있어서 고등학교와는 다른 무언가를 기대했던 사람들이 처음에 대학에 들어가서 갈등을 하게 된다.

대학의 상아탑으로서 진리를 추구하기보다는 술 먹고 노는 것이 주된 포인트이다. 졸업을 앞둔 사람들은 취업이 주된 포인트이다. 왜 대학에 들어왔을까를 생각해 보아야 하는데 그렇지를 못하다. 그것은 대부분 가야 한다는 말을 듣고 왔지 어떠한 목적이 있어서 온 것이 아니기 때문이다. 이렇게 어영부영 있다가 취직준비를 하고 그러다가 졸업하게 되는 것이기에 이러한 사람들이 사회에 나가면 제대로 된 지도자의 자리에 서지를 못하는 것이다.

우리의 대학은 입시의 스트레스를 풀다가 취업준비를 하기 위한 기관일까?

우루과이 라운드의 타결에 의해 교육시장도 개방이 되어 외국의 유명대학의 분교가 생기게 된 지금 우리나라의 대학의 실상을 살펴보고 그 문제점을 분석하는 것이 필요할 것이다.

2) 대학자율성의 상실

우리나라 대학들이 대학의 본질을 수행하지 못했다는 것에 있어서 많은 이유를 들 수 있겠지만 우선 대학이 정부의 정책에 의해 이리저리 끌려 다니면서 대학 스스로의 고유권한마저 상실한 상태라는 것을 들 수 있다. 더구나 정부의 정책이 정권이 바뀔 때마다 일관성 없이 마구잡이식으로 바뀜으로써 대학이 스스로의 발전방향을 세우고 독자적으로 행동할 수 있는 기회를 상실하고 교육시장이 개방되는 현재에 와서 그 존립이 위협당하는 상태에 이르렀다고 할 수 있다. 정부의 정책들은 일정한 기준에 따라 이루어진 것이 아니라 대학의 자주성을 간섭하는 데에만 역점을 두었다.

① 해방직후의 개방적 자유방임형의 대학정책

일제식민통치하의 폐쇄적 억압적 대학교육정책은 해방직후 폐쇄적, 억압적 대학교육정책은 해방직후 미군정하에서 개방적 자유방임형 교육정책으로 대체되었다. 이는 고등교육의 기회가 크게 확대되는 양적 성장을 이룩하는 것을 의미한다. 그러나 자유방임에 가까운 대학정책으로 인해 대학이 갖추어야 할 기본조건마저 제대로 갖추지 못한 많은 사립대학의 설립이 있었다.

② 대학설치 기준령

대학설치 기준령은 대학교육의 질적 성장을 위한 교육정책의 목표에 따라 제정된 것이다. 이는 새로운 대학의 설치를 억제하고 기존의 대학에 대해 시설의 보완을 요구할 법적 근거를 제시했다. 그러나 대학교육의 실질적인 질의 향상을 가져오는 데에는 실패했다.

③ 대학정비안

5.16군사정권에 의해 부실대학의 정리 및 대학발전을 강구한다는 미명아래 표면적으로는 대학의 양적 성장에 따른 부작용을 극복하고 교육의 질적 성장을 목표로 하는 것이지만 실제로는 대학에 있어서의 학생선발권, 학위수여, 학생수의 증원과 감원 등에 대한 대학의 고유권한을 정부로 이양케 함으로써 획일적인 행정주도형의 대학과 당국의 권위구조를 구축하는 결과를 가져왔다.

④ 대학 학생 정원령과 대학입학예비고사

대학정원을 지키기 위한 조치인 학생 정원령은 1965년에 제정 공포되었으며 대학입학예비고사는 학생 정원령을 지키기 위한 후속조치로 1969년에 실시되었다. 이들의 실시는 대학의 고유권한인 학생정원 조정권과 학생선발권을 정부당국에 위임케 하는 규정을 보다 분명하게 함과 동시에 제도화한 것으로 볼 수 있다.

⑤ 실험대학의 실시

1972년에 고등교육의 질을 개선한다는 명분 아래 제시된 것으로 이는 표면적으로는 대학의 자율성 증대와 통제의 완화를 제시하고 있지만 대학운영의 제도와 접근방법 등을 제시함으로써 정책당국이 각 대학에 실험대학제도를 강요한 결과를 가져오게 되었으며 정권의 정당성을 확보하기 위해 실시한 정책이라는 비판을 받았다.

3) 대학의 재정난

우리사회의 높은 교육열 탓에 생존을 보장받아 온 대학들은 해방 이후 계속적인 양적팽창을 하여 현재 몇백 개가 설립되어 있다.

지난 몇 년 간 대학재정은 수익자부담원칙이 일관되게 적용되어 왔다. 그래서 대학설립자는 국가이건 학교법인이건 간에 대학교육에 필요한 최소한의 기본재산과 시설을 갖출 뿐 대학운영에 필요한 경상적 지출은 기본적으로 특정하게 선택된 수익자가 부담해야 하는 것으로 일관되어 왔다. 이것이 한국 대학재정을 영세하게 한 가장 큰 이유이다.

또한 대학의 설립자들이 대학투자에는 인색하고 대학을 기업으로 생각하여 이익만 챙겼지 부실하게 운영하였다는 것이 재정난을 야기했다. 우리나라의 대학교육에 있어서 사학의존도는 대단히 크다. 이러한 사립대학에의 절대적인 의존은 보다 많은 사람들에게 고등교육의 기회를 제공한다는 긍정적인 측면을 가지고 있지만 대학이 갖추어야 할 제반 여건을 갖추지 못한 상태에서 난립된 많은 사학들이 대학의 질을 저하시키고 일부 사학재단과 운영자들의 대학사기업화에 의한 부실운영은 대학이 외부의 지시와 통제하에 놓이게 하는 결과를 야기했다. 이러한 대학들은 국민들을 경악과 분노로 몰아놓은 부정입학사건과, 계속 일어나고 보도되고 있는 교수직 매매파동, 대학학력고사 관리위원들의 답안지 유출파동, 각종 로비와 편법을 동원한 학생증원 등의 물의를 일으켰다. 이러한 대학의 현실은 대학자체의 공신력과 도덕성을 스스로 떨어뜨림으로써 대학이 가지는 진리의 상아탑으로서의 권위를 상실시켰다.

(1) 대학교육의 현황

1980년 졸업정원제가 급격히 늘어난 대학정원의 확대와 1987년 이후 급격히 표출된 대학 내의 갈등으로 인한 공동체의식의 붕괴─학생운동의 영향으로 인해 대학등록금의 인상률은 실질 물가 인상률을 계속 밑돌았다─는 대학재정의 어려움을 가중시켰다. 열악한 대학의 재정상황은 대학교육지표에 그대로 반영되었다. 이로 인해 적정의 전임교원과 교육 공간, 교육시설의 확보가 어려워졌고 대학교원의 처우개선에 걸림돌이 되어 대학교원의 사기와 연구 의욕의 저하를 가지고 왔다.

① 전임교원 수가 선진 외국의 1/2─1/4로서 절대적으로 부족하다. 즉 교육시설과 전임교원이 태부족인 상황에서 대학이 취할 수 있는 선택은 대형 강의밖에 없다. 거의 모든 교양과목수업이 대단위로 이루어지고 있고 심지어는 외국어강의까지 100─150명으로 반을 편성하여 운영하고 있다. 교수 1인당 학생수는 대학 평균 33.1명으로 강의실당 학생수가 과다하여 강의효과의 저하, 실험, 실습 진행의 어려움, 교수─학생 관계의 소원현상이 나타나고 학과별 교수 수의 과소로 인해 정상적인 교과과정의 수행이 곤란한 형편이다.

② 우리나라 대학의 학생 1인당 건물면적은 10.5m2f로 주요 외국 대학의 1/2─1/5에 불과하며 실험실습시설은 부족할 뿐만 아니라 낡은 것이어서 고도 산업사회의 현장을 따라가지 못하고 있다. 우리나라 최고수준의 여건을 갖추고 있는 국립서울대학교 공과대학에서도 교수요원 및 연구실험시설의 보완 없는 정원의 증가란 무의미하다 하여 93학년도 정원증가분을 교육부에 반납하겠다는 신문보도는 이를 잘 말해주

고 있다. 투영기나 비디오 등 시청각기자재도 강의실에 제대로 구비되어 있지 않다.

예를 들어 현재의 교양영어 청취수업의 경우에 그러하다. 우리학교의 경우에도 국립 서울대라는 간판이 무색하게도 랩교육을 위한 장비는 부실하다. 고등학교만도 못한 랩실에서 수업이 이루어지고 있다. 기기가 낡은데다가 고장 중인 기기가 많다. 또 비디오 등의 기기도 있으나 잘 작동되지 않아서 실제수업에는 이루어지지 않고 있다. 교양과목에서 슬라이드라든지 하는 것을 이용하게 되는 경우가 있는데 이런 경우에도 슬라이드 등이 잘 작동하지 않아서 중도에 그만두는 사태도 비일비재하다. 강의실마다 빔 프로젝트가 설치되어 강의가 원활하게 멀티미디어 강의가 이루어져야 함에도 불구하고 모두 설치된 대학은 그리 많지 않다. 아마 전무할 것이다.

③ 학생 1인당 장서 수는 18권에 불과하며 이는 영국의 옥스퍼드 대학의 593권에 비교할 때 3% 수준으로써 우리 대학에서는 도서예산의 부족으로 전문학술지를 제대로 확보하지 못하고 있다. 또한 도서관 시설이 협소하여 좌석당 학생수가 과다한 상태이다.

4) 교육기능 상실

이러한 자율성의 상실이나 재정적인 문제점뿐만 아니라 다른 문제를 안고 있는데 대학이 더 이상 진리의 상아탑이 아니라는 것이다. 우리나라의 대학에 있어서 대학은 이른바 말하는 진리를 탐구하는 기관이 아니라 여태까지 초등학교에서 고등학교에 이르는 기간 동안 하지 못한 것을 하는 즐겁게 노는 것을 허용하는 곳이며 혹은 취업의 예비기관이다. 대학에서는 적당히 놀다가 학점만 따서 졸업하면 되는 것이며 졸업장만 따고 나중에 취업준비만 하면 된다. 이는 우리나라의 대학교육이 졸업장을 따기 위한 기관으로 전락했다는 것이다. 이것이 우리의 대학의 실상이다. 즉 대학의 취업학원화 현상이다.

우선 갓 대학에 입학한 학생들은 공부를 하지 않는다. 이미 지식위주의 고등학교에서 암기위주의 입시교육에 단단히 질린 학생들은 책을 손에 잡으려고 하지 않는다. 대학교의 1학년, 2학년은 미팅하고 소개팅하고 술 먹고 춤추면서 지나간다. 적당히 수업에 빠져도 대충 학점은 나온다. 이러한 학생들의 모습은 대학부근에 나날이 늘어나는 술집, 노래방, 디스코텍, 당구장 등을 보면 알 수 있다. 소비하는 문화에 학생들은 더욱 길들여지면서 대학의 초기는 고등학교시절의 때를 벗고 신나게 젊음을 만끽하는 시간으로 널리 인정된다.

5) 교육개방 방안으로서의 신직업교육체제

현재의 교육은 개인의 능력과 가능성을 개발하는 데 별 도움이 되지 못하고 있으며 현재의 국제화 세계화의 조류 안에서 정보화 사회에 걸맞은 인력이 점점 요구됨에 따라 신교육체제를 떠올리게 되었다. 신교육체제는 국민 모두에게 열린 교육사회(Edutopia)를 누릴 수 있게 하는 측면에서 탄생한 것이라고도 할 수 있지만 무엇보다도 세계 자본주의 사회가 재편되고 점차 정보화되며 고도로 산업화되면서 날이 갈수록 새로운 인력을 원하는 수요의 목소리가 거세지면서 교육의 현장을 바꾸기 위해 탄생한 것이라고도 할 수 있다. 따라서 후자의 입장을 고려해 보았을 때 정부의 입장에서의 신직업교육체제는 다가오는 세계와, 정보화 시대에는 지적 능력과 창의력에 바탕을 둔 직업의 종류가 더욱 다양하게 등장하고 그 생성 소멸이 매우 빠르게 이루어지므로 교육은 이처럼 급변하는 직업 세계에 각 개인이 유연하게 적응하는 능력을 키우는 핵심 수단이 되며 이러한 직업 능력은 전 생애를 통하여 지속적으로 학습할 수 있는 길이 다양하게 열려 있을 때 비로소 향상될 수 있으므로 당위성을 가지는 것이라 할 수 있다.

신직업교육체제는 앞에서 이야기한 바와 같이 교육이 국민 모두에게 열려 있어야 한다는 인식과 현재의 교육이 산업 현장에서 쓸 만한 인력을 만들어 내는 데 거의 도움을 주지 못하는 현실에서 비롯된다. 고등학교만을 졸업하고도 직장을 다니면서 계속해서 산업 현장에서 쓰일 수 있는 전문적인 교육을 받을 수 있어야 하고 중등교육에서부터 학교마다 특성을 전문화시켜 그것이 고등교육에 있어서도 제대로 활용될 수 있도록 하는 것이 주요 골자라 할 수 있다.

이 체제는 크게 7가지의 정책으로 이루어지는데 고등학교 단계 직업교육의 다양화, 전문대학, 개방대학, 기능 대학의 직업교육 활성화, 신대학의 도입, 전문 직업 분야의 학위 제도의 도입, 평생직업교육 기반의 구축, 자격 제도의 개편, 직업교육 훈련 관련 행·재정 지원 체제의 구축이 그것이다. 이러한 정책들은 첫째, 실업계 고등학교를 졸업하고도 학교와 직장을 오가며 전문대학, 개방대학, 신대학, 대학원까지 진학할 수 있는 길을 열고 둘째, 학교와 학교, 학교와 산업체가 서로 다양한 방법으로 협력할 수 있는 기반을 조성하여 서로 협력하며 경쟁하는 교육으로 바꾸고 셋째, 기업에 쓸모 있는 교육을 시키기 위해 직업교육의 운영과 평가에 기업이 주도적으로 참여할 수 있는 길을 열고 넷째, 효율적인 교육으로 바꾸기 위해 학습과 취업을 원활히 연계하고 교육과 훈련을 유기적으로 통합한다는 네 가지 방향으로 추진된다.

정부가 제시한 목적들을 고려해 보았을 때 다른 교육개혁 방안들보다 신직업교육체제는 세계의 경제 형태가 급속도로 변화하면서 그에 필요한 인력들을 보다 효율적으로 획득하기 위한 방편으로서의 역할이 크다고 볼 수 있다.

6) 직업교육의 다양화

지식 정보화 사회의 도래에 따라 직업교육의 중심축이 고등학교에서 대학 단계로 이동하고 있다. 이것은 앞으로의 사회는 보다 더 전문화된 고급인력을 필요로 한다는 것을 의미하며 그러한 교육을 대학에서 실시해 줄 것을 바라는 산업 현장의 요구가 발휘된 것이라 할 수 있다. 따라서 교육개혁 안에서는 실업계 고등학교의 직업기술교육을 질적인 면에서는 물론 양적인 면에서도 확대할 것을 요구하고 있다.

이러한 고등학교 단계의 직업교육의 다양화는 직업교육을 다양한 방면으로 확대하는 것뿐만 아니라 그 양적인 면에서의 확대도 요구하고 있다. 그러한 양적인 면에서의 확대는 사회의 전체적인 요구에 따르기보다는 그 지역 사회의 산업체의 요구에 따르게 되어 있으며 이것은 그 지역의 산업체가 다양화되고 양적으로도 확장된, 전문화된 고등학교를 주도하게 된다는 것을 의미한다. 또한 각 고등학교의 전문화는 아이들이 중등교육의 수준에서 자신의 적성과 진로를 선택하고 그 선택에 따라 계속해서 교육을 받아야 하는 교육체제라 할 수 있다. 이러한 교육체제는 교육의 근본적인 목적을 생각해 보았을 때 교육이 시대의 흐름 곧 경제적인 요구에 따라 좌우되고 있다는 것을 단적으로 보여주는 것이라 할 수 있다.

직업교육의 중심축이 고등학교에서 대학 단계로 이동한 것은 아이들이 민주시민적인 자질을 가지고 보다 완성된 인격으로 성장하기를 바라는 데에서 비롯된 것이 아니다. 현재의 산업 현장은 실업계 고등학교에서 배운 기술교육만을 가지고는 기업 안에서 재교육을 시켜야 할 시간과 비용이 너무 많이 들기 때문에 이러한 소비를 감소하기 위해서 대학교육이라는 공적인 교육을 통해 전문교육의 책임을 사회로 돌리고자 하는 데서 비롯된 것이라 할 수 있다. 이러한 고급 전문인력 수요의 요구는 직업교육의 중심축을 대학으로 이동시킬 뿐만 아니라 그에 대한 준비를 고등학교 때부터 할 것을 요구하고 있다. 더 이상 교육의 중심은 인간이 아니라 인간의 경제라고 할 수 있을 지경에 이르렀다. 이러한 사실은 직업교육을 사실적으로 그 지역의 산업체가 담당할 수 있도록 제도적으로 뒷받침하고 있으며 직업교육을 받게 될 수많은 고등학생들은 창조적이고 주체적으로 사고할 수 있는 기회까지 잃게 되는 현실을 볼 때 단적으로 드러난다.

교육의 질과 평등성 문제를 함께 제기한 철학자 애들러는 그의 교육 선언서인 파이데이아 계획안에서 현재의 교육이 사회적인 불평등을 야기하고 있다고 판단하여 그 출신 배경에 관계없이 모든 학생에게 동일한 필수 교육과정을 제공하는 방법을 제시하며 그 교육안이 질적으로도 심화될 수 있도록 이 교육의 내용 안에 사고 능력의 개발, 조직적인 지식의 획득, 그리고 지적 탐구 활동의 추구 등을 포함하고 있다. 이 입장에서 살펴보았을 때 직업교육의 중심축의 대학 단계로의 이동은 별 문제가 되지 않더라도 현재 중등교육과정조차 직업교육을 위해 준비하는 기간으로 삼는 것은 큰 문제가 된다.

한국의 현실도 애들러가 자기 나라의 교육현실을 살펴보았을 때와 마찬가지로 교육이 사회적인 불평등을 만들어 내고 있으며, 인간의 존재론적 사명이라 할 수 있는 '인간화'에도 교육이 기여하지 못하고 있고, 학력사회의 병폐가 너무나도 깊이 뿌리 박혀 있는 현실, 그리고 경제의 요구에 따라 경제에 걸맞은 인간을 만들어 내고자 하는 현실이고 보면 중등교육의 이러한 개편은 그 자체로서 크나큰 위험을 안고 있다고 본다. 학생들의 진정한 성장을 위하기보다는 경제적으로 필요한 인력 수급을 위해 마련된 것처럼 보이는 이러한 방안은 학생들이 교육의 기회를 제대로 부여받지 못한 데서 오는 불평등을 해소하고 학생들이 진정한 민주시민으로 성장하도록 유도하는 교육의 목적이 함께 고려되지 않고서는 현대사회의 모순을 가속화시킬 수 있는 가능성만을 가지고 있다고 볼 수 있다.

전문대학, 개방대학, 폴리텍대학은 대학 설립의 목적을 생각해 보았을 때 산업과의 관련성을 생각하지 않을 수 없다. 따라서 전문대학, 개방대학, 폴리텍대학의 직업교육을 활성화해야 한다는 방침은 어떻게 보면 당연한 것이기도 하고 바람직한 것이라고 할 수 있다. 그러나 이러한 직업교육의 강화와 산업체와의 연계는 그 주체가 누가 되느냐에 따라 문제가 달라질 수 있게 된다. 이러한 직업교육의 강화와 전문화를 무엇보다도 요구하는 것은 기업이고 따라서 기업은 이러한 개혁방안의 이점(利點)을 잘 받아들여 각 대학과의 연계를 확보하려 할 것이며 실질적으로 기업을 위주로 교재와 교육과정이 연구되어야 한다. 그렇게 된다면 전문대학, 개방대학, 폴리텍대학 등의 직업교육기관은 기업의 주도하에 교육을 해나가는 교육기관이 될 것이다. 그리고 외국의 대학처럼 한 학기는 학교에서 수업을 하고 한 학기는 기업체와 산업체에서 연수하며 배우는 것이 필요하다. 특히 교수 또한 학교에만 있지 말고 직업현장에서 한 학기씩 직접 연계 취업으로 일하면서 현장의 상황을 배워 가는 것이 필요하다. 그래야만이 진정 살아 있는 교육이 정착될 것이다.

전문대의 위상이 아무리 강화된다고 해도 현재 정규 4년제 대학이 존재하는 한 그의 경제적인 측면 또한 많이 나아질 리 없다. 그러나 기업은 4년제 대학을 나오지 않았지만 고등학교 때부터 실시된 직업교육, 전문교육을 통해 고급 전문화된 인력을 싸게 구입할 수 있고 이것은 기업에 경제적으로 큰 이윤을 남기는 결과를 가져올 것이기에 현장 중심의 교육이 필요한 것이다.

7) 새로운 대학의 도입

현대 대학교육의 문제점도 다양하다. 한정된 입학자원에 대한 대학 간 경쟁의 심화는 학생 모집을 위해 대학 간 경쟁과 이에 따른 대학의 재정적 부담의 가중(예를 들면 대학 홍보비와 음성적 장학금의 증가), 학생모집을 위한 교직원의 동원에 따른 스트레스, 과원 교원의 처리, 대학 통·폐합 추진에 따른 대학 구성원(학생, 학부모, 교직원, 동창 등)의 반발 등과 같은 사회 문제도 이미 발생하고 있다.

이는 70년대 후반 산업화에 따른 기술인력수요 증대에 부응하여 설립된 대학이 80년대 초·중반의 일시적인 미달 사태를 제외하면 비교적 순탄한 환경 속에서 단기 고등직업교육기관으로 성장하여 온 것처럼 보였으나, 내면적으로는 그간 산업구조와 산업현장의 변화 그리고 지역사회의 요구와 같은 환경변수를 고려하지 않은 학교설립, 학생정원 결정, 학과설립, 교육과정개발, 교재개발 등의 교육서비스 공급자 중심의 양적 팽창의 폐해가 환경의 변화에 따라 나타나고 있는 것이다. 2007년 대학마다 입시를 위해 수시제도를 두고 있으며, 교수들은 학생들을 모집하는 샐러리맨으로 전락한 지가 오래되었다. 그러므로 새로운 대학이 필요한 것이다.

새로운 대학은 주요 선진국에 비해 낮은 수준에 머물고 있는 성인 경제 활동 인구의 전반적인 교육수준을 획기적으로 높이기 위하여 작업 현장을 떠나지 않고도 계속 교육을 받을 수 있도록 하는 대학을 말한다.

학교는 항상 사회의 변화와 함께 변화되어 왔다. 역사적으로 볼 때 항상 사회는 학교에 그것이 원하는 인간상을 만들어 내기를 원했으며 학교는 실제로 그러한 역할을 해왔다. 학교가 변함에 따라 그 문화도 바뀌어 간다. 변화에 민감하지 않은 교육은 교육으로서의 역할을 제대로 행하지 못할 것이다. 사회를 뒤따라가는 것이 교육이 되어서는 안 되고 사회를 이끌며 주도하고 끌어 갈 수 있는 교육이 되어야 하며 학교가 되어야 할 것이다. 즉 통합적인 교육이 되어야 할 것이다.

통합(inclusion)은 모든 개인은 일반교육 환경 내에서 자신의 능력을 최대한 발휘하도록 가능한 모든 지원과 도움을 제공받는 것을 말한다. 이러한 의미에는 특수한 교육이든, 일반적인 교육이든지 교육욕구를 필요로 하는 사람은 누구든지 자신이 속한 일반적 환경에서 적절한 '지원'을 받을 수 있어야 한다는 것을 의미할 수도 있다. 통합은 일종의 전략이나 배치의 개념이 아니라, 친구, 이웃, 지역사회의 구성원으로서 자신이 속한 그룹에 정당하게 소속되어, 그에 대한 개인의 권리가 충분히 존중되는 실천적 의미를 내포하고 있다. '통합'이라는 이러한 의미에 '조기(early)'라는 용어를 더한 '조기통합(early inclusion)'은 어떠한 특성을 지닌 교육이든 출생한 순간부터 자신이 속한 사회에 정당한 구성원으로서 정당한 기회를 제공받아야 한다는 의미를 지닌다. 통합적 교육은 21세기의 다원주의 교육의 한 방향이기도 하다. 통합적이고 가치적인 교육은 현대인을 문명에 가장 잘 적응할 수 있도록 만든다. 통합 속에 포함된 교육은 현장 중심의 현실성 교육인 것이다.

8) 교육을 위한 학습

교육을 심리학적으로 접근하여 봄이 필요하다. 왜냐하면 심리적인 눈으로 교육을 바라보면 좀더 깊이 있게 바라볼 수 있기 때문이다. 그럼 학습에 대해서 알아보도록 하겠다.

학습은 행동의 변화에 초점을 둔 교육의 한 영역으로 학자들은 '학습'이란 경험과 연습에 의하여 행도에 비교적 영속적 변화를 초래하는 과정이라 본다. 그러나 이러한 정의에도 불구하고 학습이라는 의미는 매우 다양하게 사용되기 때문에 여기에 학습의 기본적 정의에 몇 가지 수식이 불가피하게 된다.

첫째, 행동은 성장, 성숙, 등 발달 또는 신체적 상해에 의해서도 변화하기 때문에, 이러한 요소에 의한 행동의 변화는 학습으로 간주하지 않는다고 볼 수 있다. 예로 만 1세가 되면 기다, 앉다, 서다, 걷다, 뛰는 행동상의 변화를 보이지만 학습으로는 보지 않는다. 즉 학습이란 경험(또는 연습)의 결과로 인한 행동의 변화라고 말할 수 있다.

둘째, 학습이 비록 경험과 연습에 의한 행동의 변화라고 할지라도 그 변화된 행동이 비교적 영속적이어야 학습이라고 할 수 있다. 예로 일시적 피로, 약물, 질환 등도 행동에 변화를 초래할 수 있지만 학습이라 볼 수 없다. 한마디로 학습이란 경험의 결과로 나타나는 행동 또는 행동잠재력의 비교적, 영속적, 지속적 변화라고 말할 수 있다. 여기서 학습의 대상으로 학생들은 '좋은' 행동뿐만 아니라 무용하고, 다른 학생을 골탕 먹이는 행동과 같은 비적응적이며, '나쁜' 행동도 학습한다. 심지어 어떤 선생님을 무서워하는 것과 같이 지적 학습 또는 '책에서 배운 것'만에 한정되어 있지 않은 행동도 학습하게 된다.

행동주의 이론의 근간이 되는 학습, 즉 사회학습 이론은 인간의 심리적 성격이 바로 그의 행동이라고 전제할 수 있다. 행동은 관찰 가능하며 측정할 수 있는 인간의 행위들로서 인간 본질의 총체이다.

인간의 인성은 그 대부분이 환경의 산물이며 그의 행동은 상이한 여러 가지 학습과정의 결과이자 내적 상태보다는 환경에 의해 설명될 수 있는 것들이다. 즉 행동주의 이론의 인간관은 기본적으로 정신분석 이론의 인간관보다 덜 복잡하고 본성보다는 양육이 이후의 발달과정에 더 큰 요소로 작용한다고 본다.

행동주의의 주요이론에 의하면 행동은 학습에 의해 이루어진다는 전제하에 학습된 행동은 여러 개의 다른 학습과정의 결과라고 본다. 이러한 주장은 모든 행동이 무한한 순응성을 갖고 있으며, 외부의 강화에 의해 학습된다는 사실을 내포한다. 그러므로 사람들은 주위 환경에서의 피드백에 반응하여 행동을 수정하게 된다.

행동주의 이론에서는 인간의 행동 및 태도의 변화능력을 낙관적으로 본다. 그러므로 적절한 강화요인을 발견할 수 있다면 모든 행동과 태도의 변화는 가능하다고 할 수 있다. 즉 행동수정 프로그램은 반사회적 행동이나 부적응적 행동을 하는 사람들에 대한 행동변화 치료방법으로 사용될 수 있기 때문에 사회사업 과정에 있어서 행동주의 이론의 활용도는 높다.

행동주의 이론은 그것이 갖고 있는 과학성과 적용가능성에도 불구하고 지나치게 환경이나 행동을 강조하고 있으며 방법상에서도 조건의 통제와 복잡한 문제의 구체화에 제한점이 있다는 비판을 받기도 한다. 그러나 최근에는 행동주의와 인지이론을 통합하여 다시 행동주의를 인정하는 학풍이 발전되고 있다.

위에서 말했듯이 학습이란 경험이나 연습의 결과 일어나는 행동의 '변화'다. 인간행동을 이해하는 데 있어 가장 중요한 것은 학습과정이라 할 수 있는데, 그 이유는 행동하는 것은 물론 사고하는 것, 습관이 형성되는 것, 어떤 대상에 대해 특정한 태도를 취하는 것 등은 모두 학습과정에 의해 형성된 것이기 때문이다. 행동의 변화가 일어나는 과정에 대해 설명하는 이론으로는 크게 행동주의 이론과 인지주의 이론으로 나누어 볼 수 있다.

행동주의 학습 이론가들은 학습을 자극과 반응의 연합으로 간주한다. 이들은 모든 반응이 자극에 의해 유발된다고 가정하고, 발생하는 반응, 그 반응을 유발시키는 자극, 그리고 경험이 쌓이면서 자극과 반응의 관계가 변하는 방식에 주목한다. 인지주의자들은 개인이 환경에 관해 가지고 있는 인지(태도 또는 신념), 그리고 이 인지가 행동을 결정하는 방식에 관심을 가지고 있다. 이들에 따르면, 학습이론은 인지가 경험에 의해 수정되는 방식에 관한 연구이다.

인간이 진정한 의미의 사회적 존재가 되기 위해서는 언어를 통한 의사소통이 가능해져야 한다. 또한 언어 사용능력은 생활의 매우 중요한 부분으로서 인간행동에 미치는 것은 물론 사회집단의 한 구성원이 되고자 하는 욕구를 충족시켜 주며, 사고나 기억력, 추리력, 문제해결력 같은 고등정신능력과 관계를 맺고 있으므로, 언어발달 향상에 있어 매우 중요하다.

행동주의 이론은 언어발달에서 환경의 역할을 강조한다. 언어는 자연스럽게 습득되는 것이 아니라 경험을 통해서 학습되며, 다른 행동의 발달과 마찬가지로 언어학습도 개체와 환경과의 관계에서 일어나는 것으로 개인이 다양한 자극에 대하여 반응할 때 긍정적 또는 부정적으로 강화된다는 입장이다.

"인간은 좋지도 나쁘지도 않은 상태로 이 세상에 태어났다, 환경의 자극에 의해 반응하는 유기체이다, 유전과 환경의 상호작용에 의해 형성된다, 인간의 행동은 학습된 부정적 혹은 긍정적 습관으로 구성된다, 생활환경이 제공하는 강화의 형태와 그 빈도에 의해 결정된다."라고 하지만 현대로 오면서 인간이 환경에 영향을 줄 수 있다는 면이 강조되면서, 인간의 자유 의지적 선택을 중심으로 한 인간의 능동적인 측면이 강조되는 경향으로 나아가고 있다. 그러므로 대학에서 학습을 통하여 전인적인 인격체의 인간으로 성장되는 것이다.

특히 대학 내에서 발표 수업은 학습을 유도하고 학습을 높일 수 있는 새로운 대안이 되며, 직장생활의 원만한 대인 관계 형성에 큰 도움이 된다.

이러한 장점이 있는 관계로 발표 수업을 많이 시행해야 할 것이다.

9) 직업교육

(1) 직업교육의 개념

- 직업: 인간이 살아가면서 갖게 되는 생계유지를 위한 일과 노동을 말한다.
- 직업교육의 정의
  ① 광의 — 어떤 직업에 취업하기 위하여 준비하거나 현재의 직무를

유지 개선하기 위한 형식 또는 비형식 교육을 말하며 통합적이
고 전반적인 것을 말한다.

② 협의－직업에 종사할 수 있도록 청소년 및 성인들을 교육하는
형식 또는 비형식 교육의 일부를 말한다.

③ 한만봉－개인이 사회생활을 위하여 갖게 되는 노동 중에서 생
계를 위해 하는 규칙적인 행동이 직업이며 이를 위해 전문적이
고 실질적인 교육을 하는 것이 직업교육이다.

• 직업교육과 직업 훈련

직업 훈련		직업교육
기계적인 일 교육	↔	전인적인 인격체 교육
제한적 목표	↔	넓은 목표
방법의 고정	↔	다양한 수단, 융통성
산업사회에 필요	↔	21세기 문화사회에 필요
제한된 참여	↔	무한한 참여
속적 학습자	↔	자율적 학습자

(2) 직업교육과 관련된 용어

• 실업교육: 상업·수산업·해양·가정·보건 등의 직업 분야에 취업
하기 위하여 필요한 지식과 기술 및 태도를 습득시킬 목적으로 고
등학교나 전문대학 수준에서 실시되는 교육
• 기술교육
• 교양 교육으로서의 기술교육: 일상생활을 하는 데 필요한 기술을
이용하고 관리하며 이해할 수 있는 능력을 함양하는 교육
　① 직업교육으로서의 기술교육:
　　고등학교와 전문대학 수준에서 중견전문직업인을 양성하기 위한
　　교육

고급 관리직을 양성하기 위한 대학에서의 교육
- 산업교육: 산업에 종사하는 데 필요한 지식, 기술, 태도를 습득시키기 위한 교육
- 실과 교육: 개인이 일상생활에서 만족을 찾을 수 있고 시민으로서 책임을 수행하는 데 필요한 농업, 산업기술, 상업, 가정 등에 관한 일반적인 지식, 기능, 태도 등을 기르는 교양교육
  평생교육: 개인과 집단 모두의 생활의 질을 향상시키기 위하여 개인의 전 생애를 통한 인간적, 사회적, 직업적 발전을 성취시키는 과정

(3) 직업교육의 목적

- 직업에 관한 교양 교육적 기본능력 함양
- 개인의 직업 선택 기회 확대
- 산업사회가 필요로 하는 인력 양성

(4) 직업교육의 역사

① 초창기의 직업교육
- 도제제도(숙련된 기능인이 자기의 지식과 기능을 신인에게 가르쳐 주는 제도)
⇒ 길드제도(길드: 상인이나 기능인들로 조직되고 서로 간의 이익을 도모하고자 하는 단체) ⇒ 공장훈련(초기 산업혁명 시대 이후) ⇒ 학교교육

② 조선 말기의 직업교육
- 1886년: 서구식 농업 과목 도입 ⇒ 1897년: 전무학당 설립(통신교육) ⇒ 1899년: 상공학교 설립 ⇒ 1904년: 농상공 학교로 개편 ⇒ 1906년: 농림학교 ⇒ 1909년

(융희 3년): 실업학교령과 실업학교 시행규칙 공포⇒1910년

③ 일본 식민지하의 직업교육
* 조선 교육령 시대(1911 - 1922): 실제적인 교육을 하여 산업발달에 이바지할 수 있도록 하는 데 주안점⇒개정 교육령 시대(1922 - 1938): 실업교육 확장에 힘씀⇒제3, 4차 개정 교육령 시대(1938 - 1945): 전쟁 수행을 돕는 형태의 직업교육

④ 해방 후 중등교육에서의 직업교육
* 수공업 시대의 중등교육에서의 직업교육(1945 - 1960) 단선형 학제, 6 - 3 - 3 - 4제, 3년제 실업고 설립, 1인 1기 강조
* 노동집약시대의 중등교육에서의 직업교육(1961 - 1970년대 초) 실업계 교육을 위한 각종 교육과 설치, 노력
* 기술집약시대의 중등교육에서의 직업교육(1970년대 중반 - 1980년대 초) 우수한 기능 인력 양성, 고급 기술자 양성이 목표
* 지식산업시대의 중등교육에서의 직업교육(1990년대 이후 -) 신교육체제에서의 직업교육개혁, 공고 2 · 1체제 도입, 실업계 고등학교교육 요건 개선

⑤ 고등교육에서의 직업교육
* 단기 고등교육에서의 직업교육: 초급 대학⇒실업고등전문학교 신설⇒전문학교로 개편⇒전문대학으로의 일원화

⑥ 사회교육을 통한 직업교육
1967년 직업 훈련법 제정: 공공직업훈련을 국가에서 주도적으로 시행하고 인정 직업 훈련의 정부 지원, 직업 훈련의 면허제도 등의 직업훈련의 골격을 갖추기 시작

(5) 직업교육의 철학적 기초

직업교육의 철학적 기저: 지식론을 중심으로 한 교육 내적 문제와 존재론을 중심으로 한 교육 외적 문제, 그리고 가치론을 중심으로 한 직업교육의 意義의 관점에서 논의

① 지식론 중심의 교육 내적 문제
- '무엇을 가르칠 것인가', '어떻게 가르칠 것인가'가 논의의 대상
- '어떻게 가르칠 것인가': 실천과학적인 지식을 습득하여 새로운 환경에 대처할 수 있는 문제해결 능력에 중점
- '무엇을 가르칠 것인가': 직업교육에서 사회 계급적 차이는 왜 없애야 하고, '교육의 일원성', 이원성, 다원성 중에서 왜 다원성이 바람직한가를 논리적으로 전개하여야 한다.

② 존재론 중심의 교육 외적 문제
- 일의 기능: 생계유지의 수단, 생활을 규칙화, 소속과 안정감, 사회생활에 참여할 수 있는 기회 부여, 자아실현
- 직업교육의 목표: 사회의 인력수요 충족, 진로 선택의 폭 확장, 다른 학습효과 향상, 인간주의적 사회 건설

③ 가치론의 입장에서 본 직업교육의 의의
- 인간에게 이념이나 이상을 실천해 볼 수 있는 바람직한 장을 설정
- 잠재능력 발견, 개발
- 최고선을 향한 노력의 가속화

(6) 직업교육의 사회학적 기초

① 일의 개념
● 일의 개념
슬픔⇒벌과 속죄(고대 히브리인)⇒자비(초기 기독교 정신)⇒지위(루터종교혁명 후, 청교도 정신)⇒유동성과 자유(자본주의와 연결)⇒진보(미국개척정신)⇒정착과 반발(기성세대는 정착에 연결, 청소년은 기성세대 및 기존체제에 대한 반항에서 반근로적이며 반정착적)⇒인간적 조건(후기산업사회)⇒존엄성(생활의 질) 생계유지의 수단, 생활의 규칙화, 소속과 안정감, 사회생활에 참여할 수 있는 기회 부여, 자아실현

② 노작의 개념
● 노작: 결과에 치중하기보다는 작업하는 과정에서의 보람이나 즐거움을 느끼고 어떤 의미를 깨달을 수 있도록 하는 것
● 노작 교육의 성격
ㄱ. 인간 경험의 성장을 목적으로 이루어지는 육체적 활동
ㄴ. 과정이나 절차가 없는 것 → 노작에서 제외
ㄷ. 일정한 절차, 개인적 변용 그리고 집단적 창작의 가능성을 열어주는 교육
● 노작의 교육적 가치
노작을 통하여 일의 사회적 가치를 높게 평가하고 학교와 산업사회를 밀접하게 관련시키고 일의 과학적, 사회적 기초를 이해하게 하고 능동적 작업에 참여

③ 산업화가 작업 구조에 미치는 영향
생활수준의 향상, 산업 구조의 변화, 인구구조 변화 및 노령화 추세,

고학력화, 여성의 사회 진출, 생활양식, 정보화 물결, 국제화, 민주화, 급격한 기술혁신, 정보의 혁신 등

④ 인구 변화가 직업 및 교육에 미치는 영향
- 인구 증가율이 감소되고 65세 이상의 노령 인구는 증가되면서 연령별에 따른 생산 활동 인구 구조가 변화⇒노령 인구의 증가에 따라 이를 대상으로 한 새로운 직업들이 계속 생성되고 있으며 이와 관련된 직업교육도 강조

⑤ 국민의 생활수준 향상과 직업선택 기준 변화
- 좋은 직업의 특징
  보수가 높고 각종 복리 후생 제도가 잘 되어 있으며 정기적으로 일정 수의 신입사원을 모집하고 작업환경이 좋고 승진 기회가 많은 직업

⑥ 사회학과 직업교육과의 관계
- 직업교육의 사회학적 기초는 일의 형태를 주된 관심으로 연구하는 산업사회학과의 관계에서 찾아볼 수 있다.

(7) 직업교육의 경제학적 기초

① 직업교육과 경제학의 관계 및 직업교육의 경제적 가치
- 경제학: 사회의 필요를 충족하고 목표를 달성하기 위하여 사용가능한 인적·자연적·자본적 자원을 가장 효율적으로 사용하는 방법을 밝혀주는 학문
- 직업교육: 인간이 사회의 생산 구성원으로서 희소한 자연자원과 자본을 현명하게 사용하고 사회활동에 적극적이면서도 효율적으로 활동하고 참여할 수 있는 인적 자원을 개발하는 교육 프로그램 직

업교육과 경제학은 자원의 효율적인 활용과 그 활용에 대한 프로
그램이라는 점에서 그 관계가 밀접함을 알 수 있음

② 직업교육의 경제적 가치
• 공급 과잉 여부에 대한 판단
교육비용을 감소시키거나 다른 분야에 그 비용을 전용함으로써 효
과를 증대시킬 수 있는가에 대한 판단

③ 직업교육의 경제적 분석
• 비용-편익 분석: 교육에의 투입-산출 비율에 의해 이루어지는
것으로 교육에의 전체 비용에 대한 수익의 총체적 가치를 설명해
주는 평가방법
• 비용-효과 분석: 직접, 간접적인 비용과 얻어진 이득이나 편익 간
의 평가에 기초한 여러 대안의 체제적 검토, 비교에 의한 분석

④ 직업교육과 경제체제
• 복지 국가의 지향→직업교육의 효율성 증대
• 직업교육을 경제영역에 포함시키는 의도
　ㄱ. 최저 생활의 보장
　ㄴ. 여유 있는 생활의 보장
　ㄷ. 보람 있는 생활(정신적 행복 추구)

(8) 직업교육의 심리학적 기초

지능: 목적을 향해 행동하고 합리적으로 사고하며 환경을 효과적으
로 다루는 개인의 총체적 능력
흥미: 일반적으로 어떤 일이나 활동에 대하여 호의적이고 수용적인
관심 및 태도를 갖는 것

- 적성: 특수 분야에 대한 능력의 정도나 그 능력의 발현 가능성을 의미
- 인성: 개인의 가치관·욕구·자아개념·열망수준·대인관계 등의 제반 특성이 있으며 직업선택에 큰 영향을 미침
- 가치관
  - ㄱ. 가치: 사람들로 하여금 어떤 방식으로 행동하게 하는 원리나 믿음·신념
  - ㄴ. 내재적 가치(안에 있는가), 외재적 가치(밖에 있는가)
  - ㄷ. 가치갈등은 여러 가지 문제를 일으킬 수 있으나 반대로 자신의 가치를 더욱 명확하고 확고하게 만드는 가치 정립의 계기가 될 수도 있다.
  - ㄹ. 가치관: 가치의 기준을 어디에 설정하느냐에 따른 자신의 보는 관점 신체적 조건인 체력·체능·체격 등의 신체 모양과 건강 상태, 신체적 결핍 등은 직업 선택에 영향을 미침

① 직무만족
- 직무만족도: 직무 및 직무에서의 역할, 직무환경 등에 대하여 조직 구성원들이 느끼는 욕구 충족의 정도
- 직무만족과 관련된 요인
  - ㄱ. 개인적 요인 – 연령, 성, 지능, 성격, 직무경험, 직위 등
  - ㄴ. 환경적 요인 – 보수, 근무환경, 근무조건, 직업안정, 직장 내 인간관계 등

② 일에 대한 동기
- 동기 부여: 인간행동계발 ⇒ 유지 ⇒ 일정 방향유도
- 마슬로우의 5단계 욕구설
  - ㄱ. 생리적 욕구
  - ㄴ. 안전에 대한 욕구
  - ㄷ. 안정, 귀속감과 같은 사회적 욕구

ㄹ. 자기존중과 독립심의 욕구

ㅁ. 정보·이해·미·자아실현에 대한 욕구

③ 작업기초능력

작업기초능력: 직업세계에 생존하는 데 필요한 근본적이고 필수적인 그리고 학습된 능력과 다른 능력에 기초가 되는 능력들의 총체(의사소통능력, 외국어 의사소통능력, 수리능력, 문제해결능력, 정보소양능력, 대인관계능력, 문화이해능력)

직업윤리: 일에 대한 습관, 가치관, 태도를 지칭하는 능력으로서 직장생활 유지나 인간관계 등에 결정적인 영향을 미침

직업교육과 현장교육이 잘 되려면 사회화가 잘 되어야 한다.

사회화에서의 행동의 의미는 제도적 의미이다. 사회화는 행동의 의미 두 가지 측면인 1) 개인적 차원과 2) 사회적 차원의 의미 중 후자가 이에 해당한다.

A. 개인적 차원: 심리적 의미, 개인적 의미

개인에게 의식(무의식도 의식화될 수 있는 것으로 전제)되는 행동의 동기에 의하여 규정되는 의미를 '심리적 의미', '개인적 의미'라고 한다.

B. 사회적 차원: 제도적 의미, 논리적 의미

개인이 그 행동을 의식하든지 않든지 간에, 개인이 그 행동을 하는 한 논리적으로 받아들일 수밖에 없는 이유(생각이나 믿음)를 '제도적 의미', '논리적 의미'(=제도에 의하여 주어지는 제도 그 자체의 의미)라고 한다. 뒤르켐을 통해서 보는 사회화 내용을 살펴보자.

뒤르켐은 많은 사회학자들에게 학문적 사회학의 아버지, 곧 창설자로 꼽힌다. 초기 사회학자인 칼 마르크스나 막스 베버 등도 교육에 관

심을 갖고 있었으나 그들은 교육학을 하나의 학문영역으로 발전시키지 않았다. 그러나 뒤르켐은 그들과는 달리 교육학이란 개념을 발전시켰고, 사회과학방법론을 적극적으로 교육 연구에 적용하였다. 그는 사실상 사회학을 대학세계 안으로 수용해서 존경받는 학문분야로 발전시키는 사명을 자신의 직업이라고 정의했으며 바로 그 직업상의 역할에 빈틈없이 맞추어 행동했다. 학문에 엄격히 헌신하는 학자로서 뒤르켐의 모습을 확증하는 한 일화는 그의 조카이자 공동연구자인 마르셀 모스가 원숙한 학자였을 때인데, 한번은 소르본느 대학 맞은편에 있는 카페에 앉아서 커피를 마시다가 그의 숙부가 다가오는 것을 보고 놀라서 숨었다는 것이었다. 그의 두려움은 뒤르켐이 연구하지 않는다고 그를 책망할까 봐서였다고 한다.

　뒤르켐은 사회를 예측 가능한 방식으로 서로 상호작용하는 사람들의 집합으로 정의했다. 즉 사회는 일정한 지역을 중심으로 형성된 사회구조 내에서 일정한 기능을 수행하는 사람들의 집합이라는 것이다. 그는 사회구조란 사회를 구성하는 여러 제도들의 기능적 상호의존 관계를 바탕으로 하는 사회의 유지와 존속의 틀이며, 사회제도는 사회적 역할의 집합이라고 하였다. 그리고 사회의 질서가 유지되고 존속되는 것은 가정・정치・경제・종교・교육 등 다양한 사회제도들이 상호의존적 관계 속에서 제각기 서로 다른 기능을 수행하기 때문이라고 하였다. 뒤르켐은 사회를 하나의 독특하고, 독립적인 실재로서 보고 있는데, 실재로서 사회는 모든 사회현상의 원인과 그것을 설명할 수 있는 법칙을 내재하고 있다고 보는 것이다. 따라서 이러한 사회는 일종의 절대적 권위를 가지고 있는 것이다. 뒤르켐에게 있어 모든 사회는 개인 위에 있는 집단의 도덕적 권위를 갖고 있다. 그 권위는 개인들에게 정당성의 감정과 존중감을 불어넣어 줄 때 받아들여진다. 이러한 권위 위에서 사회는 통합되고 질서를 유지할 수 있다. 즉 개인들의 의지는 최소화되고 개인들은 사회라는 실재에 의해 강제되고 결정되는 수동적 존재이다.

　교육에 있어서 과학적 관리와 인간관계를 간과해서는 안 된다.

6. 과학적 관리론 인간관계

　과학적 관리론과 인간관계론은 다른 교육행정학과 마찬가지로 주로 미국을 중심으로 발달하였다. 20세기에 들어서면서 미국의 교육행정학은 대체로 몇 개의 단계를 거쳐서 발달하였다. 첫째는 능률본위의 단계, 둘째, 인간본위의 단계 그리고 교육행정학의 이론정립을 위한 연구활동 단계의 세 단계를 거쳐 발달해 왔다.

　능률본위의 단계는 1910년에서 1935년까지의 시기로 이 단계를 고전적 조직이론의 단계라고도 하는데, 테일러(Frederick W. Taylor)의 과학적 관리론을 주축으로 하여 파욜(Henri Fayol)의 과학적 관리론과 베버(Max Weber)의 관료제이론, 귤릭(L, Gulick)과 어윅(L .F. Urwick)의 행정관리론 등을 배경으로 하고 있다. 이 시기의 초기 행정학자들은 테일러의 과학적 관리이론에 의해 조직행동을 분석하고, 그들의 직장에서 수행해야 할 직무를 엄격히 명세화함으로써 직무수행의 효과적 방법과 능률의 증대를 꾀하였으며, 이러한 능률의 우상화는 인간을 하나의 기계와 같이 취급하였다.

　인간본위 단계는 1930년대에서 1950년대까지의 시기인데, 이 시기는 인화강조의 시기이다. 인간관계론자들로는 폴릿(M. P. Follet), 뢰슬리스버거(F. Roethlisberger), 레빈(K. Lewin), 메이요(Elton Mayo) 등의 인간관계론, 미시간대학을 중심으로 연구된 조직에서의 역동성과 조화로운 인간관계를 기본으로 한 집단역학이론, 그리고 조직 내의 갈등을 사회적으로 가치 있는 견해의 차로 인정하고 인간 자신의 발전을 위한 정상적인 과정으로 본 갈등이론이 주축이 되었다. 이러한 인관관계론적 접근은 호손공장에서 실험하여 그 효과성이 인정됨으로써 교육가들의 교육활동에 적용되었다.

1) 과학적 관리이론

과학적 관리이론은 테일러가 그의 공장직공, 직장, 기사, 고문역할을 통한 장기간에 걸친 실제적 생활체험의 결과를 바탕으로 창출한 테일러리즘에서 비롯된다. 이 과학적 관리이론은 기업의 합리화를 꾀하고자 한 이론으로 19세기 말 미국기업의 경영규모가 확대되고 시장경쟁이 격화되면서부터 기업의 능률향상이 기업가들의 최대관심사가 됨으로써 기업경영의 합리화가 대두되었다. 테일러는 이러한 시대적 상황을 간파하고 능률향상을 위한 과학적 관리방법을 구안하게 되었는데, 그것이 곧 작업의 시간연구 또는 동작연구이다. 그리고 그는 노동자들의 임금제도의 개선을 위해서도 관심을 가졌다. 왜냐하면 노동자들은 지금까지의 경험에 의존한 '눈짐작식'의 적당관리에서 탈피할 것을 주장하였기 때문이다. 그리하여 그는 노동자들의 능률향상에 따른 성과급제와 기능적인 직장제도, 기능적인 조직, 그리고 지도표의 이용 등 여러 가지 제도를 제안하기도 하였다. 이러한 테일러의 과학적 관리이론은 그 후 작업의 표준화, 기능적 직장제도의 확립, 생산 공정의 합리화 등 생산관리 전반에 걸쳐 기여한 바가 크다. 그러나 과학적 관리의 물리적 합리화의 발전은 인간을 능률위주의 단순한 기계화로 전락시켜 그 후의 인간관계론자들의 비판을 받게 되었다.

(1) 과학적 관리이론의 원칙

테일러는 그의 저서인 '과학적 관리의 원리'에서 다음과 같은 과학적 관리론의 네 가지 원칙을 제시하고 있다.

1) 노동자의 작업 각 요소에 대해 참된 과학적 작업으로 발전시켜 구식의 '눈짐작분업'의 방식을 사용하지 않는다.
2) 옛날에는 공원이 자기가 일을 선택하여 자기가 혼자서 할 수 있는 한 연구하고 있었으나 앞으로는 과학적으로 공원을 선발하여 이를 교육 훈련시켜 육성해 나가야 한다.
3) 발전한 과학적 원리에 따라 모든 일을 하도록 관리자와 공원은 마음으로부터 협조할 것이 필요하다.
4) 일과 책임은 관리자와 노동자 간에 거의 균등하게 구분된다. 관리자 쪽이 적임자라고 하면 그 일은 관리자가 책임을 진다. 지금은 같은 일에 대한 관념을 바꿔야 한다.

또한 테일러는 그의 풍부한 경험을 바탕으로 하여 실제적인 원리로 다음과 같은 여섯 가지를 제시하고 있다.

1) 시간연구의 원리: 모든 생산적인 노력은 누적된 시간연구와 공장의 모든 작업을 위하여 설정된 표준시간에 의하여 측정되어야 한다.
2) 도급의 원리: 급여는 생산량에 비례되고 그 비율은 시간연구에 의하여 결정된 표준에 근거해야 된다. 당연한 결과로 작업자는 그가 할 수 있는 일의 최고수준이 주어져야 한다.
3) 계획과 작업수행의 원리: 관리는 작업자로부터 작업을 계획하는 책임을 떠맡아야 한다. 계획은 과학적으로 결정되고 체계적으로 분류된 생산에 관련 자료와 시간연구에 근거해야 하며, 그것은 도구와 방법의 표준화에 의하여 촉진되어야 한다.

4) 과학적인 작업방법의 원리: 관리는 작업자로부터 작업방법을 인수해야 한다. 즉 최선의 방법을 과학적으로 결정하고 이를 위해서 작업자를 훈련해야 한다.

5) 관리적 통제의 원리: 관리자는 관리와 통제의 원리를 적용할 수 있도록 훈련과 교육을 받아야 한다.

6) 기술관리의 원리: 군대원리의 직접적인 적용은 재고되어야 하며 산업조직은 각계전문가의 활동조정의 향상에 기여할 수 있게 되어야 한다.

테일러의 동작연구

1) 두 손의 동작은 동시에 시작하고 끝나야 한다.

2) 팔 운동은 동시에 해야 하고 반대로 상칭적인 방향으로 해야 한다.

3) 부드럽고 계속적인 손동작이 방향을 갑자기 바꾸는 직선동작 또는 꾸불꾸불한 동작보다 더 바람직하다.

4) 도구, 자료와 통제는 운영자 앞에 가깝게 있어야 한다.

5) 도구는 언제나 가능한 한 겸비하지 않으면 안 된다.

이와 같은 과학적 관리이론은 인간의 신체를 기계와 같이 생각하고 취급하는 철저한 능률위주의 관리이론이다.

  (2) 교육에의 적용

테일러의 과학적 관리이론이 교육행정에 적용된 것은 당시 미국 내의 시대적, 사회적 상황의 필연적인 요청에 의한 것이었다. 스폴딩(Frank E. Spauiding)은 교육이 기업과 같이 과학적 관리에 의하여 보다 능률적으로 운영되어야 한다고 주장하면서 교육행정의 비능률이 교육사업에 있어서 큰 취약점이 되고 있다고 비판하였다.

보비트(Bobbitt)는 1912년에 '교육에서의 낭비의 추방'이라는 논문에서 교육행정에 과학적 관리를 적용할 것을 주장했다. 그가 주장한 과학적 관리의 원칙은 다음과 같다.

1) 가능한 한 모든 시간에 모든 교육시설을 사용한다.
2) 교직원의 작업능률을 최대로 유지하며 교직원 수를 최소로 감축시킨다.
3) 교육에서 낭비를 최대한 제거한다.
4) 교직원에게 학교행정을 맡기기보다는 학생들을 가르치는 데 교원을 활용한다.

1913에 그는 '도시학교제도에 과학적 관리법의 적용'이라는 논문을 통하여 학교관리 및 장학제도에 과학적 관리론을 적용할 것을 다시 주장하였다. 그리고 교육에서도 기업과 마찬가지로 생산품(학생)의 표준화, 생산방법(교육방법)의, 생산자(교원)의 자격 및 생산자의 교육과 훈련에 과학적 관리를 적용해야 하며, 특히 생산자들에게 작업의 성격, 달성해야 할 목표, 목표달성을 위한 방법의 채택, 그리고 활용해야 할 시설에 관한 상세한 지시를 해주어야 한다고 주장하였다.

그러나 구른베르(Benjamin C.Gruenberg)는 당시 미국교원연합회의 주장을 대변했던 한 잡지에서 과학적 관리론의 교육에 적용을 비판하였다. 즉 학교조직과 운영방법이 경제생활의 특색을 이루는 기업조직과 그 운영방식을 모방하고 있으며 대기업인들의 가치평가에 따른 능률의 기준을 받아들여 공장에서 통용되고 있는 가격과 생산이라는 입장에서 교육의 결과도 측정되고 있다는 것이다. 그렇지만 교육의 과정은 인간의 유기체와 그의 독특한 개인을 다루는 것이기 때문에 공장에서 규격화된 제품을 생산하는 과정과는 비교할 수 없고 교육의 능률은 지출경비 1달러당 얼마나 많은 학생들을 가르쳤느냐로 측정될 수 없는 것이다. 그러므로 교육의 능률은 인간성이나 재능, 그리고 이해력 등을 얼마나 증대시켰느냐로 측정되어야 한다는 것이다.

2) 인간관계론

종래의 기업경영은 과학적 관리론에 입각한 능률위주였으므로 노동자는 오직 생산을 위한 기계화 내지 부품화된 도구로 전략되고 말았다. 그러므로 인간의 주체성이나 개성은 완전히 무시되었던 것이다. 그러나 산업이 발달되고 기업이 대규모화되어 감에 따라 능률을 위주로 한 기업의 생산성은 한계점에 도달했음을 인식하게 되었고, 과학적 관리론에 대한 회의가 일어나기 시작했으며 그것이 점점 불안전하고 비합리적이라는 사실을 증명하기에 이르렀다. 즉 기업사회 안에서 개인의 존재는 경제 논리적인 존재가 아니고 협력 체제라는 사회적 인간관의 시각에서 인정되었으며, 노동자의 사회, 심리적 욕구를 충족시킴으로써 기업의 생산성이 향상될 수 있다는 인식을 갖게 되었다. 이러한 기업의 인간화가 곧 인간관계론의 시발점이 되었던 것이다.

인간관계론은 1924년부터 1932년에 걸쳐 미국의 시카고에 있는 호손공장에서 호손 실험을 실시한 결과 토대로 발전되었다. 이 호손실험은 하버드대학의 심리학 교수였던 메이요(Elton Mayo)가 중심이 되어 뢰스리스버거(F. j. Roethlisberger)와 화이트헤드(T. N. Whitehead)가 참여하여 연구하였다. 1927년 당시의 호손공장은 약 29,900명의 노동자를 고용하고 있었으며, 이들 노동자들을 대상으로 록펠러재단의 지원을 받아 호손실험을 실시하였던 것이다. 이 호손실험은 주로 조명실(1924-1929), 계전기조립실험(1924-1929), 면접프로그램(1928-1930), 뱅크선작업관찰(1931-1932) 등이 포함되었다.

(1) 조명실험

호손 연구는 공장에서 조명도와 작업능률 간의 관계를 알아보기 위해서 3단계에 걸쳐 시행되었다. 제1단계에서는 세 부서의 조명도 수준을 일정한 간격으로 높이면서 생산의 증가를 비교해 보았더니, 그 결과에는 일관성이 없었다. 생산율의 감소도 조명도의 수준 감소와는 일치하지 않았다. 제2단계에서는 조명도에 변화를 주는 실험 집단과 일정한 조명 수준을 유지하는 통제 집단을 두어, 이들 두 집단 간의 생산율을 비교하였다. 그 결과 두 집단 모드의 생산율이 거의 같은 수준으로 크게 증가하는 경향을 나타냈다. 제3단계에서는 실험 집단의 조명은 감소시키고 통제 집단의 조명은 일정하게 유지하도록 실험 조건을 설정하였다. 그 결과 두 집단의 생산율은 모두 증가하였다. 더욱이 이 실험 집단의 경우는 일하기 어려울 정도까지 조명을 낮추었는데도 불구하고 그 집단의 생산율은 증가하였다. 이 연구를 통해서 얻어진 결론은 조명조건과 생산성의 증가와는 의미 있는 관계가 없다는 것이었으며, 이 실험에서 너무 많은 변이들이 통제되지 않았다는 것이다.

(2) 계전기 조립 실험

조명도를 높이려면 생산율이 증가할 것이라는 가정이 조명 실험을 통해서 지지되지 않자, 작업의 물리적 조건과 생산성과의 관계를 깊이 있게 연구하기 위해 전화 계전기를 조립하는 6명의 여공들로 구성된 작업 집단을 연구의 대상으로 삼았다. 이들은 함께 일하기를 원하는 사람들로 작업 집단이 구성되어 1년 6개월에 걸쳐 진행되었는데, 이 과정에서 다양한 작업조건이 주기적으로 주어졌다. 직업 조건으로는 휴식의 빈도와 시간을 늘려 주고, 주당 근무시간과 일수를 줄여 주며, 가벼운 식사를 제공하고 성과급 제도를 적용하는 등, 새로운 제도를 채택하여 근무 조건을 개선하는 것이다. 그 결과 생산율이 증가하였다.

이번에는 작업조건을 원래대로 환원하였다. 그들은 이러한 급작스러운 변화로 부정적인 심리 상태를 갖게 하여 결과적으로 생산량이 줄어들 것이라고 예상하였다. 그러나 그 결과는 변함이 없었다. 이로써 그들은 작업을 단순한 기계적인 조작이 생산성 향상에 거의 영향이 없다는 것을 알게 되었다.

(3) 면접프로그램

1928년 9월부터 1930년 3월에 걸쳐 실시된 면접실험으로 종업원들이 그들의 관심사를 직접 이야기하고 종업원이 무엇을 생각하고 있는가를 파악하는 것이었다. 즉 종업원의 마음속에 간직하고 있는 불평을 털어놓게 하고 그 불평의 근원을 제거한다면 그 종업원은 불만을 갖지 않게 될 것이라는 가설에 입각하고 있었던 것이다. 이 면접실험은 호손 공장의 검사부의 현장과 사무실에 근무하는 1600명 정도를 대상으로 하였으나 1928년 9월부터 1930년 3월까지 약 2개년간에 걸쳐 21,126명의 종업원들에게 실시하였다. 면접의 목적은 공장 내에서의 지도감독 및 기타의 관리방식을 개선하기 위하여 종업원의 불평불만을 조사하고 공장의 물리적인 환경과 안전위생 그리고 종업원의 관계개선을 도모하기 위한 것이었으며 소작업 집단을 대상으로 한 실험에 결과를 보완하고 검증하기 위한 것이었다. 면접 실시 결과는 아래와 같다.

1) 경영자 측과 종업원 측에서 서로 상이한 견해가 몇 가지 발견되었다. 회사는 감독과 노동조건에 대하여 종업원의 건설적인 의견을 기대했지만 종업원은 자기 자신의 입장이나 경우를 중심으로 견해를 표시하고 경영에 대해서는 무관심하였다.
2) 종업원의 의견은 감정에 기인하고 있다. 또 종업원의 행동은 그들의 태도, 감정, 신념 등을 떠나서는 이해할 수 없다.
3) 종업원의 태도나 감정은 직설적으로 표현되지 않고 우회적으로

표현하는 경우가 많다.

4) 면접은 종업원의 태도나 그 배후의 사정을 파악하는 방법임과 동시에 불만의 해소 기회도 되어 그 태도나 기분을 전환시키는 효과를 갖고 있다.

5) 종업원들은 회사가 자기들의 의견을 구하고 있으므로 자기들 자신이 회사에 있어서 매우 중요한 인간이라고 의식하여 대립보다는 협력하고자 생각하게 되었다.

6) 실험은 감독자에 대해서도 커다란 영향을 주었다. 면접조사가 행해지고 있다는 사실은 자기의 부하가 회사로부터 단순한 노동력으로 취급되지 않고 감정을 가진 인간으로 취급되고 있다는 것을 알게 되어 감독자도 부하의 인간적 요인을 가능한 한 중시해야 한다고 생각하게 되었다.

이상의 면접실험결과로 보아 생산성 향상을 위해서는 물리적인 작업개선보다는 개인적이고 사회적인 감정이나 태도 및 신념과 같은 인간적인 제 요인을 중시하는 것이 바람직함을 알 수 있다.

(4) 뱅크선작업관찰

뱅크선작업관찰은 호손실험의 마지막 단계로 1931년 11월부터 1932년 5월까지 1년 반에 걸쳐 실시되었다. 이 뱅크선작업관찰은 개인의 행동이 감정에 지배되고 인간관계가 동료집단 속에서 결정된다는 사실을 면접실험의 결과에서 발견하게 됨에 따라 비공식집단의 인간관계에 대한 연구의 방향을 돌리게 되었다. 뱅크선작업관찰실험의 결과는 아래와 같다.

1) 일을 너무 열심히 하면 안 된다. 왜냐하면 동료들로부터 따돌림을 받게 되기 때문이다.

2) 일에 너무 게으름을 피워서도 안 된다. 왜냐하면 다른 동료에게 자기가 하지 못한 업무를 가중시키게 되므로 동료들로부터 고립되기 때문이다.

3) 동료의 누군가가 폐를 끼칠 만한 일을 상사에게 이야기해서는 안 된다.

4) 타인의 일에 참견해서는 안 된다.

이와 같은 종업원들의 감정은 공식 조직 내에서 형성되면서도 비공식조직의 강한 사적 규범에 영향을 받고 있음을 발견할 수 있고 공식조직과 비공식조직이 동시에 존재하면서 비공식조직은 종업원의 감정에 맞는 행동에 기초하고 있음을 알 수 있다.

(5) 인간관계론과 교육

레빈(Kurt Lewin) 등에 의해 실시된 지도성에 관한 연구는 인간관계론이 교육행정에 영향을 준 좋은 예가 된다고 볼 수 있다. 이들은 지도성을 권위형, 민주형, 자유방임형으로 나누어 실험한 결과 민주형이 민주적 집단 분위기를 이루고 협동성, 창의성, 생산성 등을 다른 지도성 유형보다 높이고 있음을 발견하였고 이러한 민주형은 인간관계론을 바탕으로 하고 있음을 알았다.

1940년대를 전후하여 교육행정 분야의 민주화에 크게 영향을 끼친 학자는 몰맨과 쿠프만이었다.

몰맨은 교육행정을 교육목적을 달성시키기 위한 수단으로 강조하였는데, 이는 행정 과정에 있어서 전제적, 권력적, 강압적 요소가 배제된 민주적, 기술적, 봉사적 요소를 중시한다는 것이다.

쿠프만은 학교의 민주화 과정을 역설하고, 그리피스는 교육행정에 있어 인간관계의 중요성을 학술적으로 종합하였다. 그리고 원만한 인간관계의 내용으로 1) 적정한 동기유발 2) 객관적인 상황 파악 3) 신속

정확한 의사소통 4) 민주적 권력 구조 5) 합리적 권위 6) 고도로 앙양된 사기 7) 역동인 집단 과정 8) 민주적인 의사결정의 기능 9) 민주적 지도성 등을 기본요건으로 제시하고 있다.

(6) 과학적 관리론과 인간관계론의 특징비교

과학적 관리론은 인간을 철저한 기계모형에 맞추어 능률만을 최대의 목표로 하였지만, 인간관계론에서는 인간의 내재적 심리적 요인이 중요하며 조직의 목적달성의 증대는 작업조건과 인간적 관계, 즉 물적, 인적인 것의 개선으로 이루어진다고 보는 것이다. 과학적 관리론에서 생산능률은 높은 임금의 지급방식보다는 인간의 태도나 감정 등, 인간적 요소에 의하여 크게 좌우되는 것임에도 불구하고, 이러한 인간적 요소들을 무시함으로써 인간을 하나의 기계로 전락시키고 말았다. 그러나 그러한 과학적 관리론이 교육행정에 적용된 범위는 교육행정의 과정과 운영은 물론 학교제도와 직무의 계량적 분석, 그리고 교육행정가의 역할에 이르기까지 실로 광범위한 것이었으며, 그 성과 또한 컸던 것도 사실이다. 그러나 교육행정이 인간의 교육활동을 지원하는 행위라고 본다면, 인간의 개성이나 창의성 및 자아실현을 중시해야 함은 당연한 일이다. 이와 같은 관점에서 교육행정에서의 과학적 관리는 인간관계론자들의 강한 비판의 대상이 되었던 것이다.

(7) 우리나라 학교에서의 적용사례

(가) 과학적 관리론적 접근
1) 교육이 과학적 관리론에 입각하여 운영되었던 시기에 주로 강조되었다.
2) 과학적 관리론은 경영이나 행정의 주요 관심을 능률과 절약에 두고 작업과정을 분석하고 기획함으로서 능률을 올릴 수 있다고 생

각하여 관리자의 지시에 따라 부여된 임무를 수동적으로 수행하는 존재로 보았다.

3) 이 때문에 과학적 관리론은 인간을 경영의 목표를 달성하기 위한 수단이나 부속물로 생각하여 관리자의 지시에 따라 부여된 임무를 수동적으로 수행하는 존재로 보았다.

4) 이는 곧 관리자와 작업자 사이에 엄격한 상하관계가 형성되어야 함을 의미하며, 작업자(교사)는 감독과 통제의 대상이 된다.

① 통제된 분위기는 사회적 욕구와 만족을 희생하고 무엇보다도 과업성취를 위한 압력으로 표시되고 있다. 모든 교사들은 열심히 일을 해야 하기 때문에, 다른 사람과 함께 거의 우호적 관계를 맺을 시간은 거의 찾아볼 수 없다. 교사들은 완전히 일에만 몰두해야 되고 교장의 지시에 대해 다른 의견이나 불평을 하지 못하게 되고, 오직 학교는 교사들이 해야 할 일만이 남아 있는 것이다.

② 간섭적 분위기는 교사들의 사회적인 요구를 충족시켜 주는 데 있어서 교사들의 활동을 통제하기 위한 교장의 비효율적인 시도에 의하여 형성되는 것이다. 교장의 행동은 교사의 동기를 유발시키지 못하게 되는 분위기로서, 일종의 폐쇄적 분위기다. 교사들은 함께 일하려고 하지 않고, 당파적으로 분열되며, 교장은 교사활동을 통제하는 데 무능하기 때문에 잡단의 유지는 어렵게 된다.

③ 폐쇄적 분위기는 구성원들의 사회적 욕구 면에서나 과업성취에서나 거의 아무런 만족을 얻지 못하는 상태를 의미한다. 교장은 교사의 활동을 제시하는 데 있어서 비효율적이며, 교사들의 사적인 복지를 조금도 돌보려 하지 않는다. 우리들이 정의해 볼 수 있는 참다운 분위기에 접근될 수도 없는 것이다. 교사들은 함께 일하는 것을 꺼리고, 집단적인 과업성취를 위해서는 극히 미약한 효과를 나타낸다. 교장은 아주 초연적인 자세이며, 교사의 활동을 지시하고 통제하는 데 있어서는 비인간적이다. 생산성을 강조하

고 더욱더 열심히 일해야 된다는 것을 강조하는 것이다. 어떻게 일해야 될 것인가에 대한 규칙과 지시사항을 만들어 놓고 있으나 항상 임시방편이다.

(나) 인간관계론 접근법

1) 경영과 교육, 행정에 있어서 민주적 정신과 원만한 인간관계를 형성하고 유지하는 것이 조직의 생산성을 높이는 데 중요하다고 생각하는 것이 인간관계론적 접근인 것이다.

2) 그러므로 조직의 생산성을 높이기 위해서는 물리적 조건뿐만 아니라 인간의 심리적 조건까지도 중요하게 고려해야 한다는 것이다.

3) 이러한 관점은 만족한 교사가 감시와 통제하에서 일하는 교사보다 더욱 열심히 일한다는 기본가정으로 교사의 만족도를 증진시키는 데 관심을 기울이는 방법이다.

① 개방된 분위기는 교직원들이 많은 자유를 즐기는 상태를 조성하는 것이다. 교사들은 바쁜 일과의 무거운 과제 없이 불편감을 느끼지 않고 함께 일하게 되는 분위기다. 교장의 지도성 기능은 교사의 과업성취를 용이하게 해준다. 대체로 교사들은 서로 호의적인 관계를 맺고 즐긴다. 그러나 교사들은 깊은 우정관계나 필요성을 느끼지 않고 활동하게 된다. 이러한 분위기 속에서 교장은 교사들의 행동을 자연스럽게 비판할 수 있고, 교사들을 도울 수 있는 방법을 용이하게 찾을 수 있다. 또한 교사들은 충분히 일에 대한 만족을 가지며, 어려움과 욕구불만을 회복시킬 줄 알게 된다. 과업성취의욕을 가지고 조직을 유지하고 움직이며, 더욱더 교사들은 그들의 학교와 관련되어 있는 것을 자부하며, 교장과 학교에 대한 소속감이 강하다. 또한 교장은 교사들 개개인의 사회적 요구를 만족시키는 데 동정심을 나타낸다든지, 다른 교사들의 행동을 지지하고 통제하는 데 있어서 진실한 인간적인 융통성을

발휘하고 있는 분위기다.

② 자율적 분위기는 교사들이 사회적 요구를 그들의 집단 내에서 자율적 방법을 찾을 수 있고, 교사들은 자신의 상호작용을 위한 구조를 마련해 주는 자유로운 조직적 분위기다. 교사들은 과업 지향적 상태에서 함께 일할 때에는 기꺼이 참여하고, 그들은 목적을 용이하게 재빠르게 달성시킨다. 또한 어떠한 극소수의 압력적 집단은 존재할 수 없으며, 집단 간에 존재하는 어떤 만족이든지 간에 대체로 함께 일하는 것을 방해하지 않는다. 교사들은 언제든지 필요한 학습기재나 책과 프로젝트가 필요할 때에는 교장에게 달려갈 필요가 없게 된다. 알맞은 통제는 교사와 같이 세부적으로 교장과 같이 세부적으로 상의하여 설정되어 있으므로 교사의 사기는 높다. 그러나 그 사기는 개방적 분위기보다 낮다.

③ 이러한 분위기의 주된 양상은 교장과 교사 간의 관계는 우정적인 분위기로 조성되는 것이다. 사회적 욕구충족은 높으나 과업성취를 위한 집단 활동을 지시하거나 통제하는 일은 거의 있을 수 없다. 교사들은 해방되고 교장은 그들의 활동을 지시하는 데 있어서 거의 통제를 할 수 없기 때문에, 근본적으로 과업달성적 상태에 있어서는 아무것도 달성할 수 없게 된다. 교장은 교사들과 밀접해 있고 비인간적이 아니며 관료적이 아니다. 교사들이 일을 하는 데 있어서 강압적이거나 규정화 제도화된 것은 별로 없을 수 있다. 장점도 있지만 지나친 인간관계는 조직을 와해하거나 가치 절하가 생길 수 있다. 이것을 조정하기가 그리 쉽지 않다.

자유로운 인간관계에 길들여지면 통제가 잘 안 될 수 있으며, 문제가 생기면 책임 회피가 되기 쉽다는 단점이 있다.

요약하여 말하면 다음과 같다.

원래 과학적 관리론은 인간을 철저한 기계모형에 맞추어 능률만을 최대로 하였고, 그러므로 생산능률을 초기에는 높일 수 있으나 후에는 생산이 떨어진다.

의욕 고취는, 인간의 태도나 감정 등, 인간적 요소에 의해 크게 좌우되는 것임에도 불구하고, 이러한 인간적 요소를 무시함으로써 인간을 하나의 기계로 전락시키고 있으며 하나의 제도론적이 되기 쉽다는 단점을 갖고 있다. 그러나 이러한 과학적 관리론이 교육에 쉽게 도입되어 적용될 수 있었던 것은 그 당시의 강렬했던 시대적 내지 사회적 요청에 의한 것이었음을 짐작할 수 있어야 한다.

과학적 관리론이 교육에 적용된 범위는 교육의 과정과 운영은 물론 학교제도와 함께, 직무의 계량적 분석, 그리고 교육자의 역할에 이르기까지 광범위한 것이었으며, 그 성과 또한 컸던 것도 사실이다. 그러나 교육이 인간의 활동을 지원하는 행위라고 본다면, 인간의 개성이나 창의성 및 자아실현을 중시해야 하는 것은 당연한 일이다. 이와 같은 관점에서 교육에서의 과학적 관리는 인간관계론자들의 강한 비판의 대상이 되었던 것이다.

또한 인간관계론도 장점만 있는 것이 아니라 단점이 존재한다. 인간의 의식과 조직의 의식이 발달하고 고차원적일 때는 스스로 그 효과가 높여지지만 그렇지 않을 경우는 일 처리가 아예 되지 못하고 무능력하게 되기 쉽다.

| 과학적 관리법 | → | 인간관계론 | → | 신 통합 관리론 | → | 전인적 배려 |

7. 교육발전

  교육이란 단순한 약속에 불가하므로 교육이라는 것을 바라보는 사람에 따라 혹은 사람들의 관점에 따라 다양하게 내려지는 것이다. 정의는 언제나 정의에 의해서만 명분이 있을 뿐 진위의 논의가 필요치 않은 것이다. 교육을 정의한다는 것이 교육현상을 어떠한 시각에서 보느냐 또는 교육의 본질을 무엇으로 이해하고 있느냐에 따라 다르게 규정될 수 있다고 할 때 그 각각의 시각을 모두 수렴한 정의 규정은 불가능하다. 그러므로 여러 가지 정의로 나눠지게 되는데 우선 기능적 정의 수단적인 정의를 내려보도록 하겠다. 기능적 견지에서 교육을 정의한다는 것은 교육이 수단으로 될 수 있다는 입장이다. 이러한 입장은 교육이 이바지해야 할 그 무엇에 해당되는 대상이 있어야 성립될 수 있다. 교육이 그 무엇을 위한 수단이라고 할 때 그 무엇에 해당하는 것은 다양하게 언급될 수 있다.

  교육이 이바지해야 할 대상으로 사회문화를 선정한다면 교육은 사회문화의 전승 및 발전의 수단이 되는 것이고 현대사회에 이바지할 그 무엇으로 삼는다면 교육은 국가사회의 발전을 위한 수단이 되는 것이다. 결국 교육을 기능적 수단적인 견지에서 정의할 때에는 교육이 공헌하고 이바지해야 한다고 생각하는 대상 그 무엇의 가치만큼이나 다양한 정의를 내릴 수 있다. 이처럼 교육을 기능적 수단적인 측면에서 정의하게 된다면 다양한 정의가 가능하고 그 대상에 따라 내리는 정의가 당위성을 확보할 수 있다고 해도 교육이 추구하는 본연의 가치구현에는 미흡할 수 있게 되었고 급기야는 다른 분야에 비해 교육의 지체현상마저 초래하게 된다는 것이 간과할 수 없는 문제점이 되는 것이다. 하지만 이런 교육의 문제점도 발전교육에 의해서 장점으로 발전할 수 있다.

현대국가들은 처음부터 국민교육의 필요를 가지고 출발했다. 유럽에서는 봉건제로부터 통일된 민족국가로 발전하는 과정에서 무엇보다도 필요한 것이 국민통합이었다. 국민통합은 저절로 이루어지는 것이 아니므로 교육을 통한 민족주의적 국민의식의 고양을 도모하지 않으면 안되었다. 통일국가의 언어, 역사의식, 가치관, 국가이념 등을 모든 국가구성원들에게 가르쳐야 했다. 이러한 국민통합 교육은 사교육에 맡겨둘수 없었으므로 국가가 주도하는 공교육제도의 수립이 불가피했다. 제2차 세계대전 후에 식민지 지배로부터 독립한 나라들도 국민통합교육이 필요하기는 마찬가지였다. 신생국의 지도자들에게는 국가의 구성원들에게 언어, 역사, 국가이념, 정치적 소양 등을 가르쳐서 '국민'으로 만드는 것이 급선무의 하나였다. 의무교육제도, 정확히 말하면 의무취학제도는 국민통합을 위한 교육의 필요에서 출발한 것이다. 정치적 면에서 모든 국민에 대한 국민통합교육이 필요하고 경제적 면에서 산업인력의 양성 공급이 필요했으므로, 이 두 필요를 충족시켜주는 제도적 장치로 의무교육제도가 불가피했다. 의무교육은 국가의 필요 때문에 실시하는 것이므로 무상제도 당연하다. 그러나 한국은 국가의 재정빈곤을 이유로 학생들로부터 실질적으로 교육비를 징수하면서도 취학은 의무화하는 정책을 썼다. 아울러 사립학교의 설립을 확대시키되 교육과정은 국가가 철저히 관리함으로써 국가의 교육적 필요를 충족시켰다. 이러한 사실을 종합하면 국가의 정치적 필요가 학교교육을 확대지향으로 이끌어 온 요인의 하나임을 알 수 있다. 많은 나라에서는 경제적 필요가 없음에도 불구하고 정치적 필요 때문에 학교교육을 확대시켜 왔다.

정치발전이란 한 국가의 목표를 달성하기 위해 국가의 여러 하위체제 가운데 하나인 정치체제의 변화와 성장을 통해 발전을 도모하는 것이라 할 수 있다. 이는 궁극적으로 사회 전체 구성원들의 삶의 질 향상을 위한 정치체제의 변화, 정치문화의 향상, 그리고 정치적 환경의 바람직한 방향으로의 변화라 할 수 있다. 정치발전의 요소로서는 평등, 참여, 능력, 구조의 역할분화, 하위체제의 자율성, 문화, 국가 통합, 합리화, 정치체제의 안정 등을 들 수 있다. 교육과 정치와의 관계에서, 이원론적 입장은 교육과 정치를 독립된 영역으로 보고, 일원론적 입장은 교육과 정치를 공생적 관계로 파악하고 있다. 교육과 정치 관계는, 교육이 정치발전에 또는 정치가 교육발전에 영향을 주는 상호 역동적인 작용하에서 이루어진다. 교육은 정치발전 과정에서 국민들에게 좁게는 정치적인 소양을, 넓게는 국가의식을 길러준다. 반면, 정치가 교육에 미치는 영향은 내용적 측면에서 볼 때 교육자체에 영향을 줌으로써 그에 대한 반대급부를 얻는다. 과정적 측면에서는 교육도 하나의 조직체로서 각종 정책결정 및 집행 과정을 수행하는 일련의 민주주의 혁명의 산물이라는 관점에서 출발한다. 따라서 교육체제는 정치적인 속성을 지닌다.

교육이 정치에 영향을 주기보다는 정치가 교육에 영향력을 행사하는 것이 더 일반적이었다. 그러나 교육과 정치발전에 있어서 정치는 교육 본연의 목적을 달성할 수 있도록 지원하고, 역으로 교육은 교육자체의 합리적인 논리를 끊임없이 개발하고 이에 충실함으로써 삶의 가치를 높이는 데 기여할 수 있는 관계로 정립되어야 할 것이다.

정치 사회화는 청년기 학습과정에서 많이 언급되는 개념으로 '정치체제와 관련된 지식, 태도, 가치 등을 사회구성원들에게 내면화시키는 과정' 등으로 정의된다. 정치체제의 안정을 유지하기 위해서 정치적 사회화가 매우 중요하다. 정치 사회화를 담당하는 기관은 학교, 가정, 청소년 단체, 매스미디어이며, 정치적 사회화 프로그램은 동질적이고 책무성을 충분히 지닌 시민을 양성하는 데 기여한다. 학교는 정치적 지식에 많은 영향을 미치며, 학교에서 운영되는 교육과정은 정치적 지식

을 제공하도록 구성되어 있다. 또한 학생들에게 훌륭한 시민에 대한
태도를 가르치는 데 있어 가장 영향력 있는 인물로서 교사를 평가하고
있다. 학생들에게는 교사의 행동과 학급의 교육과정의 상호작용을 통하
여 학급풍토를 조성하게 되어 영향을 미친다. 교육에서 정치적 통합은
국민들에게 국가의식, 주체의식 등의 배양과 아울러 공동체의 통합을
강화하는 여건조성 기능으로 가장 중요한 중추적 역할을 하고 국민문
화를 창조함으로써 국가 자체의 발전을 돕는다는 의미이다.

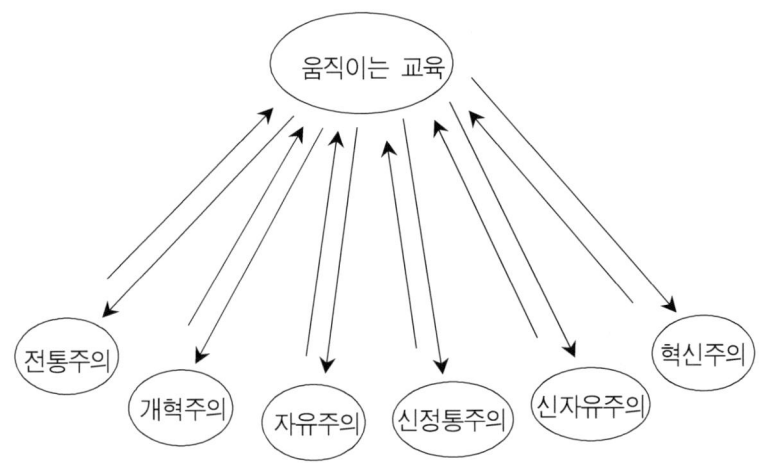

8. 한국교육의 문제는 무엇이 있는가

　　우리교육의 문제점을 거시적 관점에서 바라본다면 현재 우리나라의 교육이 혼란의 상태를 벗어나지 못하는 이유는 우리나라 교육의 급격한 서구화에 따른 시대변화로 인해서 시대의 외형에 따라가는 것에만 급급하여 그 본질을 찾지 못하여 교육이 추구하고자 하는 '이념', '목적', '목표' 등의 말들로 표현되는 교육이 일관성을 잃어버렸기 때문이다. 결국 국민들은 현재 앞으로 자신이 나아갈 방향성을 잃게 됨과 동시에 불안을 느끼게 되며 이 불안은 갖가지 사회문제로 불거져 나오게 되는 것이다. 즉 교육의 이데올로기의 불재(不在)에 따라 문제가 야기된 것이다.

　　아직도 벗어나지 못하고 있는 주입식교육에 대한 비판도 해야 한다. 주입식교육은 교육받는 '학생'의 입장에서 개인의 가치와 능력을 무시한 채로 일방적으로 학생에게 교육을 강요하는 형태의 방식이다. 물론 좀더 깊은 지식의 이해와 탐구를 위해서는 개념을 정확히 알고 있어야 그 후에 이해가 이루어지고 좀더 깊은 논의와 응용이 가능할 수는 있겠지만 글자 하나 틀리지 않고 문장을 외우도록 하는 방식의 주입식교육은 교육의 일차적 목적인 지식의 전달이라는 측면만을 강조한 것이므로 이에 따라 학생들의 일탈현상이 나타난다고 본다. 이러한 주입식교육은 '안다'와 '행한다'와 분리되어 있으므로 실생활에 교육의 영향이 적어진다고 볼 수 있는 것이다. 이러한 주입식교육은 많이 외우기만 하면 무조건적으로 우등생과 열등생이라는 이분법적 구조로 가르고 학생들마저 이러한 논리 속에 세뇌되면서 점점 자신의 가치를 상실하고 쉴 없이 이루어지는 주입식교육에 따라가지 못하면 학교의 낙오자로서 현재의 교육체제의 테두리 속에서 방황하는 방랑자로 남아 결국에는 사회의 이탈자로 낙인찍히게 된다.

그리고 주입식교육의 문제는 우리나라의 심각한 교육열에서도 나타나는데 좀더 이름 있는 대학을 가기 위한 입시위주의 경쟁으로 가면서 지식과 학문에 대학 탐구와 이해, 실천은 사라지고 있으며 오직 대학을 들어가기 위한 한순간의 지식이 팽배해지고 있을 뿐이다. 그리고 이런 입시위주 경쟁은 자신의 적성에 맞는 대학 학과를 원하는 것이 아니라 오직 이름 있는 대학 소위 명문대의 우선 들어가고 보자는 식의 대학지원으로 이후의 자신의 삶의 가치를 상실하고 방황하는 계기가 되기도 한다. 따라서 우리는 지금이라도 진정 옳은 교육이 무엇인지 한번 생각해 볼 필요가 있다.

우리 사회 밑에 뿌리 깊게 박혀 있는 부정부패는 어떻게 보면 인성교육의 부재에 의한 문제라고도 볼 수 있다. 우리는 초등학교, 중학교, 고등학교를 거치면서 단순히 내신을 준비하거나 교과과정에 따라가기 위한 윤리교육만을 배워 왔을 뿐이다. 결국 학교에서는 폭력으로 사회에서는 부정부패와 같은 사회문제로 나타난 것이다. 그렇기 때문에 우리는 인성교육에 주목할 필요가 있다. 인성교육은 도덕적인 문제가 발생했을 경우 인간의 평등사상에 입각하여 자기 자신만의 이익뿐만이 아니라 다른 사람들의 이익도 똑같이 고려할 수 있는 공정한 이익고려 정신을 심어줌으로써 더불어 조화롭게 살아가는 이해와 배려의 참된 길을 교육하는 것을 말한다.

입시위주의 정책에 밀려 자율학습 시간으로 전락해 가는 인성교육시간을 다양한 프로그램 개발을 통해 학생 스스로 자신이 앞으로 어떤 도덕적 자세를 가지고 사회생활을 하며 사회에 이바지할 것인가 방향을 제시해 주고 스스로 심도 있게 고민할 수 있는 시간을 주어야 한

다. 비록 그 성과가 한눈에 보이지는 않을 테지만 훗날 건전한 사회를 만들어 가는 양분이 될 것이다

우리 공교육을 살리기 위한 해결방안으로 중점을 두고 심도 있게 살펴볼 필요가 있는 것이 대안교육이라고 생각한다. 대안교육이란 현재의 교육을 대체한다는 의미를 담고 있다. 하지만 대안교육만으로 공교육을 정상화시키는 것이 아니라 공교육이라는 개념에 대한 범위를 확대하고자 하는 것이다.

대안학교는 공교육에게 버려진 학생들의 개성을 존중하고 존엄성을 인정하는 방향으로 나아가는 방법이라고 보며 피교육자의 다양성 인정을 통하여 우리의 공교육이 소화하지 못하는 부분을 제도적으로 잘 다듬기만 한다면 사회의 한 부분에서 중요한 역할을 담당할 수 있다고 본다.

우선 대안교육이 처음으로 실시된 미국의 사례부터 살펴보도록 하자. 미국의 60년대 말부터 70년대에 걸쳐 대도시를 중심으로 학교실패(school failure)와 그에 따라 나오는 '문제아'들에 대한 해결방안으로 나온 방법 중 나라로 표준적인 공교육제도의 획일적인 진급기준, 수업시간, 채점제도, 학점인정 등을 개정하여 공립학교 가운데 약간의 선택의 폭을 부여해야 한다는 주장에서 대안교육이 시작되었다. 대안학교는 선택에 의한 취학가능성, 주민과 지역에 부응, 지역사회의 인종·사회·경제적 구성을 학생집단 구성 시 반영한다는 기준을 제시하고 있다. 미국의 대안학교는 문제아들을 위해 운영되며 기존의 제도권 학교들이 문제아 또는 부적응학생들의 문제를 해결하는 것이 무리 있다고 인정하고, 지역정부가 나서서 학생들을 모아놓고 학생들이 요구하는 것들을 중심으로 그때그때 필요한 프로그램을 만드는 방식으로 해결방향을 잡고 있다.

우리나라의 대안교육이 일어나게 된 원인을 살펴보면 공교육이 가지고 있는 획일성에 대한 반발로 민간의 자발적인 교육운동으로 등장했다. 획일적인 교육에 반대하여 다양한 교육적 경험을 제공하려는 시도

는 1986년부터 1993년까지 '또 하나의 문화'에서 연 초등학생 캠프가 선구적이었으며 1990년대부터 이와 유사한 시도들이 전국 각지에서 독립적으로 일어났다.

현재 우리나라의 대안학교는 학업인정문제에 있어서 어떻게 일반 고등학교와 객관적인 비교를 해야 하는지 딜레마에 빠져 있다고 표현하는 편이 옳을 것이다. 그리고 현재 교사 자격에 대해 현행법은 대통령령이 정하는 바에 의하여 교육인적자원부 장관이 검정·수여하는 자격증을 받은 자여야 한다고 규정하고 있지만 아무리 전문성을 가지고 있더라도 교사로서 인정을 받지 못한다는 문제를 내포하고 있으며 대부분의 대안학교들은 자격증이 없는 교사들에 의해 운영되고 있다. 따라서 대안학교 교사의 자격도 문제가 제기되고 있다. 그리고 우리나라처럼 성적에 관하여 객관성을 중요시하는 경향하에서는 현행의 공교육에서 인정하고 있는 내신 성적 부분에서 대안학교는 객관성이 떨어지기 때문에 객관성 확보가 걸림돌이 되고 있다.

하지만 이러한 문제점을 극복하고 대안학교를 정착시키기 위해 현재의 공교육법에 대한 제도적인 보완이 이루어진다면 교육 전반에 긍정적인 영향을 줄 것이라고 본다. 이러한 내용을 통해서 현재 우리나라의 교육이 제도권 내에서도 점차 새로운 변화의 노력을 보이고 있는 것은 바람직한 모습이라 볼 수 있다.

우리나라 교육은 약간 뒤쳐져 있는 교육이라고 할 수 있다. 현재 우리나라 교육은 선진국과 다른 약간의 스파르타식인 교육이 팽배하고 있다. 선진국들의 교육정책들을 살펴보면 프랑스의 경우는 학교평가를 정기적으로 실시하고 그 결과에 따른 학교 개선과 폐교 조치를 통한 교육의 질적 개선을 국가, 사회, 가정 차원에서 적극적으로 추진하고 있었다. 또한 학교 평가를 통해서 학생들의 학력강화를 지원하고 학부모들의 교육권을 강화하는 방향으로 발달하였으며, 영국의 경우를 보면 학교 구조의 현대화부문에서 학교의 하드웨어와 소프트웨어의 현대화와 지속적인 재정 확충, 예산 집행의 자율성 제고, 공정하고 투명한 재정절차 확립, 학교시설의 현대화 추진 등이 있고, 학부모의 권한 강화 차원에서 학교평가결과에 따른 학교선택권 부여, 학교개선요구의 적극적 반영과 학교에 대한 압력을 생사할 수 있는 권한을 주었다. 발전교육을 실행하기 위해서는 최소한 선진국만큼의 교육을 시행해야 되지 않나 생각이 든다. 나도 그런 교육을 거친 한사람으로서 문제점이 많다고 생각하기에 발전교육을 시행하기 이전에 나쁜 것들은 뿌리 뽑아야 된다고 생각한다.

다양한 교육 이론들

1. 다원주의 교육

뢰어스의 다원주의적 교육학은 해석학적－경험과학적 방법의 토대 위에서 구성되는 하나의 발견적－체계적인 교육학(eine heuristisch－systematische Erziehungswissenschaft)이다. 발견적－체계적인 교육학은 현재의 교육학에서의 이론적인 토론이 교육현실의 중요한 문제들을 토론의 출발점으로 선택하는 대신 현장과의 접촉 없이 이론적인 주장을 계속하려는 노력에서 주로 현재의 이론성향들에 관해서만 시간을 소비한다고 비판한다. 비판적 합리주의에 입각한 교육학이든 비판이론에 입각한 교육학이든 중요한 것은 교육현실의 문제해결과 개선이기 때문에 실천적인 연구를 통하여 현장과 접촉하면서 또 그 과정에서 서로의 문제점을 발견·수정하면서 이상적인 교육학 이론을 만들어 나가는 것이 중요하다는 것이다. 이러한 비판적인 관점에서 출발한 발견적－체계적 교육학은 현장과 직접적으로 접촉하여 학문이론을 구성하고 그것을 현장에서 증명하면서 계속적으로 발전시키려 한다.

뢰어스는 이미 1960년대 초에 해석학적 방법들과 경험과학적 방법들이 서로 결합되어야 하는 필요성에 대해 언급하고, 1970년대 초에 교육학의 틀 안에서는 처음으로 해석학적－경험과학적 방법의 기초를 마련하였다. 뢰어스는 그의 책 『교육학에서의 연구방법들』에서 설명하는 방법들과 이해하는 방법들 사이의 이원론적인 대립을 지적하고 포퍼, 알베르트, 아도르노, 하버마스의 방법론적 반성을 토대로 두 방법의 대립적인 측면을 화해시키기 위한 방법론적 구상을 한다. 이러한 방법론적인 숙고에서 뢰어스는 이해와 경험과학적 방법들은 서로 분리될 수 없고 그 둘은 오히려 각 연구활동에 동반되어야만 하는 것이라고 주장한다. "현실성이 있고 현실을 개척하는 연구는 경험과학적으로 사실영역을 밝히고 정신과학적으로 정신적인 연관성에 대한 의미를 해석해야 하므로 두 방법을 다 이용해야 한다." 이러한 관점은 뢰어스가 교육학의 연구대상인 교육현실을 플리트너(W. Flitner)의 입장을 계승하여 다음과 같이 정의한 것에서도 나타난다. "연구될 수 있는 교육현실에는 교육적인 사실연관(Tatsachenzusammenhang) 이외에 교육 이론, 교육적 가치, 이상, 목적이 속한다." 교육현실을 이념으로만 파악하는 전통적인 정신과학적 교육학과는 다르게 교육현실의 양면성을 주장하는 정신과학적 교육학의 특별한 관점으로부터 교육학 연구에서 두 방법은 자연스럽게 결합될 수밖에 없다는 것이다.

이러한 관점에서 뢰어스는 정신과학적 방법, 경험과학적 방법과 구별되는 제3의 방법을 제시한다. 제3의 방법에 기초한 교육학은 "순수한 경험주의와 현실과 거리가 먼 정신과학적 교육학을 중재하는 하나의 위치로서 제3의 독자적인 방향을 분명하게 나타낸다." 복잡·다양한 교육현실을 그의 특수성에 맞게 완전하게 밝히려는 해석학적 방법과 경험과학적 방법의 결합은 경험과학적 연구의 결과들이 일방적으로 해석학적 방법에 의해 평가되는 것을 의미하는 것이 아니라, 오히려 경험과학적 연구가 그의 형성에서 해석학적으로 해명되고 해석학적 의미는 경험과학적으로 확장되는 것을 의미한다. 이와 관련하여 뢰어스는 해석학적 – 경험과학적 방법을 다음과 같이 특징짓는다.

2. 몬테소리교육

오늘날 유아교육의 중요성에 관한 인식은 전 세계적인 추세이며, 교육의 대상자 연령 또한 점차 하향화되고 있다. 그에 따른 유아교육의 중요성에 대한 인식이 날이 갈수록 확대되고 있다. 20세기에 들어서는 페스탈로치, 프뢰벨, 듀이, 몬테소리, 피아제, 프로이드 등이 유아교육의 중요성과 필요성을 제기해 왔다. 그중에서도 몬테소리와 프뢰벨은 유아교육의 성립과 발전의 초석을 닦은 인물이었다. 나아가 현장에서 실제적 적용과 응용이 이루어지고 있다. 여기서는 유아교육의 발전에 초석을 이룬 몬테소리에 대해 알아보고 몬테소리의 교육이 다른 학자들이 주장한 유아교육방법과 어떤 차이가 있는지 알아보겠다. 더 나아가 이론으로 그치지 않고 실제 이 이론을 바탕으로 유치원에서는 어떻게 행해지고 있는지 살펴보도록 하겠다.

1) 몬테소리의 생애와 업적

- 1870년 8월 31일 이탈리아의 캬라벨레에서 귀족 출신인 군인장교 아버지와 교육자가정 출신인 어머니 사이에서 외동딸로 태어남.
- 몬테소리가 12세 때 그녀를 더 좋은 환경에서 교육받도록 로마로 이사함.

－의과대학에 입학함.(최초의 여자 의대생)

－졸업 후 로마에 있는 한 정신장애자 수용소를 방문하게 되는 계기로 정신지체아에 흥미를 가짐.

－정신적 결함이 의학적인 문제로 보지 않고 교육적인 문제라고 생각함.

－어린이를 위해 만든 교육자료 바탕으로 감각교구를 개발하여 정신지체아를 교육의 대상으로 인식함.

－정신지체아들이 정상아를 능가하는 높은 교육성과를 올림.

－1900년에 로마대학의 철학과에 재입학해 아동중심사상에 관심을 기울임.

－의사면허증 반납하고 어린이집운동에 진력하며 자신의 교육방법을 널리 보급함.

－'Casa dei Bambini'는 세계최초의 어린이집으로 보육과 교육을 겸한 새교육 실천의 장을 마련.

－1900년대 초에 교육대상 아동을 3세 또는 그 이하의 아동으로 삼음.

－1913년 몬테소리 학교설립.

－1952년 5월 6일 82세로 생을 마침.

※ 마리아 몬테소리는……

① 자신과 인내력이 있는 관찰자였다.

② 근본적으로 전통적인 교육과는 반대되는 교육을 실시한 개혁자였다.

③ 어린이집을 개설한 이래로 다양한 연령층의 아동들, 다양한 사회, 경제적 수준의 아동들, 그리고 다양한 종류의 아동들을 가르친 교사였다.

④ 교육의 과학, 과학적 교육학을 발달시키는 데 선구자적인 역할을 담당했던 과학자였다.

⑤ 교사로서의 학생의 개념을 가지고 일생 동안 아동에게서 배웠던 평생 학생이며, 자신이 훈련시키고 관찰했던 교사로부터 배워 왔던 학생이었다.

2) 몬테소리시대의 교육사조

① **신인문주의**: 이성과 지성의 강조보다 감성적이고 심미적인 태도로 인생을 탐구하려는 주의로 고전문화를 동경하고 그 부흥을 주장한다.

② **진보주의**: 첫째, 모든 아동에게 자연적으로 발달할 수 있는 자유를 주어야 하며, 교육은 생활에의 준비가 아니고, 생활 그 자체이다. 둘째, 학습은 활동적이어야 하며, 아동의 흥미와 직접적으로 관련되어야 한다. 셋째, 문제해결을 통한 학습이 교재를 통한 학습보다 교육적이다. 넷째, 아동의 발달이란 단지 학교성적뿐만이 아니고 그의 육체적·지적·도덕적·사회적 발달을 내포하고 있으며 이를 과학적으로 연구하고 기록하여 지도의 중점을 아동 한 사람 한 사람의 인간 전체적 발달에 두어야 한다. 다섯째, 교사의 역할은 지시·감독하는 것이 아니라 안내와 충고를 하는 것이다. 여섯째, 학교는 경쟁보다는 협동을 장려해야 한다. 일곱째, 교육의 궁극적 목적은 있을 수 없다. 교육은 계속적인 성장의 과정이다.

③ **자유주의**: 읽기, 쓰기, 셈하기 등에 있어서 특색 있는 방법을 제시하며, 근본원리를 자유에 둔다.

④ **문화주의**: 강제적 필요에 타협하는 기계적 인간과 같이 의식하지 못하는 인간교육에 반해서 양육, 문화재의 전달, 내면성을 자각케 하는 것이라 하여 윤리적 결단, 책임, 정신적 내면성의 자각과 의욕적인 당위성에 의한 인간교육을 이상으로 삼는다.

3) 몬테소리와 특수교육과의 관계

몬테소리는 특수아 교육을 위해서는 다음과 같은 3단계 학습을 사용하는 것이 필요하다고 주장했다. 첫 번째 단계, 일치시키는 단계로 감각적 인식과 그것에 해당하는 단어를 결합시키는 단계. 두 번째 단계, 아동이 단어에 해당하는 물체를 인식하고 있는지를 시험해 보는 단계. 세 번째 단계는 물체에 해당하는 단어를 상기할 수 있게 하는 단계이다. 이 단계에 따른 학습법은 특히 특수아에게 있어서는 효과적인 방법이다. 신체적·지적·정서적·사회적 영역 등 다양한 영역에 있어 장애를 가진 아동을 교육하는 교사는 효과적인 교수를 위해 관찰하고, 실험하고, 또한 몬테소리가 그랬던 것처럼, 개혁하는 교사가 되어야 한다.

(1) 아동관

① 민감기

민감기란 특정한 측면에서 두드러지게 나타나는 연속적인 특성을 지니는 시기이며, 이 기간은 주로 0~6세 사이에 해당한다. 민감기는 환경으로부터의 인상을 흡수하여 자기 것으로 만드는 능력이 왕성한 시기로서 이 시기의 어린이는 세계와 접촉하려는 강한 욕구를 나타내게 된다.

민감기를 단계별로 요약해 보면 첫 번째, 제1기(질서에 대한 민감성의 단계): 유아의 질서에 대한 감각은 감각기 초기에 나타나며, 1~2세까지 지속된다.

두 번째, 제2기(오관에 대한 민감성의 단계): 2개월~2세에 나타나며, 손과 혀를 사용하는 시기로 손과 혀를 사용하여 환경을 탐구하려는 현상이 나타난다.

세 번째, 제3기(걸음마에 대한 민감성의 단계): 18개월~3세에 나타나며, 걷기의 발달 단계이다.

네 번째, 제4기(작은 사물에 대한 민감성의 단계): 2~3세에 나타나며, 작은 사물에 대한 흥미단계이다.

다섯 번째, 제5기(사회생활에 대한 관심의 단계): 2.5~6세에 나타나며, 사회생활에 관심이 생기는 시기이다.

② 흡수정신

유아의 정신을 흡수하는 정신으로 정의하고 있는데, 그것은 유아가 내부에 잠재해 있는 흡수하는 정신능력을 통하여 환경을 받아들이며, 스스로 경험하여 배우게 되는 유아의 특성을 말한다.

유아의 흡수하는 정신은 6세까지 지속되는 것으로 보고 이 단계는 무의식적 단계와 의식적 단계로 구분된다. 무의식적 단계는 0~3세의 시기로, 이성의 대부분을 형성하는 이 시기 동안에 유아는 가능한 한 모든 인상들을 무의식적으로 흡수하며, 흡수한 각 인상을 즉석에서 구체화시키고 사전에 이루어졌던 모든 것에 연합시킨다. 모방, 운동, 손끝으로 다루는 조작적 놀이와 행동이 나타나며, 이런 경험을 통해 자신의 정신을 개발시킨다. 다음은 의식적 단계로 3~6세의 시기이다. 인간, 환경뿐 아니라 교구와의 계획적인 상호작용을 통해 확실한 인상을 얻는 데 중점을 둔다. 이 단계에서는 초기에 이끌려졌던 능력이 통합되며, 기술의 연마가 이루어진다. 이때 유아는 필요한 자극을 많이 요구하게 된다.

③ 자율성

유아를 독립된 인격과 창조적 정신을 가진 존재로 보고, 유아는 누구의 도움을 받지 않고 독립적으로 어떤 행위를 이루려고 하는 자기 신뢰감의 습득이다. 유아를 자신의 힘으로 성장할 수 있도록 해주지 않는 한 어린이는 순종이라는 것을 얻을 수 없다.

(2) 종교관

몬테소리는 기독교적 관점에서 인간을 영적인 존재로 인식했으며, 그러한 종교관은 그녀의 교육방법을 구축하게 된 근원이 되었다.

(3) 환경관

① 준비된 환경의 정의

준비된 환경이 유아를 자극하여 유아에게 건설적인 활동(작업)의 동기를 줄 때 유아는 스스로 과제를 선택하고, 선택한 적업을 반복, 몰두하게 되고, 마침내 모든 에너지가 통일되어 집중현상이 생기게 되는 것이다.

② 준비된 환경의 목적

ㄱ. 성장 중인 아동을 가능한 한 성인으로부터 독립하게 하는 것이다.

ㄴ. 정신적 태아인 아동의 보호이다.

ㄷ. 아동의 정신을 자유롭게 해주는 데 있다.

③ 준비된 환경으로서의 교구

교구사용의 목적은 아동의 자기형성과 정신적인 발달이라는 내적인 목표달성에 있으므로 아동의 내적인 욕구와 정신발달 단계에 부합하는 교구를 마련하여 아동 스스로 교구사용을 연습, 반복함으로써 활동에 집중하게 되고 정상화에 도달할 수 있게 된다.

④ 준비된 환경의 미학적 측면, 준비된 환경을 가능한 한 아름답게 만들어야 한다. 교실의 분위기는 누가 들어오더라도 피로를 풀 수 있도록 되어야 하고, 참여하고 싶은 마음을 일으킬 수도 있어야 한다. 밝은 커튼으로 장식된 낮은 창문들, 화려하게 채색된 탁자들과 꽃병들로 꾸며진 벽장 등으로 잘 구비된 교실은 또한 교구 그 자체들까지도 아름답다.

(4) 교사관

① 몬테소리 교사가 지녀야 하는 자질

ㄱ. 성인의 자기중심적이며 권위주의적인 태도를 줄이고, 유아의 발
    달에 도움을 주기 위하여 수동적인 태도를 취하고, 겸손을 가지
    고 유아를 지도해야 한다.

ㄴ. 유아를 이해하고 보완하고 도와주어야 한다. 즉 유아에 대한 애
    정을 갖고 있어야 한다.

ㄷ. 먼저 참다운 자기모습을 정립하여야 하고, 또 자기 자신에 대한
    지식을 쌓아야 한다.

ㄹ. 유아존재에 대한 올바른 이해를 바탕으로 한 자여야 한다.

② 몬테소리 교사가 수행해야 하는 역할

ㄱ. 관찰자로서의 역할

※ 교사가 관찰할 수 있는 구체적 내용

● 유아의 작업을 관찰하는 것으로 유아가 언제, 얼마 동안, 어떤 작
  업을 계속하는지를 관찰한다.
  - 한 가지 작업을 오래 지속할 때 그것을 주시한다.
  - 그 작업은 무엇이며 얼마 동안 지속하는가를 관찰한다.
  - 자발적으로 선택한 작업에 대하여 유아가 어떤 작업을 했는가를
    관찰한다.
  - 다음 단계의 작업에 대한 호기심을 어떻게 표현하는가를 관찰한다.
  - 매일매일 작업을 시도한 것은 무엇이며 어느 정도 참을성이 있
    는가를 관찰한다.
  - 작업을 방해하는 외부적 자극이 있을 때라도 작업을 계속하는가
    를 관찰한다.

● 유아의 행동을 관찰하는 것이다.
  - 행동의 질서상태나 무질서상태를 관찰한다.

- 특별히 무질서상태를 관찰한다.
- 행동의 변화가 작업을 통하여 바뀌는 것을 관찰한다.
- 질서 있는 행동을 한 후 기쁨의 표현을 하는지, 참을성의 간격이 어느 정도인지, 애착의 표현이 있는지 등에 대하여 관찰한다.
- 순종에 대한 관찰이다.
  - 교사로부터 이름이 불렸을 때의 반응을 관찰한다.
  - 다른 사람과 지적인 활동을 나누어서 할 때 그의 역할을 잘 할 수 있는지에 대해 관찰한다.
  - 유아가 매우 기쁘게 복종할 때는 어떤 경우인가를 관찰한다.
  - 복종의 여러 가지 형태가 어떤 요구에 의하여 이루어지는가를 관찰한다.

ㄴ. 환경준비자로서의 역할

유아의 성장과 발달에 도전을 제공해 줄 수 있는 매력적인 환경의 준비 및 유지관리를 위한 후견인자의 역할과 더불어 그 자신이 환경 속에서 하나의 모범을 보이는 자로서 교사 자신이 의미 있는 환경의 일부가 되어야 한다.

ㄷ. 자극자로서의 역할

잘 정비된 환경 속에서 유아들이 자기활동을 전개할 수 있도록 유혹하고 자극을 주는 역할을 해야 한다.

※ 교사가 자극자로서의 역할을 하기 위해 유의할 점
- 어린이의 흥미가 특정교재에 집중되어 있을 때 무리하지 않는 범위 내에서 교구, 교재의 사용방법을 분명하고 순서 있게 그리고 천천히 보여준다.
- 아동의 행동 하나하나를 깊이 분석한다.
- 어린이의 활동에 유익한 제시는 조용한 말로 하되 가까이 가서

제시한다.

- 어린이가 찾을 수 없는 것을 찾고 있을 때나 어린이의 노력이 한계에 부딪혔을 때를 대비해서 깊이 관찰하면서 도와줄 수 있는 시기를 기다린다.
- 어린이가 교사를 부를 때에는 반드시 가며, 이때에는 어린이의 말속에 있는 내심의 요구까지 들어준다.
- 잘못되었을 경우 직접 지적하지 않는다.

ㄹ. 방임자로서의 역할

유아가 작업에 대한 반복현상과 자기훈련이 계속되면 뒤이어 집중현상이 나타나기 시작한다. 이러한 집중현상이 생길 때는 유아의 내적 훈련이 견고히 세워져 가는 때이므로 교사는 유아를 방해하지 않도록 특별히 주의해야 한다.

ㅁ. 부모와 지역사회에 대한 협조자로서의 역할

유아를 고립된 개인으로서가 아니라 가정의 한 구성원으로 본다.

(5) 부모관

몬테소리는 아동이 사회에서 자기에게 맞는 역할을 수행할 수 있도록 준비시키는 것이 부모들의 중요한 임무라고 생각하였다. 부모는 아동이 바람직한 성장을 해 나가도록 적절한 환경을 마련해 주어야 하며, 억압하거나 아동의 독립심을 억제해서는 안 된다.

(가) 과학적 교육학

과학적 교육학의 근본원리는 바로 유아들이 자유로워야 한다는 것이며, 따라서 이 원리에 따라 우선 어린이에게 자유를 주고 어린이의 자유로운 관찰을 통해 교육하여야 한다.

(나) 유아 존중

새로운 유아를 발견하는 것으로부터 출발해 성인의 편이 아니라 유아의 편에 서서 유아를 연구하는 데 공헌하였다.

(다) 유아의 발달법칙

① 작업의 법칙

어린이는 작업을 좋아하는 성향을 가지고 있으며 작업을 통해 자신을 완성시킨다는 것을 발견하였다.

② 독립성의 법칙

어린이는 자신의 내적인 힘을 통해서 스스로 선택을 한다.

③ 주의력의 법칙

발달의 어느 단계에 이르면 유아는 주위환경에 있는 특정 사물에 대해 그전에는 보여주지 않던 강한 주의를 가지기 시작한다.

④ 의지의 법칙

환경과의 관계 속에서 활동을 통해 전개되는 느린 과정으로, 유아가 활동을 반복하는 단계, 유아가 자발적으로 자기훈련을 생의 방법으로 택하기 시작하는 단계, 순종 등의 3단계를 거쳐 발달한다.

⑤ 지능의 발달법칙

지능의 발달을 돕기 위해서 의식의 이미지를 질서 정연하게 만들도록 도와주어야 한다.

⑥ 상상력과 창의력의 발달법칙

유아의 상상력과 창의력은 환경과의 상호작용 속에서 이루어지는 타고난 힘이다.

⑦ 정서적, 정신적 생활의 발달 법칙

유아는 감정과 정신적으로 환경에 반응하는 감각을 가지고 있다고 믿었고, 선천적으로 도덕적 감각을 지니고 있다고 주장하였다.

⑧ 아동의 발달 단계와 관련된 법칙

어린이란 특유한 존재이기 때문에 어린이마다 발달 단계의 속도에 있어 차이가 있음을 인정해야 하며, 아동의 발달 단계에 맞는 교육적 활동이 이루어져야 한다.

(라) 유아의 정상화

작업하기를 좋아하고, 질서를 지키고, 침묵하며, 묵묵히 혼자 작업하고, 소유본능에 있어서는 호기심이 아니라 정화되고 참다운 선택을 하며, 활동하는 능력을 나타내고, 온유하며, 독립심이 강하고, 자발적으로 자기규율을 조절할 수 있고, 마음으로부터 기쁨을 표현할 수 있는 유아를 정상화된 유아라 보았다. 그리고 자신의 교육적 목적을 정상화에 두었다.

(마) 유아의 자기교육론과 자유

교육은 자기교육론이며, 유아의 작업과 자기활동을 존중한다. 교육을 어린이의 자기발달을 조성하는 작용으로 간주하고, 학교에서는 자발성의 옹호를 위해 어린이를 자유롭게 하는 것을 목표로 하였다.

(6) 교육방법

(가) 3단계 교수법

① 1단계

대상물을 제시하고 사물의 이름을 설명 없이 단순하게 구성해 준다.

② 2단계

유아의 마음에 이 추상적인 인상이 연관지어졌는지를 시험해 보는
단계

③ 3단계

유아에게 대상물의 명칭을 기억시키고 말해보게 하는 단계

(나) 자동교육(자기교육)

자동교육은 전통적인 성인이나 교사 중심의 교육이 아닌 아동의 인
간성의 발굴을 중심으로 한 어린이에 대한 존중, 그리고 자유에 바탕
을 둔 아동의 자발적인 활동에 중점을 두고 있다.

(다) 개별화교육과 혼합연령 집단수업

몬테소리 교육은 집단교육이 아닌 개별교육으로서 유아개개인에 대
해 초점을 맞추고 실시된다. 그러나 교육방법에 있어서 하나의 특징은
혼합연령 집단수업을 한다는 것이다. 교실에 있는 아동들은 2~6까지
나이가 서로 다르며, 학년 진학이 없다는 장점이 있다.

(7) 교　구

(가) 교구의 목적

구조화된 순서의 경험을 제공함으로써 유아들이 감각의 질서와 순서
를 창조하는 과업을 성취해 낼 수 있도록 도와주는 데 있다.

(나) 교구의 특성 및 원리
※ 교구의 특성
① 자동교육이 이루어지도록 고안되었다.
② 아름다운 색채와 적절한 크기로써 어린이의 흥미를 이끄는 매력

을 지니고 있다.

③ 모든 교구들은 유아들의 적극적인 참여를 이끈다.

④ 교구의 수에 제한성을 갖는다.

※ 교구의 원리

① 교구는 분리된 조작으로 되어 있다.

② 교구는 단순한 것에서 복잡한 것으로 진전되도록 고안되어 있다.

③ 교구를 통해 유아가 할 수 있는 모든 감각적 활동들은 그 자체로 끝나는 것이 아니라 유아가 간접적으로 미래학습을 위한 준비를 하도록 고안되어 있다.

(다) 교구의 구성

① 감각적 교구의 예

분홍탑, 갈색계단, 붉은 박대, 원통 블록, 냄새 맡는 단지, 기압판, 색상판, 소리상자, 종, 헝겊, 온도 주전자 또는 열병

② 쓰기와 읽기를 위한 교구의 예

열 개의 기하학적 형태의 삽화와 색연필, 모래종이 글자, 움직이는 알파벳, 명령카드

③ 산수학습을 위한 교구의 예

숫자막대, 모래종이 숫자카드, 황금구슬

(8) 실내환경

전통적 환경에서 탈피하여 활동하고 작업하기 편리한 실내 공간을 마련한다. 특히 유아가 구성하고 창조하여 능동적으로 탐구하기 위한 교구, 교재, 교구장, 개인장 등을 마련해 주어야 한다.

유아를 위해 책상과 의자, 그리고 선반이 필요하다. 단방마다 배치된 가구들은 유아의 크기에 적절해야 한다. 유아의 크기란 유아에게 편안함을 주는 크기를 말한다. 유아가 앉을 때 발이 바닥에 닿아야 하며, 책상은 표면에서 유아의 팔꿈치가 충분하게 움직일 수 있는 정도의 여유가 있어야 한다. 선반은 제일 윗부분에 올려놓은 내용물이 보일 수 있을 높이어야 한다. 펠트로 만든 3~4피트 크기인 바닥깔개가 필요하고 깔개꽂이가 필요하다. 그리고 전신을 다 볼 수 있는 거울과 얼굴만 볼 수 있는 거울을 준비하며, 바람직한 습관형성을 위해 유아가 직접 사용할 수 있는 싱크대와 식사용기를 준비한다. 유아가 사용하기에 적절한 변기와 세면기를 마련해 가정에서와 같이 불편함이 없도록 준비한다. 선택교구로는 유아용 이젤, 물 마시는 컵, 먹을 물이 담긴 물통, 먹다 남은 물을 담는 물통을 준비한다. 또한 책꽂이를 두고 유아가 편안히 책을 보고 쉴 수 있게 부드러운 의자나 쿠션을 준비한다. 또한 유아의 눈높이 정도에 재미있는 그림을 벽에 걸어 놓거나, 각 책상에 꽃이 담겨 있는 꽃병을 놓아두는 것도 좋다.

(9) 실외환경

실외환경은 유아가 자연을 통해 배울 수 있도록 자연에 가까운 환경 조성이 필요하다. 유아가 작업할 수 있고 식사할 수 있는 책상과 자연관찰이 가능하고 재배활동을 할 수 있는 정원이 있으면 좋다. 집짐승을 사육하면서 관찰하고 사랑할 수 있는 심성을 함양할 수 있도록 동물사육장 등의 사육시설이 필요하다. 그 외 새를 키우는 새집과 연못도 있어야 한다. 이와 더불어 약간의 놀이시설이 필요한데 유아들의 신체적 조건에 맞는 여러 가지 유구와 운동이 가능한 모래밭이나 운동장이 있고, 앉아서 쉴 수 있는 걸상이 비치되어 있으면 좋다. 이러한 모든 시설과 설비는 현실적인 것이어야 한다.

Kilpatrick의 몬테소리에 대한 비판

① 발달로서의 교육에 대해 Kilpatrick은 몬테소리의 발달의 개념이 일방적으로 아동 중심의 개발성에 입각하고 있음은 옳지 않다고 지적함.

② 자유의 개념에 대하여 Kilpatrick는 몬테소리가 아동의 자유를 존중하는 것을 높이 평가하면서도 한편 비판적이었다.

③ 교구의 빈약함을 비판함.

④ 자기교육에 있어 실천이 너무 협소하다고 함.

⑤ 일상생활 훈련에 있어 교육실천이 여전히 인위적이라고 비판하며, 좀더 사회적 기능으로서의 교육을 주장함.

⑥ 감각훈련에 있어서는 유리된 교구를 사용하고 있기 때문에 감각의 식별능력을 훈련하는 것이 실제생활에서 힘이 될 수 없다고 주장함.

⑦ 몬테소리교육이 교구를 매체로 해 독(讀), 서(書), 산(算)에 큰 효과를 나타냈다는 실험에 대해 Kilpatrick는 올바른 측정이 이루어질 필요가 있다고 하였다.

(1) 아동이 스스로 학습하는 상황을 만들도록 하려면 움직일 자유와 활동이 요구된다는 교육원리를 형성했다는 점. 아동의 감각학습이 후기의 보다 복잡한 지각적 학습을 촉진시킨다는 그녀의 생각은 현재의 심리학적 사고를 앞지르는 것이었다.

(2) 몬테소리의 발달이론은 정신분석학자와 주요한 점에서 일치한다. 인간상에 대한 복잡성을 특별한 이론에 적합하도록 단순화하거나 바꾸려고 노력하지 않고 대신에 인간발달과 행동을 결정하는 요인의 다양성을 인정했다. 이런 사실은 전에 알려지지 않은 현상을 연구하는 것을 가능하게 했다는 점에서 의의가 크다.

(3) 아동을 인간이 지속적으로 지화하게 해주는 연결고리로 보았다는 점이다.

(4) 철학적 측면에서의 의의는 현대 유아교육의 명료한 교육철학이 몬테소리를 통해 설정되었다는 점이다.

(5) 교육방침 중 네 가지가 일반적으로 오늘날의 유아교육 자료들에게 받아들여지고 있다는 점.

(6) 몬테소리 유아교육방법이 갖고 있는 의의는 교사의 역할에 있어서 지시적, 명령적이고 권위적, 지식주입적인 태도를 지양하고 아동의 보조자나 조력자로서의 역할을 지향하고 있다는 점.

※ **몬테소리 유아교육방법의 주요한 점.**

① 유아교육방법은 자발성의 원리에 따라야 한다는 점.

② 유아교육은 유아들에게 적합한 환경을 마련하는 데서부터 출발하여야 할 것이라는 점.

③ 유아들을 위한 교사는 주입적이고 권위적인 태도를 갖거나 유아들의 활동을 주도해서는 안 되며, 몬테소리의 교사는 안내자나 조력자로서의 역할을 함으로써 유아가 스스로 지적 성취를 하고 문제해결을 해나갈 수 있도록 도와주어야 한다는 것.

④ 몬테소리가 고안한 교구는 유아교육의 교수자료로서 갖는 가치는 크다.

⑤ 언어적 상호작용과 사회성 발달의 측면을 소홀히 하고 있는 점을 감안하여 아동과 아동 그리고 아동과 교사 간의 상호작용을 보다 활발히 하고, 그를 통해 사회성을 길러 줄 수 있도록 프로그램을 보완해야 한다.

참고문헌

● 오금희(1993). 몬테소리의 유아교육: 사상과 교육. 도서출판.
● 곽노의(1990). 프뢰벨의 유아교육 이론 연구. 학민사.
● 박영실(1985). 몬테소리 교육방법실천. 동문사.

- 조성자(1991). 몬테소리의 어린이의 신비. 창지사.
- 조선희(1994). 몬테소리 교육에 대한 현대적 접근. 학문사.
- 신화식(1996). 몬테소리교육의 이론과 실제. 양서원.
- 이영숙(1995). 몬테소리 교육에 대한 현대적 의의. 창지사.
- 최국남, 바순이(1993). 몬테소리교육. 교문사.
- 김옥련(1990). 유아교육사. 정민사.
- 이명희(1988). 마리아 몬테소리의 교사론. 효성여대 대학원 석사학위논문.
- 박두하(1976). 몬테소리 교육사상연구, 성균관대 대학원 석사학위논문.

3. 발달교육

피아제는 어린이의 인지가 어떻게 발달되며 어떠한 과정을 거쳐서 지식을 획득하게 되는가에 대한 연구를 함으로써 아동의 인지발달과 교육의 실천적 연구에 지대한 공헌을 하였다.

이러한 학문에 관심을 두던 피아제는 1920-1930년대에 『어린이의 언어와 사고』, (The Language and Though of the Child, 1923), 『어린이의 판단과 추리』, (Judge and Reasoning in the Child, 1924) 등 5권의 책을 발표하여 일약 아동 심리학자로서의 명성을 높였다. 이후에도 피아제는 지적 활동을 인간의 모든 생활의 중심으로 생각하고 어린이의 지적 활동에 대한 연구를 많이 하였다.

또한 피아제는 "인간이란 지식을 환경으로부터 수동적으로 수용하는 것이 아니라 지식을 추구하고 조직하며 동화시킨다."라고 하였다. 피아제 이론이 교육 특히 유아교육에 주는 시사점은 어린이의 지적 성장에 환경의 영향이 매우 중요함을 강조하고 피아제는 상호작용을 중요시한다는 점이다. 이런 상호작용적 관점은 지적 구조란 환경에 접촉한 결과로서 유아기 때부터 발달하는 것으로 축적적이라고 본다, 이것은 유아가 우연히 상호작용하게 된 경험을 종류에 따라 그의 지능발달이 달라지므로 유아의 사고를 자극시키고 유아의 지적 성장에 기여할 수 있는 경험을 아동에게 제공해야 한다는 것이다. 그러므로 지적 성장을 자극하는 풍부한 경험을 유아기 동안에 제공하는 것은 아주 중요하다.

피아제는 지적 조직과 지적 적응을 도식(schema), 동화(assimilation), 조절(accomodation), 평형(equilibrium)의 네 가지 개념으로 설명한다. 피아제는 지능발달에 큰 관심을 두었고 인지발달이란 곧 유기체가 상호작용에서 이루어 나가는 순응과정인데 이는 동화와 조절로 나누어진다고 한다. 동화란 자신이 이미 가지고 있는 도식 또는 인지 구조 속에 외부의 대상들을 받아들이는 인지과정이다. 이런 조절과 동화라는 과정이 끊임없이 반복됨으로써 이해의 틀인 도식(schema)이 형성되어 간다고 본다.

도식(schema)은 아동의 행동이나 사고의 체계화된 형태이다. 도식은 피아제 이론의 핵심적인 개념으로서, 인간이 자신에게 주어진 환경을 해석하고 행동을 일으키는 데 필요한 일련의 인지적 구조를 말한다. 인지발달을 이런 도식의 변화, 발달이라고 하였으며 동일한 인지단계의 도식도 고정되어 있는 것이 아니라 끊임없이 조절, 발달되어 가는 것이다. 출생 당시부터 가지고 있는 기본반사(파악반사, 빨기반사)를 반복하는 가운데 초보적인 도식(빨기도식, 파악도식)을 형성하게 되고 이와 같은 과정이 지속되면서 좀더 복잡하고 다양한 고차적인 것으로 발전시켜 나간다. 동화와 조절 중의 어느 하나가 두드러지게 우세하지 않은 상태를 평형(equilibrium)이라 하였다. 이 평형상태는 유기체가 항상 지향하는 필연적 조건이며 동화와 조절에 의해 인지적 평형상태가 이루어지면서 인지구조는 성장발달되는 것이다.

피아제는 아동의 인지발달을 직선적으로 파악하지 않고 몇 개의 단계로 구분하고 그 단계마다 독특한 사고 구조가 나타난다고 보는 점이 특징이며, 이를 피아제는 발달 단계라고 부르고 있다. 그의 주장에 의하면 각 단계는 다음과 같은 성격을 갖는다.

〈표 1〉 각 단계의 성격

단 계	성 격
제1단계	나타나는 순서가 일정하다. 　각 단계에 도달하는 연령은 성숙뿐 아니라 경험에 의해서 지배되며 사회 환경이 단계의 출현을 촉진시키거나 지연시킬 수 있다. 즉 연령은 어디까지나 상대적인 것이지만 한편 행동이 나타나는 순서로서의 발달 단계는 어떤 사회의 개인에게도 일정하다.
제2단계	통합적 성격을 가진다. 　일정한 단계에서 만들어진 정신구조는 다음 단계의 정신 구조의 일부가 된다.
제3단계	전체 구조를 갖는다. 　각 발달 단계의 모습은 저마다 관련이 없는 특징의 집합인 것이 아니라 거기에는 전체성의 법칙이 지배한다. 아동들이 이런 구조를 가지게 되면 자신이 가지고 있는 지적 구조와 관계되는 모든 조작이 가능하게 된다.
제4단계	하나의 단계에는 반드시 과도기(준비기)와 완성기가 포함된다.
제5단계	각 단계에는 발전의 과정과 완성된 안정상태(균형상태)가 존재한다. 　후자의 균형상태가 전체 구조를 이루는 것이며 전자의 발전의 과정은 차츰 이전 단계의 구조가 분화되어 현재의 단계가 준비되어 가는 모습을 보이는 것이다.

위와 같은 생각을 갖는 인지발달이론은 교육적인 측면에서 매우 중요한 시사점을 주고 있다. 아동의 사고는 내적이나 외부 환경의 작용에 의해서만 형성되는 것이 아니라 그 상호작용에서 형성된다는 것이다. 따라서 피아제는 직관주의도 아니며 경험주의도 아닌 '상호작용주의(interaction)'라는 특징을 갖는다.

피아제는 모든 아동들이 같은 순서의 지적 발달 단계를 거치고 개인의 능력에 따라 차이는 조금씩 있을 수 있으나 주변 세계에 대해 순응해 갈 때 발달 단계 순서대로 발달하는 것은 거의 동일하다고 하였다. 아동의 인지구조가 질적인 변화에 의해서 발달이 이루어진다고 주장하고, 인지발달의 단계를 연령에 따라 감각운동기, 전조작기, 구체적 조작기, 형식적 조작기의 넷으로 나누어 설명하고 있다.

<표 2> 피아제가 주장하는 정신적 단계

단 계	나 이	특 징
감각운동기 (Sensory-motor Period)	출생에서 2세	구체적 물체의 조작. 아동은 운동을 조절하는 것과 구체적 물체에 대해 학습하는 것과 관련되어 있다.
전 조작기 (Preoperational Period)	2세에서 7세	기호의 조작. 아동들은 언어적 기능을 미리 갖고 있다. 이 시점에서 아동들은 물체에 이름을 붙일 수 있고, 직관적으로 추론한다.
구체적 조작기 (Concrete Operational Period)	7세에서 12세	분류, 관계와 수 그리고 추론하는 법을 익힘. 아동들은 수와 관계와 같은 추상적 개념을 다루기 시작한다.
형식적 조작기 (Formal Operational Period)	12세에서 15세	사고(思考)를 수행. 아동은 논리적이고 체계적으로 추론하기 시작한다.

피아제는 교육의 목표를 이렇게 규정하고 있다. 교육한다는 말은 곧 아동을 성인의 사회적 환경에 적응시키는 것, 다시 말하면 교육은 개인의 심리-생리적 구조를 사회적 공동체가 의식적으로 어떤 가치를 부여하는 집합적 현실(the collective relation)과 관련하여 변화시키는 것이다. 따라서 교육에 의해서 구성되는 관계에는 두 가지의 항목이 있다. 그 한편에는 성장하는 개인이 있고 다른 한편에는 교육자가 그 방향으로 그 개인을 입문시킬 의무를 지니는 사회적, 지적, 도덕적 가치가 있다는 것이다. 따라서 피아제 이론에 입각한 교육의 궁극적인 목표는 도덕적, 사회적, 신체적, 인지적 영역의 전반적인 발달을 통한 전인적 인간발달의 실현에 둔다.

결국 교육의 주된 목표는 다른 세대가 이룩한 것을 단순히 반복하지 않고 새로운 것을 할 수 있는 사람, 즉 창의적이고 새로운 것을 발견해 내는 사람을 창출하는 것이다. 교육의 두 번째 목표는 비판할 수 있고 검증할 수 있고 그들에게 제공되는 어떤 것이라도 무조건 받아들이지 않는 정신을 형성시키는 것이다.

피아제는 아동에 대한 이미지에서부터 몇 가지 함축적인 교육원리를 제시하고 있다.

첫째, 교육의 주요한 문제는 의사소통이다. 피아제의 이미지에 따르면 유아의 정신은 텅 빈 석판이 아니라, 환경과의 상호작용을 통하여 스스로 지식을 구성하는 능동적인 것이다. 그래서 유아를 교육시키기 위한 첫 번째 필수조건은 그들과 의사소통하기 위한 효율적인 양상을 발달시키는 것이다.

둘째, 아동은 새로운 지식을 전적으로 받아들일 뿐 아니라 항상 재학습한다는 점이다. 아동은 공간, 시간, 인과관계, 량, 수에 대한 그의 아이디어를 갖고 학교에 오지만 이것은 어른의 것과 비교해서 불안전하다. 그러므로 교육 개념은 새로운 자료를 학습하도록 그들을 돕고, 거기에 덧붙여서 현존하는 지식을 수정하도록 도와야 한다.

셋째, 아동은 본래 지식을 획득해 가는 피조물(인간)이라는 점이다. 알고자 하는 욕구는 아동 본성 중의 하나이기 때문에 교육은 아동에게 지식을 향한 열정을 주입시킬 필요가 없다. 교육은 지나치게 엄격한 교육과정으로 인하여 아동자신의 학습속도를 혼란시켜서 알고자 하는 진지한 열망을 둔화시키지 않도록 해야 한다.

인지발달적 접근에 의한 교육과정의 예로서 입실장치 프로그램의 목표와 내용들은 사회, 정의적 목표상 정의적 요인 없이 인지활동이 있을 수 없으며 인지적 요소 없이는 어떤 정의적 상태도 상정하기 어렵다고 본다. 인지와 정의의 관계에 대해 정의적인 측면은 지적 기능을 작용하게 하는 에너지를 제공하는 것으로 설명한다. 지능을 더 활용하면 할수록 그것은 더 발달하게 된다.

다음과 같은 사회, 정의적 목표들은 그 자체로 중요할 뿐 아니라 어린이의 인지발달을 위해 핵심적인 요인이 된다.

〈표 3〉 인지발달을 위한 핵심적인 요인

또래 간의 관계	다른 어린이의 감정과 권리를 존중하는 능력
	다른 사람과 의견을 듣고 의견을 교환하는 능력
성인과의 관계	성인의 말에 수긍하고 협력하며 우정과 지도와 정보의 근원으로 여기고 활용할 수 있는 능력
	자신의 행동을 스스로 통제할 수 있는 능력, 계획을 세우고 결정하며 어떤 일을 성취해 내고 자신의 행동을 평가하는 것을 배움으로써 어린이들도 자신의 행동을 조절하는 것을 배우게 된다.
	당면하는 상황에 적응하는 능력, 상황을 평가하고 스스로 적절한 결정을 내리는 것을 배움으로써 수동적으로 지시를 기다리기보다는 독립성을 발달해 가게 된다.
학습영역	적극적인 지적 능력은 그것을 활용함으로써 발달된다. (적극적인 활동이란 지적으로 활성화되는 상태를 말한다)
	호기심과 탐구심을 갖도록 한다.
	자신감을 갖도록 한다.
	다양하고 확산적인 사고를 하도록 한다. 하나의 정답을 찾기보다는 여러 방법과 대안을 낼 수 있도록 한다.

위에서 같은 목표에서 나타난 능력과 성향을 갖게 되면 어린이는 일생을 거쳐 스스로 얼마든지 학습해 갈 수 있게 될 것이다.

피아제의 견해에 의하면 교사는 평가자, 조직자, 자극을 주는 사람, 그리고 협력자여야 한다. 평가자로서의 교사는 아동이 당면해 있는 발달과정을 이해하고 평가하기 위하여 아동발달 및 정신발달에 관한 확고한 심리학적 지식을 가지고 있어야 한다. 이러한 심리학적 지식에 일치하는 교육 프로그램을 운영하는 데는 활동을 선택하고 조직하며 아동의 추리를 자극하는 데 필요한 기술뿐만이 아니라, 아동과 평등한 관계를 맺고 안내하는 조언자인 동시에 친구가 되어주는 능력도 필요하다. 또한 교사의 역할을 능동적인 간섭(개입)자로 보기도 했다. 바람직한 것은 교사가 강의자로서 기성의 해결방법을 전달해 주는 데 만족하는 사람이기를 그만두는 것이다. 그의 역할은 오히려 주도성과 연구를 자극하는 조언자 역할이어야 한다고 덧붙였다. 피아제는 간단히 "교사는 결코 '설교자'가 되어서는 안 된다. 그는 협력자가 되어야 하며, 만약 그럴 수 있는 소질만 있다면 단지 아동의 동료가 되어야 한다."고 썼다.

성공적 교사는 세련된 기술과 어떤 기본적인 개성에 덧붙여서 교사의 전문적 기술을 효과적으로 적절하게 사용할 수 있도록 이끌어 주는 교수와 아동에 대한 방향을 필요로 한다. 피아제는 교사들에게 가치 있는 방향을 제시하는데 이 방향은 의사소통, 평가, 헌신의 3가지 원칙을 포함한다.

먼저 효율적인 교육이란 교사와 학생 간의 의사소통을 목적으로 한다는 것이 이미 제안되어 왔다. 아동세계와 어른세계의 관점 차이를 아는 교사는 그것을 모르는 교사보다 더 성공적으로 의사소통하고 교육시킬 수 있을 것이다. 유아와의 의사소통을 위해서는 교사가 유아사고의 기발함과 변화에 민감하도록 훈련받아야 한다. 만약 교사가 그녀의 책임을 진실로 이해하고 실천하기를 원한다면 모든 정도의 의사소통에 민감해져야 한다. 피아제 연구의 함축적인 의미는 교사가 아동의 언어적 표현뿐만 아니라 비언어적 표현을 이해하도록 훈련되어야 한다는 점이다.

첫째, 아동의 실제적이고 능동적인 활동이 중요하다. 아동은 구체적인 활동을 통하여 가장 잘 학습한다는 점이다. 아동을 이해하기 위해서는 행위를 해야 한다. 학습도 역시 구체적 활동을 통하여 이루어진다. 구체적인 사물을 접함으로써 새로운 도식(예: 새로운 개념)이 발전하고 또 지금껏 접하지 못한 사물에 접하게 되었을 때 기존의 도식을 변화시키거나 2개 이상의 도식을 이용하여 조절작용이 생긴다. 이리하여 도식은 점차 정밀한 지식구조를 갖추게 된다. 이런 점에서 사고를 발달시키기 위해서는 구체적인 사물을 제시하는 활동중심의 학습이 필요하다.

둘째, 인지발달 단계에 맞는 학습활동이 필요하다. 아동들은 환경과 사람과 상호작용을 하면서 스스로의 인식을 구성하여 나가는 것이며 일방적인 경험을 아동에게 주입한다 하여도 사고를 만들어 낼 수 없다. 이런 점에서 피아제의 생각은 조건 부여나 강화에 의한 훈련, 일방적인 교수에는 비판적이다. 아무리 정밀한 정보를 제공하더라도 적절한 인지 구조가 되어 있지 않으면 아동은 옳게 정보를 처리하지 못한다. 따라서 아동의 인지발달 단계를 고려하여 아동이 인식할 수 있는 수준의 적절한 정보가 제시되어야 한다.

셋째, 사회적 상호작용을 통한 사고발달이 중요하다. 물리적인 환경만이 아동들에게 유일한 학습의 방도를 제시하는 것은 아니다. 또래집단에서 친구들과의 놀이를 통해 일방적이고 자기중심적인 생각을 탈피하고 보다 사회화된 사고로 발달할 수 있게 되면 성인의 권위에 의존하지 않는 자율적인 도덕 판단이 가능하게 된다.

따라서 사회적 활동의 장(예: 놀이)을 아동들에게 제공해 주는 일도 지성적인 발달을 촉진시킬 뿐 아니라 인지, 도덕적 발달에도 도움이 된다. 이러한 경험은 아동들에게 사회학습의 기회를 주게 된다. 그러므로 교실에서 침묵을 강요하는 대신 적절한 회화와 의논과 같은 기회를 제공해주는 경험이 특히 강조되어야 한다.

참고문헌

박성경, Piaget의 인지발달론에 의한 유아음악 교육에 관한 연구, 연세대학교 교육대학원 석사학위논문, 2005

C.S.Lavateli, 삐아제식 유아교육과정, 서영숙 역(계명대학교 출판부), 1982, P.15 – 17

권준모, 심리학과 교육, 서울: 학지사, 1998. P.51

E.J.Wadsworth, 피아제의 인지발달론, 정위태 역, 서울: 배영사, 1991, P.37

김현근, 피아제 열린교실연구 응용학회지, 제2집, 제1호, 1994, P.101 – 102

권준모, 심리학과 교육, 서울: 학지사. 1998, P.59

원지영 J.Piaget와 인지발달이론에 따른 효과적 음악감상. 경희대학교 교육
　　　대학원 석사학위논문, 2001, P.24-26
서내정, 피아제의 인지발달이론에 의거한 현악합주지도연구-초등학교 4학년
　　　을 중심으로 경희대학교 교육대학원 석사학위논문, 2002 P.22-23

4. Piaget 교육

    piaget는 1896년 8월 9일 스위스의 뇌샤텔에서 태어났다. 그의 아버지는 '근면하고 비판적인 정신의 소유자'로 중세 역사 학자였으며 아들 piaget에게 아주 세부에까지 미치는 체계적인 사고의 습관을 전해 주었다. 그의 어머니는 아주 지적이고 독실한 종교인이었다. 가정 분위기로 인하여 piaget는 일찍부터 기계, 새, 화석 및 바다, 조개껍데기에 흥미를 가진 진지한 작은 소년이었다.

    그는 어릴 때부터 과학자로서의 소질을 보여주었다. 그의 유명한 일화의 예로 그가 10세 때에는 공원에서 본 백변종 참새에 대한 논문을 썼던 것을 들 수 있다. 그가 11살 때, 알비노(Albino)라는 참새의 서식을 관찰하고 글을 써서 뇌샤텔의 박물학 학술지에 기고했다는 것 또한 너무나 잘 알려진 일이다. 이처럼 그는 어린 시절부터 자연현상에 남다른 관심을 가지고 자연 속에 서식하는 새, 물고기 등의 행동을 관찰하곤 했다. 어린 시절부터 생물학에 비범한 재능을 보인 그는 나이 21살인 1918년에 생물학으로 박사학위를 받았다.

    생물학에 비범한 재능과 흥미를 보인 piaget의 시야가 그의 대부인 Samuel Cornut가 보기에는 너무 생물학에만 국한되어 있다고 느꼈다. 그래서 Cornut는 piaget에게 Bergson의 철학을 소개하게 되었는데, 이것이 piaget로 하여금 충격을 받게 하고 생물학 이외의 다른 학문분야에 관심을 갖게 된 중요한 계기가 되었다.

철학, 종교, 논리학에 이르기까지 그의 관심분야가 넓혀졌고 다시, 여러 학문 영역과의 접촉은 piaget로 하여금 지식구성에 관한 철학적 명제인 인식론에 관심을 가지게 했다. 따라서 그는 지식은 무엇인가, 또 그것은 어떻게 획득되는가라는 학문의 가장 기본적인 질문에 답을 찾고자 노력하게 되었다. 그 결과, 그는 '**하나의 관념은 관념일 뿐이고, 하나의 사실은 사실일 뿐이다**'라는 판단을 내리게 되었다. 다시 말하면 이 문제를 해결하기 위한 철학적인 접근은 너무 사변적이고, 과학적인 접근은 너무 사실적이어서 그 어느 하나를 가지고는 이 문제의 해답을 찾을 수 없다는 것을 알게 되었다. 필요한 것은 이 두 학문을 연결시킬 수 있는 다른 무엇이라는 결론을 내리고 그 다른 무엇으로써 심리학을 택하게 되었다.

심리학을 공부하기로 결심한 그는 처음에 프로이드의 정신분석학에 심취하여, 1920년에 「정신분석학과 아동심리학」이라는 논문을 발표했으며, 그다음 해에 프랑스의 파리로 가서 2년 동안 논리학, 인식학, 철학 그리고 이상심리학 등을 연구하게 되었다. 그때 그는 파리에 있는 Simon과 함께 지능문제에 관해서 연구하게 되었는데, 연구과제는 표준화 추리검사를 개발하는 것이었다.

표준화 추리검사는 모든 아동에게 동일한 문항을 주어 모든 아동이 이에 반응하도록 요구된 검사이다. 여기에서 그는 중요한 사실을 발견하게 되었다. 즉 아동의 오답이 연령에 따라 비슷하다는 것을 알았다. 동일한 연령의 아동은 비슷하게 틀린 답을 하고 또 아동의 대답 유형도 연령에 따라 서로 다르다는 것을 알게 되었다. 따라서 그는 나이 든 아동이 어린 아동보다 단지 영리한 것이 아니라, 이들 사고의 질이 서로 다르다는 결론을 내리게 되었다. 따라서 그는 아동의 지능문제가 아동의 사고구조를 규명하는 방향으로 연구되어야 하며, 지능 연구의 방법으로서는 표준화 검사방법은 부적당하며 비구조화된 임상적 방법이 효과적이라고 판단하게 되었다. 또한 자신의 자녀가 태어나자 그는 자신의 자녀를 세밀하게 관찰하고 행동들을 연구하였다.

1940년 초에 piaget는 다시 아동 및 청년에 대한 연구를 하게 되었지만 이때는 수학적 과학적 개념에 대한 아동의 이해에 초점을 두었다. 마침내 1950년대에 piaget는 인식론의 철학적인 문제들로 관심을 바꾸었다. 물론 아동의 인지발달 연구는 계속되었다. 이후, 그는 임상학 연구방법을 사용해서 아동의 인지과정을 이해하는 일에 몰입하다가 1980년 9월에 작고하였다.

독창적이면서도 놀랄 만한 그의 이론들이 미국에서는 계속 간과되어 오다가 1930년경에 한 차례 돌풍을 일으키곤 곧 잠잠해졌다. 그러다가 1955년경에 다시 그의 이론에 대한 연구가 활발하게 부활하기 시작했다. 현재는 많은 연구의 이론적인 기초역할을 하고 있으며 특히 유아교육의 이론적 지주 역할을 하고 있다.

5. Piaget의 인지발달

1) 배 경

인간의 지능에 대한 탐구는 주로 지능의 구조와 요인을 밝히며 지적 능력을 양적으로 측정하려는 것이었다. 그러나 Piaget는 인간의 지적 발달이 인간의 각 단계에 따라 질적으로 다르게 일어난다고 생각하였고, 인간이 어떻게 정보를 수집하고 조직함으로써 그들의 환경을 의미 있게 하는가를 기술하는 모형을 고안하여 인간 사고의 발달 단계를 기술하였다.

1920년부터 1960년까지 심리학은 행동주의 심리학이 주류를 이루며 인간의 발달이 주로 환경에 의해 영향을 받는다는 것으로, 인간의 발달과 행동이 생물학적으로 결정된다는 것을 부정하며 연령의 증가나 발달 단계보다는 인간이 처해 있는 환경적 영향에 관심을 두었다.

1960년대에 들어서 인간은 자신의 경험을 스스로 조직할 수 있는 능동적 존재라는 주장을 바탕으로 Piaget의 이론이 인정을 받기 시작했다.

2) 내 용

(1) Piaget 이론의 기본적 개념

인간 학습에 대한 piaget의 접근은 생물학적 배경을 바탕으로 하고 있다. 듀이와 같이 piaget는 인간의 사고, 학습능력을 적응의 일종이라고 생각했다. 특히 그는 자신의 세 자녀를 대상으로 출생 직후부터 전 과정을 집중적으로 관찰 연구하였다.

piaget는 사고와 학습의 기능에 대해 그것을 가능하게 해주는 인지구조, 정신구조의 측면에서 접근하고 있다. 갓 태어나 빨고 우는 등의 몇 가지 반사반응만을 가지고 있던 아기가 몇 년 내에 걷고, 말하고, 생활하며, 높은 문제해결 능력을 갖게 된다. 어린이는 지속적으로 인지구조를 구성하게 되는데, 처음에는 물건을 잡고 들고 하는 등의 신체적 움직임의 협응 능력을 기르고 이후 복합적인 구조를 형성해 가는 이러한 과정은 그의 인지발달 단계에 잘 나타나 있다. 이러한 것들은 몇 가지 기본 개념을 살펴보게 되면 확연하게 드러남을 알 수 있다.

piaget이론의 기본개념인 piaget의 인지발달이론을 소개하기 전에, 먼저 인지발달이론의 기본적 개념을 살펴보자.

지 능

piaget의 인지발달이론이 지능연구에서부터 시작되었음을 앞에서 지적했다. piaget가 지능연구를 수행하던 시절인 1920년대에는 지능에 관한 체계화된 이론을 찾아보기 어려웠다고 한다. 그 시대의 많은 학자들이 지능을 비교적 고정적인 것으로, 그러면서도 막연하게 개인의 능동적인 조작의 체제로 정의하고 있다.

piaget는 지능을 융통성 있고 포괄적으로 정의하고 있다. piaget는 지능을 **"생물학적 적응 방식의 특수한 예"**라고 말하였는데, 이는 개인이 그의 환경과 효과적으로 상호작용하는 과정을 지능이라고 하고 있는 것이다. 또 한편으로 piaget는 지능을 "모든 **인지 구조가 지향하는 평형의 상태**"라고 정의하였다. 이는 환경이 인지 구조의 평형을 깨뜨릴 때 개인은 균형을 회복하려는 어떤 정신적 활동을 하게 되는데 이것이 지능이라는 것이다. 또 다른 정의는 "**지능은 역동적인 조작의 체계**"라는 것이다. 그는 지식은 외부로부터 주어지는 것이 아니라 아동 자신의 활동에 의해 발견 구성되는 것으로 믿고 있다. 따라서 지능이란 아동의 주변 세계와 상호작용하는 정신적 활동이 되는 셈이다.

이상의 정의에서 piaget는 지능을 **생물학적인 적응형태** 또는 **정신적 활동**으로 보고 있으며, 개인차를 고려하지 않고, 정서에 별다른 강조를 두고 있지 않다.

도 식

도식은 생물학적인 지식에서 빌려온 개념이다. 인간 유기체는 환경을 변화시키고 환경에 적응하는 생물학적인 구조를 가지고 있다. 소화기관의 예를 들어보면, 영아에게 소화되기 쉬운 음식이 주어지면, 영아는 쉽게 음식을 먹고, 소화를 잘 시킬 것이다. 그러나 어른이나 먹을 수 있는 딱딱한 음식이 주어진다면, 소화는커녕 먹지도 못할 것이다. 이 음식을 먹고 소화시키기 위해서는 음식이 바뀌거나 영아가 어른의 소화기관으로 바뀌거나 둘 중 하나여야 한다.

도식은 소화기관과 같이 생물학적인 구조에 비유될 수 있는 것으로서, 인간으로 하여금 사고를 조직하게 하고 환경에 적응하게 하는 심리적 구조이다. 소화기관이 연령에 따라 달라지듯이, 인간이 행동 및 사고를 조직하고 환경에 적응하는 성향도 연령에 따라 달라지기 마련이다. 이것은 아동의 심리적 구조가 아동 자신의 경험적 활동에 의해 후천적으로 학습된다는 것을 의미한다. 따라서 도식이란 한마디로 **아동 자신의 경험적 활동에 의해 조직화한 행동양식**이라고 말할 수 있다.

평형화: 동화와 조절

piaget의 이론에 의하면, 아동의 사고는 두 가지 과정을 통해서 발달해 나간다. 즉 동화와 조절의 과정이다. 동화란 새로운 정보가 들어왔을 때, 현존해 있는 도식이 이를 잘 받아들여 새로운 정보를 잘 융합시키는 것을 말한다. 그러나 잘 융합될 수 없을 때, 아동은 자신이 가지고 있는 현재의 도식을 수정해서 새로운 정보를 현존하는 도식과 융합시키게 된다. 이러한 과정을 조절이라고 한다.

동화와 조절은 상보적인 형태로 동시에 일어나게 된다. 즉 어떻게 할 것인가라는 문제에 직면했을 때, 이미 알고 있는 지식을 적용시키는 동화의 과정과, 무엇인가 새로운 방법을 획득하는 조절의 과정이 우리의 사고과정에서 동시에 일어나고 있는 것이다.

인간은 자신의 심리적 구조를 일관성 있고 안정된 행동양식으로 조직하려는 경향이 있다고 piaget는 말하였다. 다시 말하면, 인간 유기체의 심리구조는 평형의 상태를 유지하려는 경향이 있다는 말이다. 여기에서 평형이란 개인의 정신적 활동과 환경 간의 균형의 상태를 의미한다. 쉽게 동화될 수 없고, 조절할 수 없는 새로운 정보가 들어왔을 때, 개인의 심리 구조는 평형을 잃어버리게 된다. 평형을 잃어버린 상태의 개인의 심리구조가 다시 평형화되었을 때는 보다 높은 차원의 심리구조가 획득된 상태이다. 다시 말하면, 평형화를 통한 심리구조의 재구성이 이루어졌다는 뜻이다. piaget는 이런 평형화의 원리를 인지발달의 주요 원리로 보고 있다.

3) piaget의 인지발달이론

piaget는 동화와 조절이라는 적응의 과정을, 심리구조의 재구성을 이룩함으로써 인지발달이 이루어져 간다고 설명하고 있다. 그렇다면, 심리구조의 재구성을 이룩함에 있어서 촉진제 역할을 하는 요소들은 무엇인가? 즉 어떻게 인간의 인지발달이 이루어지는가? 인지발달을 촉진하는 요소는 무엇인가? 이에 대해 piaget는 인간발달은 타고난 유전적 기질과 환경과의 상호작용의 결과라고 말함으로써 인지발달에 필요한 세 가지 변인을 암시하고 있다. 그것은 성숙, 물리적 경험, 사회적 상호작용으로 요약될 수 있다.

첫째, 성숙은 주어진 단계에서 인지발달의 가능성과 불가능성의 한계를 규정해 준다.

둘째, 물리적 경험은 감각적인 경험과 신체적인 활동이 사고나 정신적 조작을 통해 내재화되는 것을 말하는데, 감각적 경험이나 신체적 활동의 내재화가 없이는 인지발달이 어려울 것이다.

셋째, 사회적 작용은 인지발달을 촉진시키는 세 번째 요인이다. 가령 테이블이 딱딱하고, 매끄럽다는 것을 우리는 감각이나 신체활동의 내재화를 통해서 알 수 있다고 하지만, 테이블에 앉아서 밥을 먹는다거나 테이블 위로 걸어 다녀서는 안 된다는 사회적 지식은 어떻게 획득할 것인가? 이것은 아이디어의 교환, 즉 사회적 상호작용을 통해서 얻어지는 것이다.

piaget는 위의 세 변인 중 어느 하나라도 결핍되었을 때 지적 발달은 지연된다고 믿고 있다. 성숙, 물리적 경험, 사회적 상호작용을 통한 인지발달의 개념화를 위해서 piaget는 네 가지 단계로 구분하여 설명하고 있다. 그것은 **감각 운동기, 전 조작기, 구체적 조작기, 형식적 조작기**이다.

piaget는 이 4단계의 인지발달이 개인의 지능이나 사회 환경에 따라 각 단계에 도달하는 개인 간 연령의 차이는 있을 수 있으나, 발달 순서는 결코 뒤바뀌지 않는다고 가정하고 있다. 또한 각 단계는 주요 행동양식으로 설명될 수 있는 전체적인 심리구조로 특징지어진다. 각 단계는 전 단계의 심리적 구조가 통합된 것이며, 다음 단계의 심리적 구조

에로 통합될 준비과정이기도 하다. 이것은 각 단계의 사고과정은 서로
다르며 시간이 경과함에 따라 더욱 복잡하고, 객관적이고, 타인의 관점
을 생각하는 방향으로 발전하게 된다는 뜻을 가지고 있다.

그러면 이제부터 위의 4단계에 대해서 자세히 알아보자.

(1) 감각운동기(sensorimotor period: 0-2세)

이 시기는 출생해서 약 2세까지를 말한다. piaget가 이 시기를 감각
운동기라고 한 것은 이 시기의 영아가 자신의 감각이나 손가락을 입에
넣고 빠는 등의 운동을 통해서 자신의 주변 세계를 탐색한다는 사실에
연유한 것이다. 다시 말하면, 이 시기의 영아는 새로운 정보를 얻기 위
해 자신의 감각을 사용하고 새로운 경험을 찾기 위해 운동능력을 사용
하고자 애쓰는 시기라는 뜻이다. 그 결과 반사활동에서부터 제법 잘
조직된 활동을 할 수 있기까지 간단한 지각능력이나 운동능력이 이 시
기에 발달한다고 한다. 이 시기의 주요 발달과업으로서는,

- 주변의 여러 대상물로부터 자신을 분리시키기
- 빛과 소리 자극에 반응하기
- 흥미 있는 일을 계속하기
- 조작을 통한 물체의 속성 알기
- 대상 영속성의 개념 획득하기 등을 들 수 있다.

piaget는 감각운동기를 다시 6가지의 소단계로 구분하고 있다.

단계1은 출생에서 처음 한 달 동안의 시기이다. 이 시기의 영아의
활동은 주로 빨기, 울기, 미발달된 운동 등과 같은 반사활동으로 이루
어진다. 빨기 반사도 하나의 도식인데, 영아는 여러 가지 물체를 입에
닿는 대로 빪으로써 자신의 빨기 도식을 연습하고, 물체에 대한 정보

를 동화시키고자 노력한다. 한편으로, 젖을 빨기 위해 고개를 드는 등 음식을 획득하기 위해 열심히 자신의 행동을 수정하는 조절의 과정도 아울러 발견된다.

단계2는 1개월에서 4개월의 연령에 해당하는 시기이다. 기본적, 유전적인 도식의 정교화가 시작된다. 예를 들면 손가락이나 숟가락 등을 입으로 가져가서 유전적 도식인 빨기 도식을 이용해서 계속 빪으로써 빨기 도식이 더욱 정교화된다. 또 빨기를 계속함으로써 습관을 형성한다. 의도적인 듣기와 보기도 시작된다.

단계3은 4개월에서 8개월에 해당하는 시기로서 인과관계의 법칙을 발견하기 시작한다. 예를 들면, 딸랑이를 흔들면 소리가 난다는 사실을 알게 되는 것을 말한다. 여기에서 발견될 수 있는 중요한 원리는 경험을 많이 하게 되면, 인지가 더욱 발달된다는 것이다.

이 시기의 두 번째 특징은 물체를 따라 눈을 움직이기 시작하는 것이다. 그러나 물체가 시야 밖으로 사라지면 더 이상 찾지 않는다. 쉬운 표현으로 '여기, 지금'의 사실에만 관심이 있을 뿐 미래의 사실은, 비록 가까운 미래일지라도 관심 밖의 일이다.

단계4는 8개월에서 12개월에 해당하는 시기이다. 이 시기의 가장 중요한 특징으로서는 대상영속성 개념의 획득이다. 예를 들면 전 단계에서는 영아가 물체를 따라 눈을 움직이다가, 물체가 보이지 않으면 더 이상 관심을 두지 않았으나 이 시기가 되면 더 이상 보이지 않는 물체를 찾게 된다. 공을 가지고 놀다가 영아가 보는 앞에서 이불 속으로 공을 숨기면 이불을 들치고 공을 찾아낼 수 있게 된다. 이것은 물체가 눈에 보이지 않아도 물체가 존재한다는 개념의 획득 때문이다.

단계5는 12개월에서 18개월에 해당하는 시기이다. 조직 활동이 활발하게 되고, 새로운 것들에 관심이 끌리는 시기이다. 전에 늘 가지고 놀던 인형, 공, 블록 등의 장난감을 다른 방법으로 사용하기 시작하고, 남의 흉내를 내기 시작한다.

마지막 **단계6**은 18개월에서 24개월에 해당하는 시기이다. 사고가 시작되는 시기이며, 현존하지 않는 사람이나 대상에 대해 정신적 이미지를 형성하기 시작하는 시기이다. 따라서 이 시기의 영아는 자신을 다른 사람과 분리시켜 개인으로서의 자신을 조금씩 알게 된다.

감각-운동기말의 인지적 특징
① 대상을 지각하고 식별함
② 물체의 모양이 보는 지점에 따라 변하는 것처럼 보여도 변하지 않는다는 것을 인식함
③ 대상의 불변성을 인식하고 그 자신을 하나의 대상으로 인식함
④ 양친과 여러 가지 동물을 식별함
⑤ 대상의 이름을 앎
⑥ 대상을 다루는 schemes이 발달함
⑦ 초보적 방향감각
⑧ 없어진 물건을 찾음
⑨ 사물에 대하여 간단한 실험을 하여 그 성질을 학습함
⑩ 목적을 달성하기 위하여, 예를 들어 물체를 얻기 위해 수단을 씀
⑪ 단지 주변 공간만을 해석함
⑫ 현재시각과 사건의 계열 및 지속성을 인식함
⑬ 언어가 나타나기 시작하며 표상적 사고가 가능함

(2) 전조작기(preoperational period: 2-7세)

이 시기는 2-7세까지의 연령에 해당하는 시기이다. piaget는 이를 전개념기와 직관적 사고기의 두 소단계로 다시 구분하고 있다. 전개념기는 2-4세까지로 보고 있으며, 직관적 사고기는 4-7세까지로 보고 있다.

2-4세에 해당하는 전개념기의 유아는 개념발달을 위해서 다양한 언어활동과 신체활동에 참여하는 시기이다. 이 시기의 유아들은 자기중심

적이며, 흔히는 잘못된 개념, 현실에 위배되는 개념들을 가지고 있다. 이 시기 유아들의 개념획득에 가장 결정적인 것은 다양한 언어활동과 신체적 활동을 통한 경험이다. 전개념기에 있는 유아들의 특징으로서는,

- 자기중심적이다. 즉 다른 사람의 관점에서 사물을 이해할 수 없다.
- 눈에 똑똑히 보이는 한 가지의 사실에만 기초하여 사물을 분류할 수 있다.
- 하나의 준거에 의해서만 물체를 수집할 수 있다. 예를 들면, 여러 가지 단추들 중에서 동그랗게 생긴 것들만은 가려낼 수는 있지만, 동그랗고 빨간 단추는 가려낼 수 없는 것과 같다.
- 사물을 단계별로 배열할 수 있다. 그러나 바로 경험하지 않는 사물을 추리해서 배열할 수는 없다. 예를 들면, 연필을 길이가 긴 순서로 배열할 수는 있지만, a는 b보다 길고, b는 c보다 길다. 그러니까 a 는 c보다 길다고 추리할 수는 없다.

전조작기의 두 번째 단계는 **직관적 사고기**이다. 이 시기는 4세에서 7세에 해당한다. 이 시기 유아의 판단은 언어화되지 않는 모호한 인상이나 지각적인 판단에 의존한다. 상징적 매체, 즉 언어가 개입되지 않은 직관에 의존하기 때문에 이 시기 유아의 사물에 대한 판단은 흔히 잘못된 것이 많다. 예를 들면, 마주하고 있는 선생님이 "오른손을 드세요" 하면서 오른손을 들면 유아는 선생님의 말은 무시하고 선생님의 오른손은 자기의 왼손 방향에 있으므로 왼손을 들곤 한다. 따라서 이 시기를 직관적 사고기라고 말한다. 이 시기 유아들의 특징은 다음과 같다.

- 사물을 분류할 수 있다. 그러나 반드시 그것을 이해하는 것은 아니다.
- 논리적 관계를 이해하기 시작한다.
- 수의 개념을 사용하기 시작한다.
- 보존성의 원리를 어렴풋이 이해하기 시작한다.

전조작기의 인지적 특징

① 가역적 사고 곧 조작적 사고를 할 수 없다.

② 자기중심적

③ 4세까지 놀이에서 규칙을 따르지 않는다.

④ 언어가 발달하지만 자기중심적, 접속사를 거의 사용하지 않음

⑤ 수 세기를 할 수 있지만 수 개념이 정확하지 않음

⑥ 사고가 정적, 상황에 따라 전환되는 조리가 서지 않은 사고를 한다.

⑦ 환상과 실제를 구분하지 못한다.

⑧ 무생물에 생명체의 특성 부여

⑨ 인간이 산이나 호수, 달 태양 등을 창조하였다고 믿는다.

⑩ 의사학습상태를 나타낸다.

⑪ 현재, 미래, 과거를 인식하지만 지속적이 못 된다.

⑫ 공간개념이 집, 정원, 이웃으로 확장

⑬ 정사각형이나 삼각형 등을 모서리가 둥근 폐곡선으로 그린다.

⑭ 보이는 대로 그리지 않고 알고 있는 것을 그린다.

⑮ 보존문제를 해결하지 못한다.

(3) 구체적 조작기(concrete operational period: 7-11세)

이 시기는 6, 7세에서 11, 12세에 해당하는 시기이다. 구체적인 문제에 대한 논리적 사고가 가능한 시기이다. 특정사실에 따라 사물을 분류할 수 있게 된다. 따라서 이 시기의 아동은 사물을 위계에 따라 분류하는 것이 가능하다. 예를 들면, 이 시기 아동에게 한 움큼의 5원, 10원, 100원, 500원 짜리의 동전을 쥐어 주면, 액수대로 분류하고, 이 것들의 포괄성을 충분히 이해할 수 있게 된다. 그러나 이러한 것은 실제로 돈을 손에 쥐어 주었을 때만 가능하다. 돈을 손에 쥐지 않고, 머릿속으로만 조작하기에는 제한이 있다.

또, 이 시기는 양, 무게, 부피의 보존 개념을 확실하게 획득할 수 있

다. 보존개념을 획득한다는 것은 상보성, 가역성의 원리를 충분히 이해한다는 뜻과 같다. 전조작기의 자기중심적 사고는 이 시기에 와서 탈중심적 사고로 바뀌게 된다.

보존논리에는 3가지가 있다:

첫째, **identity(동일성)** ─ 더 붓거나 더 덜지 않았으므로 액체의 양은 같다.

둘째, **compensation(보상성)** ─ 하나의 변화가 다른 변화로 인하여 서로 상쇄된다.

셋째, **inversion(역조작)** ─ 그대로 다시 부을 수 있으니까 같다.

구체적 조작기의 인지적 특징

① 가역적 사고 가능

② 결합, 분리, 정열, 곱하기, 나누기, 대입, 대응과 같은 기본적인 조작이 발달

③ 분류가 가능하고 전체와 부분 사이의 관계를 이해

④ 실제적 경험과 관련된 추론을 한다.

⑤ 수 개념을 인식하고 측정이 가능

⑥ 양, 무게, 넓이, 부피 개념을 인식

⑦ 사회의 규칙과 논리를 받아들인다.

(4) 형식적 조작기(formal operational period: 12세─성인)

12세경의 사춘기에서 성인기에 접어들기까지를 형식적 조작기라고 명명한다. 형식적 조작기의 가장 중요한 특징은 추상적인 사고가 가능하다는 사실이다. 추상적 사고란 융통성 있는 사고, 효율적인 사고, 복잡한 추리, 가설을 세우고 체계적으로 검증하는 일, 직면한 문제 사태에서 해결 가능한 모든 방안을 종합적으로 고려해 보는 일 등과 같은 것을 말한다.

형식적 조작의 사고가 가능한지 알아보는 것으로서 piaget가 고안한 유명한 실험은 고전적 물리학에 관한 문제인데 추의 진동에 관한 것이다. 길이, 무게, 높이, 힘 등의 상대적 효과를 잘 고려해야만 대답할 수 있는 문제인데, 이 실험에서 형식적 조작의 사고가 가능한 청소년들은 효과적인 실험을 설계하고, 이를 잘 관찰하여 타당한 결론을 끌어낼 수 있다. 그러나 모든 청소년과 모든 성인이 매사에 형식적 조작을 사용하는 것은 아니다.

또, 이 시기가 되면 청소년들은 처음으로 도덕적, 정치적, 철학적인 생각과 가치문제 등을 이해하기 시작한다. 타인의 사고과정을 이해하고, 다른 사람들은 문제를 어떻게 보고, 어떻게 생각할까 등의 문제에도 관심을 갖게 된다.

형식적 조작기의 인지적 특징
① 가설-연역적 사고를 한다.
② 명제 논리적 사고를 한다.
③ 반성적 사고를 한다.
④ 이상적 사회를 그린다.
⑤ 일반화된 개념적 사고를 한다.
⑥ 조합적 사고를 한다.
⑦ 확률개념을 이해하고 사용
⑧ 공간개념이 우주로 확대
⑨ 무한 개념을 인식
⑩ 은유를 이해
⑪ 자신의 장래 이상을 설계
⑫ 윤리에 대해 의문을 갖는다.

piaget 이론의 의의와 교사의 역할과 교육의 의미
Piaget의 연구는 많은 다른 연구들을 자극했다. 그의 이론은 지금까지 가장 포괄적인 이론이며 아동이 세상에 대해서 사고하고 문제들을 푸는 양식에 대한 많은 연구에 영향을 주었다. 그러나 아마도 Piaget의 모델은 인지발달의 실제 모습이라기보다는 하나의 이상이 아닐까 한다. 특정 아동의 흥미와 능력 그리고 환경적 필요성이 Piaget가 설명 할 수 없는 방식으로 인지발달에 영향을 미치고 있을 것이다. 따라서 인지발달은 단계 간의 '단락 구분이 있는' 일련의 개개의 단계라기보다는 지속적인 과정으로 보는 것이 더 나을 수도 있다.

능동적인 존재로서의 아동을 가르치는 교사의 역할은 어떤 것이어야 할까? 교사는 아동이 여러 가지 물리적 경험과 사회적 경험을 가능한 한 많이 할 수 있도록 기회를 제공해 주어야 하며, 아동 자신이 학습 경험을 선택할 수 있도록 허용해야 한다.

교사는 또 아동이 경험할 수 있도록 기회를 제공할 때, 아동의 인지구조를 충분히 고려해야 한다. 아동에게 제시된 경험의 유형과 아동이 현재 가지고 있는 인지구조 간에 지나친 격차가 있으면 진정한 학습을 기대하기 어렵게 된다.

여기에서 교사로서의 어려운 점은 개인차 때문에 아동의 인지발달 단계를 정확하게 측정할 수 없다는 것이다. 교육방법 및 평가방법이 완전 개별화되기에는 우리나라와 같이 대형 학급을 가진 교사들에겐 더욱 불가능한 일이기도 하다.

이상에서 살펴본 piaget 이론에 의해서 교육의 의미를 생각해 보면,

첫째, 발달이 충분히 이루어지도록 각 시기를 충분히 거쳐야 하는 환경을 제공해야 한다.

둘째, 적절한 시기의 교육이 이루어져야 한다.

그리고 마지막 **셋째**는 발달은 자발적으로 이루어져야 하므로 교육은 개인을 가르치는 것이 아니고 잘 발달하도록 도와주는 것이다. 그래서 piaget 이론은 아동중심교육과 연결된다.

piaget 이론의 비판

piaget의 인지발달이론은 1960년대가 되기까지 미국의 행동주의 심리학자들에게 무시를 당해왔다. 그러나 오늘날 심리학의 주요 관심사는 인지적 요소들에 관한 것이다. 더욱이 많은 심리학자들은 인간의 인지발달은 piaget가 주장한 것처럼 연속적인 단계를 거치면서 발달해 나간다는 사실을 믿고 있다. 물론 일부 심리학자들은 piaget가 인지발달의 각 단계를 알아내기 위해 시행한 몇몇 실험들이 잘못되었음을 지적하고 있지만 그들도 piaget의 이론적인 모형에서 크게 벗어나지 못하고 있다고 한다.

그러나 분명한 것은 piaget의 인지발달이론이 인간의 전 인지영역을 포괄하고 있지 않다는 사실이다. 다시 말하면, 수학적, 과학적 사고의 발달에 관해서는 상당히 언급되고 있지만, 문학, 예술, 음악 등의 정서성이 포함된 인지적 측면들은 전혀 언급되지 않고 있다. 그의 이론을 통해서는 아이들의 공포, 불안, 흥분, 백일몽 등에 관한 지식을 얻기 힘들다. 그러나 오늘날 많은 학자들이 정서발달의 중요성을 인식하고 있으며, 인지발달과 정서발달의 상호관계에서의 규명도 필요하다고 믿고 있다.

이러한 약점에도 불구하고 piaget의 이론이 교육에 주는 시사점은 실로 크다. 그의 이론에서 우리는 학습을 두 가지 의미로 생각할 수 있을 것이다. 그는 동화와 조절이라는 적응의 과정을 통해 심리구조의 재구성을 이룩함으로써 인지발달이 이루어져 간다고 설명하고 있다. 따라서 학습이란 새로운 정보의 획득이며 새로운 심리구조의 획득이다. 동화와 조절이라는 적응과정의 결과로 새로운 정보와 심리구조를 획득하는 인간은 지식을 추구하고 경험하는 능동적인 존재이다.

piaget 교육 이론을 조사한 후

아동심리학자로 유아교육에 크게 자리잡고 있는 piaget의 교육 이론을 조사해 보면서, 그의 이론은 온통 처음 본 어려운 단어들로만 채워진 것으로 나에게는 이해하기가 쉽지 않은 내용이었다. 이런 생소함으로 가득 찬 piaget의 연구를 통해 아동교육과정에 대해 조금은 생각할 수 있는 시간이 되었다. 비록 piaget의 교육관을 완전히 이해하기에는 그가 사용한 행동에 관한 독특한 개념들이 어렵게 느껴지긴 했지만, 교육에 있어서 가장 중요한 것은 아동의 능동성과 창의성이라는 것이다.

piaget의 이론은 능동성과 창의성이 사라지고 있는, 교사 주도의 주입식 위주의 우리 교육현실을 유념할 때, 우리는 지식의 창조성을 이끌어 내고, 스스로 깨우치는 능동적인 아동을 만드는 piaget식 교육을 선택해야 한다.

또한 piaget는 유아교사가 된다는 것, 다시 말하면 활동의 개념을 바르게 유아에게 적용하려면 유아 교사는 **'생각하는 교사'**가 되어야 한다.

참고 문헌 및 사이트

http://www.piaget.co.kr/edu/main/idea.asp

http://blog.naver.com/myahj1004/140017957812

www.koreadewey.co.kr

http://blog.daum.net/00129/7447985?nil_profile＝blog

6. 행동주의 인지주의 학습

John B. Watson(1913)이 행동주의 개념을 미국심리학에 도입하였다. 그는 심리학이 행동에 대한 객관적인 데이터에만 관심을 가져야 한다는 입장을 주창하였다. 즉 드러난 행동 그 자체에만 충실하자라는 것이었다. 급진적 행동주의의 주창자인 B. F. Skinner는 Watson의 영향을 받아 심리학의 기본주체로서 행동을 강조하였다. 그러나 그는 Watson의 연구 방법과 근본적으로 달랐다.

행동주의는 1960년대 Skinner의 행동주의 이론이 주류를 이루었다. 그러나 1970년대 이후 미국 심리학에 주도적인 역할을 하진 못하였다. 학습의 의미는 의도적, 지속적인 변화, 관찰 가능한 행동의 변화를 이끌어 내는 것이다. 대표 이론으로 S-R결합설(Thorndike)-시행착오설(trial and error theory), 고전적 조건반사설(Pavlov), 조작적 조건화(Skinner), Guthrie의 자극-반응 결합설, Hull의 체계적 행동이론을 들 수 있다.

행동주의 학습심리학의 역사상 가장 많은 영향을 끼친 연구자인 Skinner의 이론에 대해 요약해 보겠다. 그는 실험심리학적 방법에 입각해서 인간 행동의 일반적 원리와 법칙을 찾아 교육에 응용하는 데 공헌하였다. 그는 근본적으로 외부로부터 어떠한 세력이 있고 그에 따라 반응하는 과정이 있어야 하며 행동적으로 수정이 가능하다고 가정하였다. 그의 조작적 조건형성이론의 주요 변인은 자극, 반응, 강화이다. 즉 자극이 있고 그에 따른 반응이 따르며 강화에 따라서 행동의 수정 또는 지속적인 강화가 따른다는 말이다. 스키너는 상자를 이용해 자극에 따른 유기체의 반응과 강화를 실험하였다. 스키너의 상자는 적당한 자극 후에 반응에 따른 강화가 잇따르도록 만들어진 것이었다. 스키너는 학습에 있어서 변별자극과 반응 그리고 강화자극의 세 가지 요소를 구성하였다. 변별자극이란 비둘기 실험으로 알 수 있다. 두 스위치를 두고 한 스위치를 눌렀을 때 강화가 나타남에 따라 그것을 반복하게 함이다. 행동을 강하게 유지시키는 어떤 행동의 결과, 즉 어떤 결과를 강화해 줌으로써 독특한 형태 반응의 재발 가능성을 증대시킬 수 있는 것이다. 강화로는 일차적 강화와 이차적 강화 그리고 일반적 강화가 있다. 일차적 강화의 예로는 음식을 들 수 있는데 훈련 없이 반응의 비율이 증가되는 것을 말한다. 그리고 이차적 강화는 Pavlov의 개 실험에서의 종을 예로 들 수 있다. 마지막으로 일반화된 강화는 돈을 예로 들 수 있다. 돈을 누구에게나 보상으로 쓸 수 있기 때문이다. 강화는 또 두 가지로 구분하는데 정적 강화와 부적 강화로 나뉜다. 두 가지의 강화 모두 그에 짝지어지는 반응을 증가시킨다. 정적 강화는 호의적인 대상을 제공하는 것이고 부적 강화는 비호의적, 혐오적인 것을 제거하는 것이다. 처벌은 어떤 행동이 나타났을 때의 벌을 말한다.

그럼 인지주의 학습을 알아보면, 인지주의는 인간의 인지적 사고 능력을 바탕으로 인간의 행동하는 데 있어서 심적(기억, 지각, 지능, 언어 등)에 초점을 두는 것이다. 학습은 그 자체가 보상이 되어야 하며 자기발견이 더욱 의미가 있다는 것을 기본가정으로 하였다. 실용적 인지주의는 유럽적 성격을 띠고 있으며 순수탐구를 강조하였다. 구조를 중시하고 허구적 선입견에서 벗어나서 사실에 충실한 과학이 되어야 한다고 하였다. 대표적 이론으로는 통찰설-Kohler, 장이론-Lewin, 잠재적 학습-Tolman-인지적 행동주의, 관찰학습-Bandura, Piaget의 인지학습이론이 있다. 개방된 변혁이나 단순히 점진적인 진보과정으로 보인다

해도, 인지이론이 현재 학습이론의 중심으로 이동했다는 것이 일반적인 인식으로 보인다. 피아제는 인간의 적응과 발달을 인지적 측면에서 연구함으로써 가장 영향력 있는 인지이론을 제시하였다. 인간의 인지발달은 자연적인 성숙과 환경의 상호작용에 의해 발달한다는 것이다. 그 과정을 질적으로 다른 4단계를 거친다고 하였고 그 속도는 차이가 있으나 거의 문화적 보편성을 나타낸다고 하였다. 그의 인지발달이론에서 기본이 되는 주요 개념은 도식, 동화, 조절, 평형이다. 도식이란 유기체가 가지고 있는 이해의 틀을 말하며 유기체가 환경과의 접촉에서 반복되는 행동과 경험에서 형성되는 것이고 동화는 이미 갖고 있는 도식 또는 체계에 의해 새로운 대상이나 사건을 해석하고 이해하는 인지과정이고 조절은 기존의 인지구조로 새로운 대상을 받아들일 수 없는 경우에 기존의 구조를 변경시키는 과정이다. 피아제는 이 동화와 조절이라는 두 개의 기제가 상호 유기적으로 작용하는 것으로 보았다. 평형이란 새로운 상황에서 일관성과 안전성을 이루려는 시도를 말하며 계속적인 동화와 조절의 과정을 통해 이루어진다. 피아제는 지적 발달에 관한 인지이론을 감각 운동기, 전조작기, 구체적 조작기, 형식적 조작기 4단계로 나누었다. 감각운동기란 생후 초기의 아동의 인지활동은 감각적이고 동작적이기 때문에 이 시기 동안에서는 감각을 통해 학습한다는 것이다. 전조작기(3－6세)는 2세가 지나면서 아동은 감각, 동작적 행동에만 의존하던 것을 차츰 새로 습득한 언어와 대치하게 될 뿐아니라 다양한 상징적 능력도 발달하게 된다. 그러나 아직 개념형성은 되지 못하였다. 이때 아동은 보이는 그대로 대상을 판단하는 직관적 사고를 하게 되며 자아 중심적 사고를 보이는데 이것은 언어에서 주로 나타난다. 과거에 체험한 것을 상징적으로 재현하려 하는 상징적 사고도 볼 수 있으며 실재론적 사고, 도덕적 실재론, 꿈의 실재론 등의 특성을 나타낸다. 구체적 조작기(7－11세)에 접어들면 아동의 사고는 급격한 진전을 보인다. 이때 일반적인 것으로 관점이 확대되며 내적 표상을 여러 가지 방법으로 조정할 수 있게 되어 자기중심에서 벗어나 탈

중심화가 된다. 형식적 조작기(12세 이후)에는 추상적이고 논리적인 사고를 할 수 있고 문제해결을 하는 데 있어서 성인과 같은 형태로 사고할 수 있다. 도덕 발달 단계는 도덕적 실재론의 단계와 도덕적 상대주의 단계로 나눈다. 첫 번째 단계는 구체적 조작기 단계의 아동의 도덕성을 지칭한다. 이때는 놀이의 규칙을 강조하는 경향이 나타나고 규칙이란 절대적인 것으로 믿는다. 두 번째 단계에서는 사회적 규칙은 사회구성원들의 합의에 따라 의문제기 혹은 수정될 수 있다는 것을 알게 된다.

7. 공교육과 사교육의 문제

인간은 누구나 존엄한 가치와 천부적 권리를 가지고 태어났으며 한 인격체로 양육받고 사회에 참여할 권리를 가지고 있다. 비록 심신에 장애를 입고 있다 할지라도 생명의 존엄성과 절대적 평등성 그리고 기회의 균등성 등은 보편적으로 인식되고 인정되어야 한다. 오늘날 세계 각국은 선·후진국을 막론하고, 복지사회 건설을 이상으로 국가 발전계획을 수립하여 추진하고 있다. 특히 사회복지의 일환인 심신 장애인에 대한 교육제도나 복지제도는 그 나라 문화수준의 척도라고 해도 과언이 아니다. 따라서 보다 성숙한 수준에서 교육개혁을 추진하기 위해서는 심신의 장애로 말미암아 소외되기 쉬운 소수의 장애인들이 가정, 학교, 사회에서 나름대로의 주체적인 삶을 향유할 수 있도록 고도의 철학과 정책, 제도와 기술, 실천이 뒤따라야 한다. 롤즈(J. Rauls)는 사회정의의 공리에서 모든 사람은 자유에 대하여 동등한 권리를 가지는 동시에 사회적·경제적 불평등을 해소하고, 최소 수혜자에게는 최대한의 이익을 보장할 수 있도록 허용되어야 한다고 주장함으로써, 그는 '기본적 자유우선의 원칙'과 더불어 '상이성(相異性)의 원칙'을 제의한 바 있다. 롤즈의 '상이성의 원칙'에 따르면 먼저 최소 수혜자의 복지를 우선해서 극대화하고, 이어 다음 순위의 최소 수혜자에게 복지를 극대화하는 과정을 거침으로써 결국에는 '균등한 복지'가 이루어지게 된다는 것이다. 이런 측면에서 본다면 공교육의 새로운 전기가 마련되기 위해서는 몇 가지 문제점을 적극적으로 해결해 나가야 할 것이다.

헌법 제34조에 의하면 모든 국민은 능력에 따라 교육을 받을 권리를 가지고 있다. 또한 특수교육진흥법 제5조에 의하면 특수교육대상자에 대한 교육은 초등학교 및 중학교 과정은 의무교육으로 하고, 유치원 및 고등학교 과정의 교육은 무상으로 한다고 규정되어 있다. 그러므로 장애학생들도 일반학생들과 동일한 교육기회를 보장받아야 하며, 그들의 특성에 적합한 교육을 제공받아야 한다. 공교육의 혜택을 받고 있지 못한 아동들은 대부분이 경도장애학생이고 일반학교의 일반학급에 배치되어 있으므로 이들에 대한 공교육의 수혜대책이 마련되어야 한다.

공교육의 가장 큰 목적은 '사회화'에 있다고 생각한다.

그 사회의 성원들이 기본적으로 어떤 지식 또는 소양을 갖추게 해서 사회에서 생활하고 적응하는 데 필요한 교육을 하는 것이다.

단체 생활을 하게 하고, 또한 여러 가지 기본 소양교육에 해당하는 교육, 예체능 교육 등을 시키는 것도 이러한 이유이다.

그리고 두 번째 목적은 사회가 바라는 인재의 양성이다.

다양한 공식적인 교육을 통해 사회가 바라는 인재상을 가르쳐 주고 길러주는 것이다.

이러한 공교육이 무너지는 가장 큰 원인은 일단 공교육이 시대에 뒤쳐져 있음을 지적할 수 있다. 80년대 선생님들이 90년대 책을 가지고 뉴 밀레니엄 학생을 가르치는 게 교육의 현실이다. 새로운 변화를 받아들이기에 덩치가 너무 크고 관료화되어 있는 것이다. 2003년에 박사과정 공부할 때 원로 교수님은 1960년대 원서를 가지고 강의를 하셨다. 본인이 유학 갔을 때 배웠던 그 시대의 교육을 잊지 못하고 그대로 현실에 적용하려 드는 안타까움을 학생들은 느꼈다.

특히 시대는 인재 양성을 중시하는데, 우리는 아직도 사회화의 기치가 더 큰 것도 문제다. 평준화 등을 통해 일정 수준에 도달하는 데만 급급해 사회를 이끌어갈 지도적인 것을 못 만들어 내는 것도 큰 단점이었다.

그리고 가장 큰 문제는 입시 열풍으로 인하여 교육이 왜곡된 형태로 흘러간다는 것이다.

입시 관련 교과목 외의 교과목은 중요하지 않은 것으로 여겨지게 되고, 교육의 가장 중요한 파트인 인성 교육 및 예체능 교육은 성가시게만 느껴지게 된 것이다.
계속해서 파행으로 갈 수밖에 없게 된 것이다.

사교육의 장점으로는 ① 학생의 능률 향상이다 ② 실업률 저하. 왜냐하면 ① 학생 개인이 원하는 부분, 개인이 원하는 수준으로 수업을 들을 수 있기 때문이다. ② 사교육으로 인해 학원이나 과외 등으로 많은 사람들이 취직을 한다. 그러므로 실업률이 저하되는 것이다. 이런 장점에 비해 단점도 있다. 단점으로는 ① 부유한 집의 학생과 빈곤한 집의 학생이 성적차이가 날 수 있다. ② 사교육비로 많은 돈이 들어간다. 왜냐하면 ① 부유한 집에서는 개인의 재원을 이용하여 과외, 학원 등을 하면서 성적을 올리려 할 것이다. 그러나 빈곤한 집에서는 과외, 학원 수업을 잘 듣지 못하고 공교육으로만 성적을 올리려 한다. 그렇기 때문에 성적차이가 날 수 있다. ② 각 가정에서 자녀들을 위한다는 말로 생계비를 사교육비로 전환하여 많이들 사용한다. 이런 장점, 단점 때문에 언론에서도 많이들 지적한다. 대표적인 예를 한 개 들어보자. 우리나라 학생들이 외국에 나가서도 사교육을 받고 있다. 외국에서 사교육을 받으며 UCLA에 들어가려고 한다. 이것은 그렇게 큰 문제가 아니다. 문제는 우리나라 학생 때문에 외국인들까지도 사교육을 받으며 UCLA에 들어가려고 한다. 이런 일 때문에 언론에서까지 우리나라의 사교육에 대해서 많은 말이 있다.
우리나라에는 이미 벌써 사교육이 널리 퍼져 있다. 사교육을 아예

막을 수는 없고 공교육을 늘려 사교육을 줄일 수도 있다. 그리고 각 가정에서도 사교육에 많이 투자를 하지 말고 학생이 공교육을 더 열심히 들을 수 있도록 해주어야 한다.

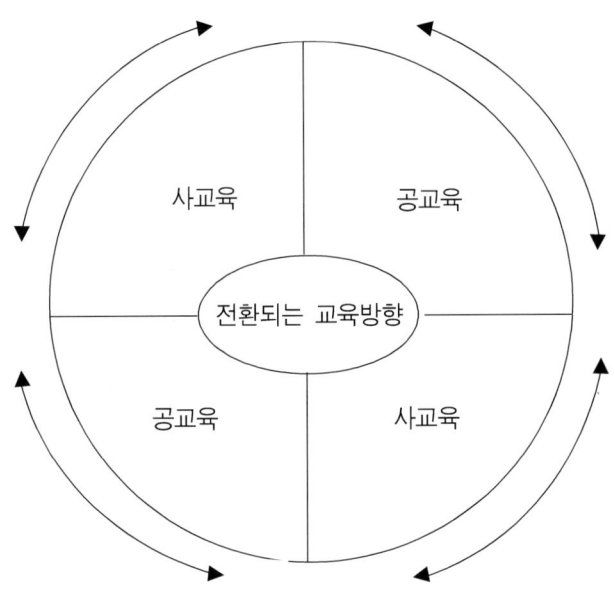

8. 종교교육

종교교육(宗敎敎育), religious education

영적·제의적·도덕적 교훈과 예배의식을 가르치는 교육.

종교가 특수한 문화를 형성한 곳(예를 들면 인도 문화의 힌두교)에서는 종교교육이 건강한 문화를 유지하는 데 중요한 역할을 했다. 불교와 그리스도교 같은 보편적인 종교 전승들은 문화 간 가교로서 중요한 역할을 수행해 왔다. 특정 종교가 다른 종교와 공존하는 문화에서는 종교교육이 주로 특정 종교를 유지하는 데 기여했다. 개인 발달에 대한 종교교육의 중요성은 현대사회에서도 많이 논의되고 있으나, 지난날 대부분의 사회에서 종교교육이 기본적인 삶의 모델을 제시해 왔다는 것은 거의 의심할 여지가 없다. 종교교육은 도덕성·제의·세계관·신화·종교체험 등과 관련되어 있고, 사회화 과정에서 결정적으로 중요한 역할을 한다. 거룩한 것에 대한 관념이 지배적인 사회에서는 일체의 교육이 종교교육이라고 말할 수 있으며, 사냥이나 식목 같은 기술을 학습하는 것조차도 종교적 함의를 지닌다. 성스러운 것과 속된 것이 구별되는 전통 사회에서는 종교적 목적이 교육을 지배하는 경향이 있었다. 종교 공동체 내부의 기능 분화도 종교교육에 대해 매우 중요한 의미를 갖는다. 전문가들은 종교교육의 내용과 기술을 개발하고, 입문자들을 준비시키며 신자들을 교육시키는 실제 과정을 도맡는 등 종교교육에서 핵심적인 역할을 맡는다. 예를 들면 불교에서는 대개 승려들만이 교육을 전담한다. 이에 반해 유대교에서는 비사제 집단(랍비들)이 발전하여 토라에 대한 연구·주석·교육 등의 주된 기능을 담당했다.

(1) 종교교육의 유형

거룩한 문서의 연구에 중점을 두는 종교교육

종교교육의 여러 체계는 1차적으로 거룩한 문서들의 암기나 연구에 중점을 둔다. 예를 들면 인도의 바다 전승(베다에서 파생된 이름)에서 문서 연구는 매우 중시되었으며, 서구의 문서 전승도 히브리 성서(<구약성서>)를 내놓은 고대 이스라엘에 뿌리를 두고 있다. 히브리 성서는 2,000년 이상 유대교 교육의 핵심 내용을 이루어왔다. 그리스도교는 히브리 성서에 <신약성서>를 추가했으며, 이렇게 해서 형성된 그리스도교 성서는 그리스도교의 전통적인 종교교육의 기초가 되었다. 실제로 성서가 종교교육의 거의 유일한 내용이 되는 경우도 있었다. 이슬람교에서는 <코란 Qu'ran>('거룩한 문서'라는 뜻)이 종교교육의 핵심적 내용이 되어 왔다.

거룩한 문서에 대한 연구는 주해·요약·선전·교육 등을 위해서 이루어졌다. 예를 들면 유대교 전승은 히브리 성서에 <탈무드>(토라, 즉 율법에 대한 주석)를 추가하여 유대교 교육의 내용·방법·목표에 관한 지침으로 삼았다. 그리스도교 역사의 초창기부터 발전한 신조와 고백은 신앙을 요약하고 설명하기 위한 것이었다. 일부 초기 그리스도교는 개종자의 종교교육을 위해 교재(교리문답)를 사용했다. 이슬람교에서는 이른바 순나(sunnah)가 나타났는데, 그것은 예언자 마호메드와 그 추종자들의 언행에 관한 권위 있는 전승을 모아놓은 것이다. 이슬람교 학교에서는 <코란>과 함께 이 전승들을 배우고 토론했다. 문자를 사용하기 이전의 사람들은 기억에 의존해서 한 세대에서 다른 세대로 문화를 전달했다. 구전(口傳)은 거룩한 문서를 형성하는 데 결정적인 역할을 하기도 했다. 문서 암기는 특정 형태의 종교교육에서 가장 기초적인 일이었으며, 대개 경건과 학습의 징표로 간주되어 칭송을 받았다.

신학적 주제에 중점을 두는 종교교육

문서에 바탕을 둔 대부분의 전승들은 분석적인 연구와 토의를 암기에서 한걸음 더 나아간 논리적 단계로 평가해 왔다. 이 같은 분석으로 인해 문서 해석의 특수한 방법과 학파가 생겨나게 되었다. 종교교육은 신학적 주제에 대한 토의에 초점을 맞추었던 중세 유럽의 여러 학파에서 현학적인 수준에 도달했다. 이 학파들은 변증법적 방법을 사용했다. 서로 대립되는 관점을 제시하는 이 방법은 논리를 정교하게 활용하고 권위(특히 성서의 권위)에 최종적으로 호소하여 진리를 구할 수 있다고 확신했다. 심오한 종교철학적 문제들을 사심 없이 토의하는 것에 초점을 맞춘 종교교육은 힌두교 우파니샤드(BC 10~5세기에 작성된 경전)에 분명히 나타난다.

'저급 학문'에서 '고급 학문'으로 진보하는 것에 중점을 두는 종교교육

다른 문화의 사유 형식과 교육 양식을 접하면서 종교 전승들은 도전을 받게 되었다. 따라서 종교 전승들이 표방하는 목적을 다른 문화의 교육 이념과 방법에 적응시키려는 노력이 생겨났다. 중국에서 불교는 토착화된 문화 양식에 적응하고자 했고, 그리스도교는 그리스 철학과 종교의식에 적응하고자 했다. 이 같은 적응 과정의 한 예로 2~3세기 이집트에서 활동한 그리스도교 알렉산드리아 교리문답 학파는 '저급 학문'(수학·음악·생물학·철학 등)에서 '고급 학문'(신학)으로 진보하는 일종의 종교교육을 발전시켰는데, 고급 학문은 그리스도교의 거룩한 문서들에 대한 연구를 통해서만 도달할 수 있는 것이었다.

체험에 중점을 두는 종교교육

문서를 중시하는 대부분의 종교교육은 그리스도, 하느님 또는 말로 표현할 수 없는 것과의 합일, 미망·유한성 등으로부터의 구원, 깨달음

등과 같은 몇 가지 유형의 체험을 궁극적 목표로 삼는다. 그러나 종교 교육의 몇몇 전승은 체험을 직접적으로 강조하고 거룩한 문서들에는 별로 관심을 기울이지 않는다. 이를 가장 잘 보여주는 예는 선불교(축자적으로는 '명상 불교'라는 뜻)일 것이다. 선불교에서 올바른 명상은 표피적인 현실로부터 점점 더 거리를 두고 말로 표현할 수 없는 체험에 몰입하면서 진행된다. 이 같은 명상(zazen)은 선문답(禪問答 koan)에 의해 촉진된다. 스승(roshi: '존경하는 선생'이라는 뜻)은 아무것도 합리적으로 설명하지 않는다.

　체험을 강조하는 몇몇 전승은 체험의 단계들을 설명한다. 이 단계들 가운데 일부는 준비·정화·계시·합일 등의 신비주의 단계처럼 개념적 지식수준보다는 심리학적 상태에 더 가깝다. 여러 종교 전승은 특히 종교적 지식을 얻기 위해 금식 등의 특정한 신체적 단련을 요구한다. 베다교도들의 소마(soma)나 일부 아메리카 인디언 집단의 페요테(peyote) 같은 화학물질을 제한적으로 사용하는 것은 미리 규정된 행동과정을 통해 종교 지식을 얻으려는 또 다른 시도라 할 것이다. 개인적 체험의 진보를 강조하는 전승에서는 스승의 역할이 매우 중요하다. 명인을 중심으로 체험의 공식화와 제도화가 나타나는 경향도 있다. 그러나 자기가 얻고자 하는 체험은 그 본성상 지극히 개인적인 것이므로 스승이 그 체험을 만들어 낼 수는 없다. 그는 숙련된 산파에 지나지 않는다.

신화와 제의에 중점을 두는 종교교육

　대부분의 종교 전승에서 신화와 제의는 평신도들에게 중요한 교육적 기능을 갖는다. 이야기체로 되어 있는 신화는 단순하고 직선적인 산문체 기사(記事)들이 표현할 수 없는 거룩한 실재의 체험을 전달하고 촉발한다. 제의에서는 음악·춤·그림·조각·건축 등이 활용되는데, 이 표현형태들은 공식 교육의 보조수단으로도 활용된다. 종교교육은 교육적으로 고안된 상징에 크게 의지한다. 그리스도교에서 세례는 죽음과 재탄생, 씻음과 정화의 이미지를 시사하고, 세례 때 사용되는 물은 생명(음료수), 영원한 생명의 물, 생명을 내려주는 비 등을 함축한다. 이 같은 상징을 활용하는 종교교육은 개인적 체험을 확대함으로써 전승을 보다 깊이 이해할 수 있게 한다. 문맹인들이 공통적으로 시행하는 통과의식들 가운데 성인의식(입문의식과 연계되는 경우가 흔함)은 말과 몸짓을 매우 의미심장하게 결합시킨다. 의식은 매우 극적이며, 어떤 경우에는 평상시에 겪어보지 못한 시련이 포함되어 고통스럽기까지 하다. 이 같은 체험을 통과하면서 청년들(또는 처녀들)은 대체로 거룩한 힘과 관련되어 있는 제의와 가르침을 더 분명하게 깨닫게 된다.

대부분의 종교 전승을 특징짓는 절기와 축일은 일반적으로 기념적 성격과 교육적 성격을 모두 띠고 있다. 예를 들면 미국 남서부의 주니 인디언 부족이 지키는 연례 겨울 축제(chalako)는 부족의 기본적인 세계관을 극적으로 전달하는 정교한 축제이다. 유대교 유월절에서는 제의와 가르침이 함께 어우러져 과거의 역사를 회상하게 한다. 이때 어린이들은 감각(특히 미각)과 지각을 통해 이스라엘 백성의 삶에 일어난 결정적 사건(BC 13세기에 일어난 출애급 사건)을 회상하고 그것과 자기 자신을 일치시킨다.

(2) 세계 종교에서 이루어진 종교교육의 발전

문맹인들의 종교

문맹인들은 생존과 관련된 모든 활동이 신으로부터 기원한다고 믿었다. 또한 모든 교육은 어떤 식으로든 신과 관련되어 있으며, 따라서 종교적이라고 생각했다. 이들의 세계관은 신화와 제의 등을 통해 전달되었으며, 집단생존에 필수적이었다. 가장 잘 알려진 원시종교들의 면모는 흔히 다산의식(多産儀式)과 관련되어 있는 창조 제의와 절기들이다. 이 극적이고 다채로운 의식들을 통해 종교문화사에서 중요한 사건들이 재연된다. 이 의식들은 종교적 가치와 교육적 가치를 모두 갖고 있다.

젊은이들은 이 의식들을 관찰하거나 이에 참여하며, 그들 나름의 놀이 활동을 통해 성인들의 종교 활동을 모방한다. 절기는 개인의 생존과 종교 의식의 바탕을 이루는 죽음 및 재생의 자연적 순환과 인간이 교감할 수 있도록 자연의 변화들을 활용하거나 그것들과 연계되는 경우가 많다. 통과의식들도 교육적 기능을 수행한다. 예를 들면 입문의식은 집단의 종교적 비밀을 드러낸다. 성물(聖物)에 대한 지식을 전수받을 때, 입문자들은 이 지식을 제공한 신들과 문화적 영웅들의 업적과 수고에 대해 듣는다. 그러므로 사람들은 성물에 대한 존경과 숭배를 가르치는 동시에, 모범을 보인 영웅들을 선행의 모델로 내세우고, 반(反) 영웅들을 피해야 할 행동의 실례로 묘사한다. 오스트레일리아 아르넘 랜드의 아보리긴족이 시행하는 입문의식은 W. L. 워너의 <검은 문명 A Black Civilization>(1964)에 묘사된 바와 같이, 원시적 상황에서 교육에 활용된 기법을 잘 보여준다. 입문자들은 동물을 모방한 춤을 관람하고, 나이 든 사람들은 그 의미를 설명해 준다. 입문자들은 성스러운 나팔을 불기도 한다. 입문의식이 끝날 때 젊은이들은 할례를 받는다. 상처를 불로 지지는 동안 그들은 음란과 간음을 피하라는 교육을 받고 항상 진리를 말하라는 엄중한 훈계를 듣는다.

원시인들에서는 입문의식이 대개 등급화되어 있다. 부족의 청년들은 '수풀 속의 학교'에 모여서 보다 높은 수준의 비밀스러운 지식에 점차 입문한다. 그들은 강의나 대화식 암기법에 따라 정규 교육을 받는다. 이 과정에서 선생과 학생의 관계가 형성되는데, 부족이나 씨족의 한 성원이 한 학생을 특별히 책임진다. '현자들'이 '모닥불 주변에 모여앉은 자리'에서 전설을 전달하거나 잠언을 낭송하면서 그들이 신봉하는 종교의 도덕적 측면을 집단적으로 교육하기도 한다.

고대 민족과 문명의 여러 종교

이집트·메소포타미아·아스텍·마야 문명에서 종교는 정치와 구별되지 않았다. 의식(儀式)은 자연과 사회의 우주적 질서를 지속시키는 일과 맞물려 있었으므로 부족단위의 의식은 감명 깊은 교육적 유산이 되었다. 메소포타미아에서 갱신을 위해 연례적으로 거행되었던 신년 축제에서는 창조 신화가 낭송되었고, 혼돈에 맞서 우주적 질서와 다시 한번 합일됨을 강조하면서 왕이 재임명되었다. 이집트의 이른바 계승 신비극은 왕권의 양위를 나타내기 위해 거행되었다. 이 문화들은 농업 기술의 발전에서 비롯된 산물들이다. 이 유형에서 왕은 농경·우주·국가의 정치적 생존을 단일한 기능으로 결합함으로써 문명의 본질적 측면을 구현한 화신으로 등장한다. 효과적인 교육적 전달은 이 문명을 존속시키는 데 필수 불가결했다. 교육은 대개 사제들에 의해 실시되었고, 학교는 성전과 관련되어 있는 경우가 많았다. 예를 들면 바빌로니아 성전 학교에서 청소년들은 복잡한 설형문자의 읽기와 쓰기를 배웠고, 상급 학생들은 신화, 점성술, 제의와 마술, 그 밖에 종교 지식 등 사제 학문의 고급 학과목을 이수했다. 세속 관리직을 수행하도록 선발된 학생들도 흔히 성전학교에서 교육을 받았다.

이집트에서 사제들의 아들은 책의 집이나 신을 모신 '생명의 집'(성전)의 학교에 입학했다. 귀족과 왕가의 아들도 이 학교에 입학하여 그들의 특수한 직무에 따르는 종교적 의무를 어떻게 수행할 것인가를 배웠다. 초급 수준의 소년들은 하급관리가 되는 데 필요한 읽기와 쓰기 과목을 교육받았다. 이보다 더 낮은 수준의 '상업학교들'이 있었지만 그곳에서도 도덕적 교훈과 국가의 종교적 운명에 대해 철저히 가르쳤다.

고대 멕시코에서는 2가지 유형의 기관에서 체계적인 교육이 실시되었는데, 국가의 종교 기능에 필수 불가결했다. 칼메칵(calmecac) 학교에서는 사제가 되는 데 필수적인 과목들을 교육했다. 건축가 조르주 밸랑(1901~45)에 따르면, 어린 소년들은 이 학교에서 "가냘픈 다리와 얼굴을 용설란 가시로 찢고, 금식과 참회로 야윈 몸을 하고, 단조로운 자기부정으로 흐릿해진 눈을 뜬 채" 앉아서 제의용 찬송가의 시구들을 불렀다고 한다. 젊은이들에게 세속적인 실무 학과들을 가르치는 텔포크찰리(telpochchali: '젊은이들의 집'이라는 뜻) 학교도 칼메칵 학교 못지 않게 엄격했다. 젊은이들은 '빛의 아들들'과 '어둠의 아들들' 사이의 제의적 전투에 대비했다. 이 제의적 전투의 목적은 태양신이 정해진 궤도에 따라 계속 회전하는 데 필요한 피의 희생제의를 위해 제물을 잡는 것이었다. 다른 학교들은 여자들을 교육시켜 여사제로 만들었다.

상형문자 알파벳 체계와 쓰기법이 위에서 말한 고대문명에 소개되면서 종교교육에도 큰 영향을 미쳤다. 문서의 필사와 암기는 교육의 중요한 방법이 되었다. 제의와 신앙은 표준화되어 구전 이외의 방법을 통해 전달되었고, 문화적 지혜는 더 확실하게 보존되었다. 신성국가는 기술과 종교를 결합시킨 문화를 발전시켰지만, 세속화의 씨를 뿌리기도 했다. 계급과 카스트의 구별은 각 개인이 받는 교육의 형태를 결정하는 요인이 되었다. 공식 교육은 전문가들을 훈련시켜 주어진 역할을 수행하도록 하는 데 점점 더 치중했다. 사제 계급이 점차 지식인화되면서 사변적이고 신학적인 성찰이 그들의 공동관심사가 되었고, 평민들은 낡은 형태의 종교를 답습했다. 사제왕이 거행하는 거대한 우주 제의는 사람들이 함께 동참하는 제의라기보다는 바라보기만 하는 장관에 지나지 않았다.

(3) 동양의 종교교육

힌두교

전통적인 힌두교 교육의 목표는 2가지이다. 하나는 현세에서 의무를 수행하도록 사람들을 이끄는 것이고, 다른 하나는 사람들로 하여금 아트만(Atman: '개인의 영')과 브라만(Brahman: '우주의 영')의 정체를 깨달아 현세의 미망에서 벗어날 수 있게 하는 것이다. 스승(guru)은 이 2가지 목표를 달성하도록 짜여진 전통적인 교육제도의 핵이다. 적절한 종교교육이 얼마나 중시되었는가는 힌두교 정통 교리에서 '학생'이라는 범주가 인생의 4가지 단계 가운데 첫 단계라는 사실에서 분명히 드러난다. 나머지 3단계는 가장(家長)의 단계, 숲 속의 은둔 단계, 종교적 출가 단계이다. 이상적으로 말하자면, 첫 번째 학생 단계는 '중생'의 잠재력을 지니고 있는 모든 힌두교도들이 거쳐야 할 단계이다.

여기에서 말하는 '모든 힌두교도들'은 종교 공동체에 입문할 수 있는 3가지 상층계급, 즉 카스트[브라만(사제)·크샤트리아(전사)·바이샤(상인)]에 속한 사람들이다. 그러나 실제로 인도의 베다교육은 주로 브라만 계급의 전유물이 되었으며, 인도 사회의 거의 전 기간에 걸쳐 브라만 계급의 극소수에게만 실시되었던 것 같다.

베다교육의 기준에 따르면, 브라만 소년은 8세에 학생 단계에 입문한다. 입문의식은 소년의 '중생'을 상징한다. 입문자는 가사(袈裟)를 받아 평생 입고 다닌다. 머리카락은 특정한 양식에 따라 자른다. 그를 위해 선택된 스승은 공식적으로 그의 복지에 책임을 지며, 소년은 제의와 서원을 통해 그 스승의 보살핌을 받게 된다. 전문적인 관점에서 볼 때, 이 입문의식은 성인의식이 아니다. 다만 성인의 역할을 맡기 위해 준비하는 공부 단계에 받아들인 것뿐이다. 소녀들이 공식적인 베다 공부를 하게 되는 경우는 극히 드물었으며, 심지어 금지당할 때도 있었다.

학생의 중요한 의무는 베다를 연구하고 스승을 섬기고 자선을 베푸는 것이었다. 스승은 거룩한 문서들과 진리를 입으로 전한다. 이러한 학습 상황에서 스승은 집중적이고 간결하고 때로는 암호 같은 어구들을 고안하여 최소한의 말로 최대한의 의미를 표현하고자 했다. 이를 보여주는 극치가 거룩한 한마디 음절어인 옴(Om)이며, 이것은 자체 내에 의미의 세계를 담고 있는 것으로 이해되었다. 학생들은 스승이 전달하는 음(音)을 모방하고, 명상을 통해 보다 심오한 진리를 터득한다. 공부는 스승의 지도 아래 미리 규정된 특정한 제의를 수행하는 데 부수되는 보조수단에 지나지 않는다. 학생들은 그 직책의 신성함과 중요성에 부응하는 여러 가지 방식으로 스승을 섬긴다. 이리하여 거듭 태어난 학생은 자신의 의무를 신실하게 수행하여 신을 깨닫고 신과 조화를 이루어야 한다고 가르치는 아타르바베다(Atharvabeda)의 한 책은 이같은 브라만 훈련법에 우주적 중요성을 부여한다. 스승 전승은 가장 지속적이고 영향력 있는 것들 가운데 하나이다. 가장 흔하게 실시되는 방법은 스승 한 사람과 제자 몇 사람이 스승의 집에서 함께 생활하며 배우는 것이다. 경우에 따라서는 학인(學人)들이 집단을 이루어 서로 배우고 다른 사람들을 가르치기도 한다. 이들은 아슈람(ashram: '영적인 은거' 또는 '지적인 은거'라는 뜻의 asrama에서 유래)에서처럼 사회로 부터 은둔하거나 무리를 지어 천하를 주유한다. 학생과 스승의 밀접한 관계는 인도 수도원 전통에서 유지되고 있다.

불 교

널리 받아들여지고 있는 전승에 따르면, 석가모니는 깨달음을 얻은 뒤 열반에 들어갈 때까지 다른 사람들을 가르쳤다고 한다. 처음에 그는 깨우침을 헌신적으로 구하는 사람들, 즉 초기 승려들을 가르쳤다. 그 뒤 그는 자신의 추종자들로 하여금 다른 금욕자들이나 멀리 떨어져 있는 사람들을 가르치게 했다. 이 사람들은 승려가 될 성향이 없고 가정과 마을의 일상적인 일에 매몰되어 있던 평민들이었다. 불교교육사는 본질적으로 불교수도원제도 역사의 일부이다. 수도생활은 초기부터 자비, 청빈, 도덕적 규범을 동반했으며 이와 아울러 스승의 지도 아래 훈련과 배움에 정진했다. 명상과 연구는 불교 교육의 본질적인 방법이었다. 4체, 8정도, 다르마(dharma: '법')의 세목들로 알려진 원리는 반드시 연구해야 할 대상이었다. 부처의 말씀·이야기·전설들은 초기에 점차적으로 수집되어 경전이 되었다. 독경과 찬가는 깨달음을 얻은 창시자의 말씀과 그에 관한 말들을 기억하는 데 도움을 주었다. 교의에 대한 논쟁과 토론은 수도승 교육의 중요한 측면이었던 것 같다.

불교의 주요 종파들 가운데 테라바다 소승불교는 팔리 경전(팔리어로 씌어진 종교 문서)을 권위의 유일한 원천으로 주장했다. 대승불교가 발전하면서 부처가 제시했다고 하는 고등 교리들을 담은 수트라스(sutras: '문서들'이라는 뜻)가 별도로 작성되었다. 이 문서들은 중국·티베트를 거쳐 불교를 수용한 한국·일본·베트남 등지에서 불교의 가르침과 예배의식을 발전시키는 데 중요한 역할을 했다. 경전들이 확정되자 학승들은 개종자들을 찾는 한편, 종교적 진리를 주석하고 방어하려는 노력의 일환으로 그들의 학습 범위를 확대했다. 수도승 공동체에 기반을 두고 주석 작업이 벌어지면서 BC 6세기에는 승가대학교가 나타나기 시작했다. 이 가운데 가장 유명한 것은 북인도의 날란다대학교였다. 7세기 중국 저술가의 기록에 의하면, 날란다대학교는 여러 불교 종파들에서 수천 명의 승려들을 끌어들여 그들을 전담하는 승려들의 지도 아래 연구하게 했다고 한다. 평신도들도 날란다대학교에서 교육을 받았다.

상가(sangha: 수도승 교단)는 테라바다 불교가 침투한 실론·미얀마·동남아시아 여러 지역에서 문자 문화를 전달한 주체였다. 예를 들면 실론에서는 BC 3세기에 불교가 소개된 뒤, 특히 불교 문헌을 중심으로 한 학문이 발달하여 나름의 역사적 전통을 형성했던 것 같다. 사원과 관계를 맺고 있던 학교들은 그리스도교 선교사들이 학교를 세울 때까지 유일한 교육기관이었음이 분명하다. 서구문화가 침투하기 이전의 몇 세기 동안만 해도 거의 모든 미얀마인들은 파고다 학교에서 일정 기간 교육을 받았다. 여승제도가 테라바다 불교의 한 측면이어서 많은 추종자들을 끌어들였지만, 소녀들은 정식교육을 거의 받지 못했다.

중국에서의 불교는 선진 문화와 만났다. 중국인 승려들은 불교 경전을 번역하고 가르쳤다. 중국인 승려들은 산스크리트 또는 팔리어 경전들을 중국어로 번역하면서 도교로 알려진 고전적인 중국 마술종교 체계의 전문용어를 사용할 때가 많았다. 대승불교와 도교가 혼합되면서 중국에서는 선불교('명상 불교')가 발전했다. 선불교는 철저히 경험주의적인 방법을 취한 까닭에 형이상학(초자연적 실재에 대한 연구)과 이론, 추상적 초론을 삼갔으며, 1차적인 경험에 따른 직관을 선호했다. 중국에서 발전한 또 하나의 주요종파인 정토종은 우주적 구원을 강조하여 선불교의 교육 방법보다 전통적인 교육 방법을 활용했다. 학문과 경전 연구는 명상과 함께 높이 평가받았다. 유교가 중국의 서민생활에 주된 영향을 끼쳤던 8세기 동안(AD 3~10세기) 불교는 중국의 고급문화를 지배했다. 몇몇 불교 사원은 주로 승려와 상층계급의 배움터가 되었다. 그러나 10세기 이후 불교는 중국에서 쇠퇴했고 수도승 교육의 질은 저하되었다.

중국의 영향이 한국과 일본에 퍼지면서 불교도 함께 전파되었다. 일본에서 발전된 불교는 중국의 불교와 유사했지만, 일본 불교는 그 나름의 성격을 발달시켰으며, 중국에서보다 일반교육 형태에 더 큰 영향을 끼쳤다. 마을의 절이 마을학교가 되고, 승려가 교사가 되는 경우가 많았다. 잘 훈련된 단순한 삶과 정직한 노동생활을 강조한 선불교는 일본의 무사계급(사무라이 계급)의 마음에 들어 무사들의 훈련에 큰 영향을 끼치게 되었다.

9세기경 불교는 티베트에서 엄청난 영향력을 발휘하여 왕의 후원 아래 방대한 경전이 산스크리트에서 티베트어로 번역되었다. 이 티베트 경전은 불교 역사와 사상의 가장 중요한 보고(寶庫) 가운데 하나로 남아 있다. 수 세기 동안 불교 수도원(라마교 사원)들은 티베트의 유일한 교육기관이었다. 지난 1, 2세기 동안 불교의 종교교육은 그리스도교 선교사들이 세운 학교와 점증하는 세속화로 인해 여러 가지 도전을 받았으며, 이 시기에 불교 르네상스가 일어나기도 했다. 이를 북돋워준 인물은 팔리 경전협회를 창건한 T.W.R. 데이비스(1843~1922)와 미국의 신지학자 헨리 올콧 (1832~1907)이다. 특히 올콧은 실론·미얀마·인도에서 불교문화와 교육을 부흥시키기 위해 많은 일을 했다. 최근 몇 년 동안 상가는 교육적 책임을 한층 더 부여받고 있으며, 어떤 곳에서는 현대적인 사립학교와 대학교를 감독하고 공립학교의 종교교육을 감독하고 있다. 명상에 특히 중점을 두는 불교교육은 서구의 특정 집단에 많은 영향을 끼치기도 했다.

(4) 중국의 종교

중국의 교육제도는 2,000년 동안 유교의 지배를 받았다. 유교는 그 창시 이래 공식적이고 교훈 중심적이며 대중적인 교육을 강조해 왔다. 이와는 달리, 도교의 창시자인 노자는 공식교육을 중대한 잘못이라고 보았다. 공식교육은 구원의 유일한 원천인 자연상태로부터 사람들을 점점 더 멀어지게 한다고 보았기 때문이다. 따라서 도교는 단순하지만 역설적인 사상을 주장한 것을 제외하면 중국 교육에 거의 중요한 영향을 미치지 못했다. 수도승 학교에서조차도 도교는 직관의 방법을 강조했다. 중국의 학교들에서는 도교 경전이 연구되기는 했지만 유교적 방법에 의거해 해석되었을 뿐이다. 유교 교육은 각 개인을 도덕적으로 훈련시켜 정의롭게 행하도록 하고 가장 학식이 뛰어난 사람들을 선발·준비시켜 통치에 가장 잘 부합하는 일을 하게 함으로써 우주 전체와의 조화를 유지하고자 했다. 또한 합당한 행동을 가르치는 고전들은 그 기원이나, 천자(天子), 곧 황제를 통해 국가와 하늘의 관계를 유지하고자 했던 종교적 경향을 띠고 있었다.

(5) 일본의 종교

일본인들은 외래문화를 쉽게 받아들여 이를 일본 특유의 체계로 탈바꿈시키는데, 이 점을 가장 분명하게 보여주는 실례는 일본 종교사와 종교교육사일 것이다. 일본 종교의 기저에 있는 전통적인 신도(神道)는 일본 문화의 구석구석에 스며들어 있다고 볼 수 있다. 종교체험의 원시적 형태인 신도는 이후의 모든 종교 체계에 그 흔적을 남겼다. 이 기저에 첨가된 것이 유교·도교·불교·그리스도교였으며, 서구의 세속사상과 실천이었다. 이 같은 절충적 융합이 이루어지는 가운데서도 진정한 의미의 통일(일본 특유의 신심)이 유지되었다. 그 과정은 일본에서 가장 영향력 있는 2가지 교육제도에서 분명히 나타난다. 하나는 무사도(武士道)이고, 다른 하나는 19세기의 메이지 유신이다. 무사도는 여러 종교적 요소와 기타 요소를 종합한 것이며, 사무라이 훈련에서 무예를 강조했다. 이 교육제도는 학습・신심・예의범절・군사기술・충성심・절제・이기심을 독특하게 결합시켰다. 메이지 교육은 신도 신화, 가미('神') 신앙, 유교의 가족윤리, 권위주의적 국가주의, 현대 교육 방법론을 융합시켜 국가에 대한 헌신을 주입시키는 매우 효과적인 수단을 만들어 냈다.

전통적으로 신도는 공식적인 종교교육을 거의 또는 전혀 실시하지 않았다. 신도의 전수는 신자들이 가정・사원・지역 공동체의 제의에 참여하는 방식을 통해 주로 이루어졌다. 이와는 달리 유교는 공식 교육에 막강한 영향력을 발휘했다. 도쿠가와 시대(德川時代: 1603~1867)에 유교 학문은 매우 광범위하게 발전했다. 전통적인 교과과정은 일본을 통해 속주들의 궁정에까지 확산되었다. 사원학교 또는 교구학교(terakoya)는 반(半)세속적인 공교육제도로 발전했다. 사제(승려, 신도, 사제, 유학자 또는 무소속 사무라이)의 가르침을 받는 학생들은 희석된 사무라이 교육을 받았다고 말할 수 있다. 읽기와 쓰기를 배우는 특유의 필사법을 통해 도덕이 주입되었다. 학생들은 전통적인 수신 교과서들을 암기하고 그것을 그대로 베껴 또 1권의 수신 교과서를 만들어 냈다. 1945년 신도의 황실 의식이 폐지되자 국립학교들은 특정 이데올로기를 더 이상 직접 주입하지 않았다. 전통적인 신도 신자들을 비롯하여 종교집단들은 보다 심화된 자의식을 가지고 종교교육에 관심을 기울이게 되었다. 그들은 서양식(특히 그리스도교) 종교교육 기관들과 경쟁을 벌였다. 어떤 종교집단들은 나름대로의 학교제도를 설립하기까지 했다.

(6) 한국의 종교

한국의 경우는 조선시대까지 유교가 국교로 인정되었고, 학교교육도 유교경전에 대한 학습만이 아니라 성현들에 대한 제사의식 등을 통한 종교교육이 실시되었기 때문에, 어떤 의미에서 교육은 곧 종교교육으로 이해되었다고도 볼 수 있다. 또한 일반 백성에 대해서도 유교적인 의식을 강화하기 위한 사회교화사업이 이루어지고 있었다. 그러나 현대와 같이 세속적인 교육과 구분하여 종교교육이라는 의미를 가지게 된 것은 근대의 문호개방과 더불어 서양의 그리스도교 선교사들이 선교활동을 하면서부터 시작되었다. 이들은 국내에 들어와서 선교를 위한 목적으로 종교교육과 함께 영어·지리·기초과학 등의 학문을 가르쳤는데, 특히 1900년대 초기에 전국적으로 활발하게 설립되었던 사립학교들 가운데 상당부분은 그리스도교계 학교들이었다. 일본이 한국을 강제로 점령한 후에는 식민통치의 목적으로 사립학교를 탄압하기 위해 공립학교에서 일체의 종교교육 및 종교의식을 금지하는 조치를 취함으로써, 학교교육에서 종교에 관한 교육을 실시하지 않는다는 원칙을 만들었다. 8·15 해방 이후에도 이러한 경향은 계속되었고, 특히 미국식 공립학교체제의 영향을 많이 받았기 때문에 종교교육은 그다지 주목받지 못했다. 헌법상 종교의 자유를 인정하면서도 국교는 인정하지 않으며, '교육법' 제5조에서도 국립 및 공립학교가 특정 종파를 위한 교육을 해서는 안 된다는 조항을 명시하고 있다. 이 때문에 대부분의 종교교육은 가정과 종교단체 등에서 이루어지고 있다. 그러나 대학교 과정에서는 신학대학이나 신학과, 승과대학을 설립해 자유로운 종교교육을 실시하고 있다.

(7) 서양의 종교

유대교

히브리 성서는 종교교육을 되풀이해 강조한다. 이스라엘 사람들은 자녀들에게 계명을 가르치고, 계명을 신실하게 낭송하며, 계명으로 전신갑주를 입고, 계명을 문설주에 새겨야 한다. 가정은 이 성스러운 의무를 수행해야 할 1차적인 장소이다. 이스라엘 역사에서는 비교적 일찍부터 공동체가 전문적인 교사들에게 의뢰하여 가정교육을 강화하고 심화시켰다. 레위인들은 '온 이스라엘을 가르치는' 사람들로 불렸다(Ⅱ 역대 35:3). 바빌론 포로기(BC 6~5세기) 이후에는 하느님의 가르침(토라)을 해석하고 전달하는 특별한 자격을 갖춘 학자 집단('율법학자들')이 등장했다. 제2성전파괴(AD 70) 이후 이 문서 전승에 속하는 학자·교사(랍비)들은 유대교의 생존을 보장하고 오늘날까지 유대교를 형성하는 데 결정적인 역할을 했다. 요하난 벤 자카이(1세기에 활동)의 지도 아래 팔레스타인 야브네(얌니아)에 있던 랍비 학교는 제2성전의 파괴 이후 유대인들의 종교적·지적 중심지가 되었다. 형(兄) 가말리엘(1세기에 활동)은 <신약성서>에서 바울로의 스승으로 언급된다. 아키바(1~2세기에 활동)는 미슈나(토라에 대한 주석서인 <탈무드>의 일부)에 구전 율법을 성문화하기 위해 준비하는 데 중요한 역할을 했다. 4세기 또는 5세기에 걸쳐 랍비 주석가들에 의해 발전된 구전 율법의 편찬은 AD 220년경 완료되었다. 그 뒤 한동안 랍비들은 미슈나에 대해 상세한 토론을 벌였다. 미슈나는 질문과 대답의 방법을 집중적으로 활용한 작품으로서 그 뒤 게마라(미슈나 주석)를 탄생시킨 모체였다. 미슈나와 게마라는 함께 모아져 <팔레스타인 탈무드>(400경)와 <바빌로니아 탈무드>(500경)로 편찬되었다. 그 뒤 <탈무드>는 유대교 종교교육에서 으뜸가는 역할을 했다. 각각의 <탈무드>는 그 당시의 주요 랍비 학교에서 만들어졌고, 랍비 학교들은 비슷한 성격의 다른 기관들과 함께 유대교 안에서 주석과 실천의 권위 있는 중심지가 되었다.

랍비의 교육활동과 가정의 교육활동은 회당에서 서로 융합되었다. 또한 회당은 AD 70년에 제2성전이 파괴된 이후에도 유대교가 생존하는 데 매우 중요한 역할을 했으며, 회당의 교육활동은 비교적 일찍부터 공식적인 지역공동체학교들에 의해 보완되었다. 어린이가 공교육에 입학하는 입학식은 장엄한 의식이 되었다. 입학식은 어린이의 나이가 비교적 어릴 때, 모세가 율법을 전수받은 일을 기념하는 축일인 샤부오트 날에 주로 거행되었다. 어린이는 특별한 복장을 하고 회당으로

와서 십계명 낭독을 들었다. 그 뒤 교사들은 꿀을 바른 과자를 가지고 어린이들에게 히브리어 알파벳을 가르치기 시작했다. 어린이들은 문자를 발음하면서 이 과자를 먹는데, 그것은 배움이 달콤한 것이라는 생각을 심어주기 위한 것이었다. 그때부터 종교교육은 정신을 집중해야 할 과업이 되었으며, 다양한 본문들에 대한 면밀한 공부와 암기를 강조했다. 토라를 학습했다는 공식적인 증명서는 어린이들이 13세 되는 해에 거행되는 바르 미츠바(Bar Mitzwa: 축자적으로는 '계명들의 아들'이라는 뜻) 의식 때 받았다. 공식적인 종교교육을 받을 수 있는 사람들은 소년들과 성인 남자들뿐이었다. 성인 여자가 토라를 배우는 학생이 되는 경우도 있었으나, 여성이 교육에서 맡는 1차적인 역할은 신실한 어머니의 모범을 따르는 것이었다.

모든 종교교육의 기본적인 목적은 '토라 자체를 위해 토라를 연찬하는 것'이었으며, 이러한 연구 생활은 경건한 유대인이 추구해야 할 가장 훌륭한 활동으로 간주되었다. 이 과정에 대한 랍비들의 지침이 회당과 부속학교들에 부여되었을 뿐만 아니라 고등학문을 배우는 아카데미(예시바)에도 부여되었다. 이 아카데미들은 탈무드에 대한 권위 있는 주석과 연구를 위한 중심지였다. <탈무드> 토라라는 용어('토라 연구'라는 뜻)는 중세와 근대에 다양한 교육기관을 나타내는 명칭이 되었다. 18세기 후반 유대인들이 게토로부터 해방되면서 유대교 종교교육에도 심대한 변화가 일어났다. 오랜 기간 공고하게 확립되어 있던 '토라 연찬'이라는 원칙과 실제는 이미 체계화되어 유대교 공동체에 속속들이 스며들어 있었으므로, 이와 근본적으로 다른 세속화된 근대 세계의 사상과 실제가 소개되면 유대교의 기반이 무너지리라는 우려의 목소리가 높아져 갔다. 보다 전통적인 입장에서 유대교 신앙과 의식을 옹호하는 사람들은 세속화의 잠식을 단호하게 거부했지만, 18세기 계몽주의의 위대한 유대교 철학자 모제스 멘델스존과 같은 사람들이 이끌었던 개혁 유대교는 세속화된 세계의 지적·제도적 현실에 유대교 교육과 전반적인 유대교 세계관을 적응시키기 위해 노력했다. 랍비들의 훈련을 위해 신학교들이 세워졌고, 이들 학교에서는 고대의 방법과 현대의 방법, 고대의 견해와 현대의 견해를 놓고 중용을 취하려는 노력이 있었다. 1930, 1940년대에 나치가 유럽의 유대인 사회를 사실상 뿌리 뽑은 이래로, 특히 미국과 이스라엘에서는 고대의 교육원칙과 실제들 가운데 많은 것을 부활시키려는 노력이 있었다. 이와 동시에 많은 랍비와 교육자들은 세속화된 서구 세계에서 히브리어와 유대교 유산을 가르치는 새롭고도 실현가능성 있는 방법을 개발하기 위해 줄곧 노력하고 있다.

조로아스터교와 파르시(Parsi)

조로아스터교도의 가장 중요한 의무 가운데 5번째 의무는 '낮과 밤의 1/3을 신학교에 참석하여 성인들의 지혜를 깊이 생각하는 것'이었다. 흔히 이들의 학교는 아후라 마즈다(Ahura Mazda: '선한 주'라는 뜻)에게 봉헌된 불이 있는 신전 구내에 있었고, 교사는 사제들이었다. 고대 페르시아에서는 거룩한 문서들에 대한 기계적 학습, 제의 훈련, 읽기와 쓰기법 전수, 준칙과 잠언을 이용한 도덕 교육 등이 모든 사람들을 대상으로 한 초급학교에서 시행되었다. 조로아스터교에서는 계급 차별과 성차별 없이 모든 사람들이 교육받을 수 있는 기회를 누렸다. 고등교육은 주로 종교·의학·법학과 관련되어 있었다. 페르시아 서부에서 남자들은 군사적 종교교육제도를 통해 이른바 '성전'(聖戰)에 대비했다. 교육제도로서의 조로아스터교는 최후의 조로아스터 왕조가 이슬람교도들에게 함락되었던 AD 651년까지 국가의 요구와 뒤얽혀 있었다. 영국 식민지 시대가 시작된 뒤 파르시(인도에 정착한 페르시아 조로아스터교도를 일컫는 용어)들은 서구의 세속 교육제도와 그들 나름의 전통 회복에 집요한 관심을 보여 왔다.

그리스도교

복음서들은 예수를 교사로 지칭할 때가 많다. 초기 그리스도교 문헌들은 대부분 신앙과 의식에 관한 질문들을 다루고 있다. 이러한 문헌 가운데 가장 체계적인 것은 1세기 후반의 디다케 문서(Didache: '12사도들이 이방인들에게 전하는 주의 가르침')인데, 이것은 신자들과 개종자들을 위한 훈련 및 교육 교범이다.

초기 그리스도교 역사에서 개발된 가장 중요한 교육 수단은 교리문답이다. 개종자들은 도덕과 교리에 대한 공식적인 교육과 전례 훈련을 통해 준비했다. 전례 훈련은 신자들의 미사에 앞서 드리는 초신자들의 미사에서 이루어졌다. 개종자들은 교육을 만족스럽게 이수하고 도덕적 성품이 확립되고 세례를 받은 뒤에야 비로소 이 미사에 참여할 수 있었다. 훈련된 교리문답 교사들은 니사의 그레고리우스(335경~394경)와 같은 탁월한 초기 교회의 사상가들이 준비한 특별한 교리문답 교재들을 사용했다. 공식적인 종교교육은 주로 성인 개종자들을 위한 것이었고, 어린이들을 위한 종교교육은 가정의 책무로 생각되었다.

교리문답 교육은 '교리문답학교들'에서 고도의 세련성을 갖게 되었다. 교리문답학교들은 2세기 후반 도시의 그리스도교 지식인들에게서 발전한 고등교육 기관이었다. 전성기 때 알렉산드리아 학파와 안티오크(후의 에데사) 학파는 서로 각축을 벌였다. 알렉산드리아 학파는 신플라톤주의의 옹호자로서 관념론을 강조하고 성서 주석에서 알레고리를 광범위하게 사용했는 데 반해, 안티오크 학파는 질료와 형상에 대한 아리스토텔레스의 강조점을 따르고 보다 축자적인 성서 주석의 입장을 따랐다. 교리문답학교들은 5~6세기에 쇠퇴했다. 중세교회에서 교육의 대상이었던 성례전의 초점은 세례에서 참회로 바뀌었고, 신앙의 진리를 전달하기 위해 상징이 광범위하게 활용되었다. 중세 교회는 문맹자들과 반(半)문맹자들에게 신앙을 전달하고 이를 강화하기 위해 고대 전례의 화려한 장식, 축제와 축일의 정교화, 미술·건축·연극 등 예술을 활용했다.

중세 초기의 공식적인 종교교육은 주로 수도원과 대성당 학교에서 실시되었다. 샤를마뉴(800년 신성 로마제국의 황제가 됨)와 그의 교육 보좌관 알비누스(732경~804경)의 지도하에 궁정학교제도가 발전되어

8~9세기에 중대한 영향력을 발휘했다. 이들 학교에서 시행된 교육은 신앙의 초보지식에 관한 것이었지만 연구 주제는 성서와 그리스도교 교리를 넘어서 어떤 경우에는 7대 교양과목(문법·수사학·변증법·대수·기하·천문학·음악 이론)의 전부 또는 일부를 포함했다. 스콜라주의(11~15세기에 꽃핀 서방 그리스도교 철학 체계)가 발전하고 대학교들이 등장하면서 비판적이고 체계적인 사유가 개화했다. 아리스토텔레스 학설의 재발견에 영향을 받은 스콜라 철학자들은 토마스 아퀴나스 (1224 / 25~74)의 뒤를 따라 신학을 모든 학문에 중요한 의미를 지니는 '학문의 여왕'으로 격상시켰다.

16, 17세기 종교개혁의 특징은 그리스도교의 맥락에서 도덕 교육과 일반 교육을 모두 강조한 것이라 할 수 있다. 마르틴 루터(1483~1546)는 모든 사람이 믿음 안에서 교육을 받아야 한다고 주장했고, 스스로 성서를 지방어로 번역하고 교리문답서들을 마련하며, 예배와 교육을 촉진시키기 위해 음악을 널리 사용할 것을 권장했다. 장 칼뱅(1509~64)도 모든 신자들의 교육을 위해 교리문답서 1권을 썼고, 학교의 설립을 장려했다. 이 두 사람의 추종자들은 가는 곳마다 종교교육을 강조했다. 예를 들면 북아메리카에 정착한 초기 청교도(칼뱅파)들은 뉴잉글랜드에 정착한(1630) 지 20년도 지나지 않아서 대학(하버드)을 설립했고, 50가구 이상 되는 모든 지역공동체들이 공교육을 실시하도록 규정하는 법령을 제정했다.

가톨릭 종교개혁에서 이루어진 가장 중요한 교육의 발전은 로욜라의 이그나티우스(1491~1556)와 그가 설립한 예수회(수도회)의 활동에서 비롯되었다. 고도로 훈련된 이 운동은 신앙과 교회를 위해 마음·몸·영혼 등 인간의 전인성을 다스리고자 했다. 이를 위해 예수회는 그리스도교 역사에서 유례없는 종교교육제도와 세속교육제도를 발달시켰다.

종교개혁 이후 그리스도교 교육에서 이루어진 중요한 발전은 ① 국가의 지원이 있건 없건 로마 가톨릭 교회가 광범위한 교육제도를 확립한 일, ② 모라비아교도, 독일 경건파, 퀘이커교도, 감리교도 같은 개신교 교단들이 머리 교육과 '마음 교육'을 강조한 일, ③ 특히 미국 개신교도들이 종교적 자극에 따라 교양학부를 설립한 일, ④ 로마 가톨릭과 개신교 내에서 성직자 교육이 평신도 교육으로부터 점차 분리된 일, ⑤ 19~20세기에 대영제국과 미국에서 주일학교 운동이 전성기를 맞이한 일, ⑥ 선교사들이 세운 학교들이 그리스도교 사상과 근대 세속 사상을 아시아와 아프리카에 전달하는 역할을 한 일, ⑦ 세속화된 서구 문화의 현실에 부응해서 그리스도교 교육의 방법과 내용을 조정하려고 노력한 일, ⑧ 20세기 초반에 미국의 종교교육운동이 존 듀이(1859~1952)의 교육 이론을 광범위하게 활용한 것 등이다.

이슬람교

무하마드(7세기 이슬람교를 창시한 인물)는 '중국에 가는 일'이 있더라도 교육을 받으라고 추종자들에게 엄명했다고 전해진다. 역사가들의 기록에 따르면, 그는 전쟁 포로들로 하여금 이슬람교도들에게 읽기와 쓰기를 가르치는 대가로 자유를 얻게 해주었다고 한다. 대부분의 이슬람교도들은 교육의 본질적인 목적이 2가지라고 보았다. 하나는 계시에 부응해서 각 사람을 도덕적으로 지도하는 것이고, 다른 하나는 국가와 종교기관들을 운영할 수 있도록 문필 계급을 육성하는 것이다. 쿠타브(kuttab)는 이슬람 청년들을 위한 초급 교육기관으로 등장했다. 이 학교들이 읽기와 쓰기를 가르치기 위한 전형적인 필사(筆寫) 교과서로 사용한 것은 간결한 운문체와 산문체 준칙들이었다. 코란이 기록된 뒤 얼마 지나지 않아 코란은 쿠타브 교육을 받는 저급 학년 학생들이 사용하는 유일한 교과서가 되었다. 일단 코란을 암기하고 읽기와 쓰기를 이수한 뒤에도(대부분 10세에 이를 마쳤음), 학생들은 15세까지 쿠타브 교육을 받았다. 이때 학생들이 공부한 교재로는 기본적인 하디스(ad th: 예언자 무하마드의 언행 전승)도 포함되어 있었는데, 이 책은 합당한 행동을 위한 지침서로 암기되었다. 쿠타브 외에 고등학문을 배우는 학교에서는 자격시험을 거친 학생들이 고전 아랍어 문법과 어원학 지식을 습득했다. 이를 통해 학생들은 코란과 하디스(이 둘을 모두 암기해야 했음), 그리고 이와 관련된 문헌들을 보다 심오하게 이해했다. 또한 학생들은 피크(Fiqh: 계시와 관습의 권위에 근거한 이슬람교 판결문 양식)를 논리학과 수사학 대신 공부했다. 피크에 대한 지식은 촌락 수준의 행정에서도 필요 불가결했으므로, 피크에 대한 공부는 사회 전반에 비교적 널리 퍼져 있었다.

모든 이슬람 사원은 여러 가지 용도의 학교로 활용되었다. 사람들은 사원 뜰에서 전승과 율법에 대해 토론했다. 어떤 사람이 권위자로 인정되면, 다른 사람들은 그를 스승으로 모시고 집단을 형성했으며, 이 같은 상황은 어느 정도 공식화되어 있었다. 학생들은 흔히 존경받는 대가 밑에서 배우기 위해 먼 곳까지 여행했다. 많은 이슬람 사원들은 도서관을 지어 대중이 이를 활용할 수 있게 해 대중교육에 크게 기여했다. 도서관은 이슬람 사회의 중요한 특징이었다고 할 수 있으며, 10만 권 이상의 장서를 가진 도서관들도 많이 있었다. 공식적인 모슬렘 사원학교들은 공인받은 교사들을 중심으로 발전했다. 이 기관들의 교육에서는 살라츠(salats: 매일 여러 번 드리는 기도)가 지켜졌고, 많은 경우 학교마다 이맘(imam: '지도자')이 있었다. 일부 학교는 통상적인 이슬람 사원과 똑같은 외양을 가졌기 때문에 많은 사람들이 금요기도회에 참석하기 위해 학교로 갔다.

이슬람 사원학교의 이념은 니잠 알 물크가 바그다드에 국립 마드라사(이슬람대학교)의 문을 연 1066~67년에 더욱 촉진되었다. 얼마 뒤 이슬람 세계 전역에 이 같은 학교가 많이 세워졌다. 이 교육기관들의 본래 목적은 수니파 교리를 가르치기 위해 표준화된 교육의 기초를 제공해서 그 당시 영향력 있던 시아파가 종파의 교리를 광범위하게 전파하는 것을 막는 데 있었다. 그 결과 이 교육기관들은 이슬람 문화권에서 보수적 성향을 띤 고등학문의 중심지로서 논쟁을 억제하는 역할을 도맡게 되었다. 시아파는 이란과 이라크에 유사한 대학교들을 설립하는 데 성공했다.

근대 이슬람 교육기관 가운데 지도적인 역할을 한 것은 카이로에 있는 알아자르대학교이다. 970년 시아파 군주들이 설립한 이 대학교는 몽골족이 침입하여 이란과 이라크에서 전성기를 구가하던 고등학문 중심지들을 파괴한 13세기 이후 수니파 이슬람교도들에게 특히 중요한 역할을 했다. 이슬람교는 끊임없이 교육과 이해를 새롭게 하도록 압력을 가했다. 공식적인 학교들과는 별도로 여러 가지 형태의 교육이 발달했는데, 그 가운데 가장 주목되는 것은 수피 수도회(이슬람 신비주의 형제단)들이다. 그러나 이슬람 교육의 정점은 마드라사이다. 마드라사에서는 이슬람 지식체계와 전승체계가 조직·전파되고, 헬레니즘 문화의 주요요소들이 유지되어 유럽 등 비이슬람교 문화권에 전달되었다.

현대의 종교교육

오늘날 종교교육은 현대 과학, 테크놀로지, 대중문화, 현대 국가에서 나타나는 권력 집중의 심화 등 여러 가지 도전에 직면해 있다. 여러 차례의 정치혁명은 전통적인 종교교육의 기반을 완전히 허물었으며, 그 자리에 국가가 관리하는 제도를 세우게 했다. 종교집단들은 이 같은 상황을 여러 가지 방식으로 다루었다. 독일에서는 국립학교에 대한 유화책을 썼고, 미국의 로마 가톨릭 교구학교에서는 독립된 학교제도를 확립했으며, 국가의 통제가 매우 엄격한 소련과 중국에서는 망명이 줄을 이었다.

미국 혁명(1775~81)은 교회와 국가의 분리를 초래했으며, 19세기 공립학교들은 공동의 가치관을 주입하는 주된 역할을 맡았다. 그것은 과거에 제도교회가 맡았던 것과 같은 역할이었다. 공립학교에서는 도덕적·시민적·종교적 목적을 위해 성서 읽기, 찬송가 부르기, 기도 등과 같은 관례들이 활용되었다. 이러한 관례들은 젊은이들에게 종교교육을 실시하고자 했던 종교집단들에 의해 대체로 권장되었다. 20세기 중반에 이것이 쟁점으로 대두되자 미국 연방 대법원은 많은 판결을 내려 공립학교에서 종교교육을 위해 시간을 내는 것, 학교가 기도회를 후원하는 것,

종교적 목적으로 성서를 읽는 것은 위험이라고 선언했다. 공립학교에서의 종교의례 시행은 반대를 받았지만, 종교의 연구는 보호를 받았고 심지어 권장되기까지 했다. 1980년대에는 교구학교에 대한 정부의 감독, 공립학교에서의 종교적 표현 등의 쟁점을 둘러싸고 공개적인 논쟁이 다시 활발하게 전개되었다.

종교에 대한 연구는 미국의 일부 주립대학과 주립대학교에서 한 세대 이상 권장되었다. 종교 연구에 대한 권장은 종교와 밀접한 관계를 맺고 있는 종교학교들(예를 들면 아이오와대학교)에서 시작되어 최근에는 종교학부(예를 들면 샌타바버라의 캘리포니아대학교)에서 지속되었다. 이 같은 발전은 종교에 대한 학문적인 연구를 점점 더 강조한다는 데서 그 특징을 찾을 수 있다. 예를 들면 다양한 세계 종교에 점점 더 많은 관심을 기울이고 종교 자체의 본성과 기능을 분석하는 것이 그것이다. 공립학교에서도 종교에 대한 연구는 점점 더 많은 관심을 모으고 있다.

영국에서 1944년 제정된 교육 조례는 학교에서 종교교육을 실시하고 선발된 종교집단이나 교사, 지방정부가 교과 내용을 승인할 것을 규정하고 있다. 이 교과 내용을 살펴보면 다양한 종교 전승에 대한 관심이 증가하고 있음을 알 수 있다. 종교 연구에 체계적인 관심을 기울이는 대학과 대학교의 수효도 늘어가고 있다. 최근에 터키·인도·일본과 같은 나라의 국립학교에서는 종교교육이 제외되거나 극도로 제한되었다. 이와는 달리 최근에 수립된 미얀마·스리랑카·이스라엘·파키스탄과 같은 나라에서는 국민적 정체성을 촉진하기 위한 수단으로 지배적인 종교 전승들이 다양하게 활용되었다. 이러한 나라의 국립학교에서는 일종의 종교교육이나 종교에 관한 자치교육이 권장되었다. 전통적인 가르침과 현대적인 가르침, 전통적인 종교의식과 현대적인 종교의식을 융합하려는 노력도 기울어졌다.

종교교육에 대한 현대의 다양한 도전들에 대응하고자 종교집단과 지도자들의 노력이 지속적으로 일고 있다. 종교의 통제나 감독 또는 2가지 모두를 받는 대학과 대학교를 지속적으로 설립하는 일(예를 들면 스리랑카의 불교대학교, 일본의 인터내셔널 크리스천 유니버시티), 신학교육을 대학교육과 보다 밀접하게 연관시키려고 노력하는 일, 국립학교에서 종교교육과 도덕교육을 실시하기 위해 가변적인 프로그램을 개발하려고 노력하는 일, 특히 일부 보수적인 종교집단에서 종교의 후원을 받는 주간학교를 부활시키는 일, 현대 테크놀로지와 대중문화가 제공하는 다양한 전자 장치들을 활용해 복음전파와 교육을 실시하는 일, 서구에서 동양 스타일의 종교교육 프로그램을 실시하는 일(예를 들면 선불교 명상 센터들과 수도원들) 등 매우 다양하게 진행되고 있다.

9. 특수교육

모든 인간은 인간으로서의 존엄성을 지니고 있으며, 한 사회가 지니는 가치관은 그 존엄성을 제대로 인정해주는가 그렇지 못하는가를 정하는 데 커다란 영향을 미치고 있다. 어떤 사회에서는 인간의 종교, 계급, 성 등에 관하여 차별적인 태도를 가지는 반면에 다른 사회에서는 차별적인 요소를 철폐하기 위한 다양한 노력을 하고 있다. 아동 중에서는 신체적 정신적 어려움 때문에 특별한 교육적 조치나 서비스를 요구하는 경우가 있다. 즉 지적인 기능이나, 사회적 적응기능, 의사소통기술, 감각기능 또는 신체적 기능들 중에서 한 가지 또는 두 가지 이상이 평균이라는 기준에서 조금 또는 많이 벗어난 특성을 가진 아동들이 있다.

1) 특수교육의 정의

(1) 특수교육의 다양한 정의

특수교육은 정의하는 사람들의 관점에 따라 다양하게 정의된다. 특수교사에 의해서 제공되는 교육을 특수교육이라고 정의하기도 하고, 교육 현장에서 장애 학생을 직접 가르치거나 또는 장애 학생을 가르치는 다른 교사들에게 지원을 제공하는 것으로 정의하기도 한다.

① 일반적인 보통의 교육방법이나 전략만으로는 그 나이에 해당되는 교육적, 사회적 기타 여러 수준의 목표에 도달되지 못하는 심신의 장애를 지닌 아동을 특별한 방법이나 서비스로 교육함을 의미한다.

② Kirk & Gallagher: 특수아동의 잠재력을 개발하고 장애를 교정하기 위해서 제공되는 일반학교 프로그램 이상의 보충적인 서비스

③ Heward &Orlanskt: 특수교육은 특수아동이 최대한으로 개발할 수 있는 자기 충족감을 달성하고 현재와 미래 환경에서 성공할 수 있도록 도와주는 개별적으로 계획하고, 체계적으로 실행하고, 주의 깊게 평가하는 교수방법이다.

특수교육은 특수아동의 개별적인 욕구를 충족시키기 위해서 특별하게 계획하고 체계적으로 실행되는 교수를 의미한다. 다시 말해서, 특수교육은 특수아동의 개별적인 욕구를 충족시킨다는 분명한 목적을 지니고 있으며, 이러한 목적을 성취하기 위해서는 사전에 잘 계획하고 체계적으로 실행되어야 한다는 것이다.

(가) 중재로서의 특수교육

① 예방적 중재: 장애를 초래할 수 있는 잠재적인 문제에 대해 중재하는 것으로 가능한 한 어린 시기에 시작해야 한다.

② 교정적 중재: 장애인이 독립적이고 성공적으로 기능을 수행하는 데 필요한 기술을 교수하는 것이다. 교정적 중재는 장애인의 일반적인 환경에서 성공적으로 기능하기 위해서는 특별한 도움이 필요하다고 가정한다.

③ 보상적 중재: 장애인이 장애에도 불구하고 과제를 수행할 수 있도록 대체기술을 교수하는 것이다.

(나) 교수로서의 특수교육

① 대상: 개별적으로 계획된 교수프로그램을 필요로 하는 특수아동이다.
② 내용: 특수교육은 가능하면 모든 장애아동이 일반학교 교육과정을 학습할 수 있도록 지원하는 것을 목표로 하고 있지만, 일부 장애아동의 개별화 교육계획안의 장기목표와 단기 목표는 일반학교교육과정과 구별된다.
③ 방법: 특수교육의 교수방법과 교수자료는 아동의 필요에 따라 특수화되고 조절된다.
④ 장소: 특수교육을 할 수 있는 교수환경은 다양하다.

(다) 특수교육의 특성

① 개별적으로 계획된 특수교육
② 전문화된 특수교육
③ 집중적인 특수교육
④ 목표지향적인 특수교육
⑤ 연구에 기초한 교육방법으로서의 특수교육
⑥ 아동의 수행에 따라 제공되는 특수교육

우리나라의 전통적 장애인관은 속담에서도 찾아볼 수 있는 바와 같이 장애인은 그 며칠에 있어서나 내용에 있어서 멸시를 받았거나, 무능력하고 희롱의 대상으로서 부정적 표현의 대상으로 이용되었고 비인간적 가치를 부여받은 것으로 보인다. 그러나 삼국사기의 신라 유리왕 때 급식 양호 기록이나 조선시대 서당교육의 훈육방침, 정조 7년의 판휼전칙에서 보듯이 자비보호 사상이 일찍부터 생활규범 속에 엿보이고 있다.

한국에 있어 특수교육의 성립은 여러 측면에서 찾아볼 수 있겠으나 근대의 특수교육은 구한말 개화기에 서구 문명을 받아들임으로써 주로 외국인 선교사에 의해서 이루어졌다고 할 수 있다.

구한말의 개화사상은 개화의 보급과 그 실천을 교육을 통해 하고자 했으며, 이에 따라 교육의 실용화, 민주화, 구국화를 강조하는 신교육운동이 전개됨에 따라 우리나라에서도 전통적인 경전 중심의 교육을 탈피하여 새로운 학문 전수를 위한 근대학교가 보급되기에 이르렀다. 즉 개화사상→신교육 사상→근대학교의 설립이라는 일련의 새로운 역사 발전의 추세에 따라 특수아동의 교육문제에도 관심을 가지게 되었으며, 이들 특수교육이 행해지기 전에 개국 이후 외교사절단의 귀국 보고 문서나 당시의 개화서적 등을 통해 특수교육이 이 나라에 소개되었다.

이를테면, 1881년 박정양 등 신사유람단은 일본의 각종 교육기관을 보고하는 가운데 맹아원에 관하여 소개를 하고 있는데, 이는 우리나라에 특수교육이 문서상으로 소개된 최초의 기록으로 평가받고 있다. 또한 유길준은 구미 등을 돌아보고 1895년 『서유견문』이란 저서를 통해 치아원(정신지체교육), 맹인원(맹교육), 아인원(농교육) 등에 관하여 당시 구미 특수교육의 모습을 구체적으로 소개하였다.

이는 한국 특수교육 태동에 있어 중요한 의미를 갖는 것으로 평가되며, 이러한 문화나 서적을 통해 소개되는 단계를 거쳐, 우리나라에 최초로 특수아동을 위한 근대식 교육이 시작된 것은 미국 북감리교 선교사이며 의사인 R.S.Hall로 밝혀지고 있다. Hall이 개인적으로 맹여아(오봉래 또는 오복녀)에게 점자 지도를 시작한 연대는 1894년 설이 공통된 주장으로 나타나고 있다. 그러나 적어도 학교교육의 일환으로 특수교육이 시작된 시기에 대해서는 1894년, 1894년, 1900년 등으로 그 주장이 엇갈리고 있다.

한국 특수교육의 전개 과정에서 두 번째 단계라고 할 수 있는 것은 일제가 우리나라를 강점하고 난 뒤 조선총독부령으로 제생원관제를 제정 공포하고, 구빈 보호적 성격을 띤 특수교육을 행한 시기라고 할 수 있다.

913년 3월, 조선총독부는 제생원 내에 양육부와 맹아부를 두었는데 양육부는 주로 고아를 양육 보호하고 맹아부는 맹자와 농자에 보통교육을 실시하고 생활에 필요한 기능을 가르치는 것을 목적으로 하였다.

이와 같이 제생원 맹아부는 근대적인 교육기관이라기보다 이들 특수아동을 고아와 함께 구빈 보호하는 데 일차적 목적이 있었다. 비록 한국 최초의 공립 특수교육기관으로 해석될 수도 있지만 고아의 양육과 맹농아의 교육을 같은 기관에서 맡고 있었으며, 특수교육에 있어서도 그 교육적 혜택이 일본인과 조선인 간에 많은 차별이 있었음을 엿볼 수 있다.

일제의 식민 치하에서도 한국인에 의한 특수교육 업적이 이루어진 바 있는데, 그 가운데에서도 주목할 만한 것은 당시 제생원 맹아부 교사로 재직해 온 박두성의 한글점자 창안이라고 할 수 있다. 박두성은 일본 점자로만 교육하는 것에 불만을 품고 1921년 한국인 졸업생들과 함께 조선어연구위원회를 조직하여 우리말 점자를 만드는 일을 강력히 추진하였다. 그는 당시 사용 중이던 『뉴욕점자』로써 『초등독본』과 『천자문』을 점자화하려고 노력했으나 4점으로 이루어진 뉴욕점자(::)로는 불가능함을 깨닫고 6점으로 된 한글점자를 고안하여 1926년 11월 4일에 공포하였다. 이것이 이른바 훈맹정음이며, 이는 1829년 브레이유가 최초로 6점의 점자를 고안한 이래 약 백년 뒤의 일이며 국제 점자학계부터도 한글의 우수성과 함께 과학적이고도 잘 짜여진 훌륭한 점자로 공인받고 있다.

한편 일제 치하의 어려움 속에서도 이창호 목사는 1935년 평양 광명맹학교를 설립하였다. 이는 한국인에 의해 설립된 최초의 특수학교로서 아우이의 맹학교를 기준으로 하면 151년 뒤의 일이며, 레뻬의 농학교와 비교하면 175년의 차이가 있다. 이어서 제생원 맹부 졸업생인 손용수에 의해 1938년 원산맹학교가 설립되었고 같은 시기에 독일인 수녀 카리타스는 원산에서 수화법에 의해 농아를 가르쳤는데 해방 후 1976년 농학교인 서울애화학교를 설립하는 업적을 남겼다.

특히 일반 초등학교 내에 설치된 최초의 특수학급은 1937년 서울 동대문 초등학교의 병허약아 학급으로 밝혀지고 있다. 비록 일본인에 의한 것이었고 일반아동교육의 피해를 줄이기 위한 것이었지만 최초의 공립 특수학급이라는 점과 본 학급 운영의 실태가 『문교의 조선』 제193호에 구체적으로 밝혀짐에 따라 1969년 서울월계국민학교의 약시학급은 우리 손으로 이루어진 최초의 특수학급으로 밝혀지기도 했다.

이상에서 보듯이 우리나라 초기 특수교육은 맹교육을 중심으로 비교적 신교육이 앞서 보급된 서북지방을 중심으로 발달해 왔으며, 기독교 선교사와 한국의 기독교인의 노력에 의해서, 비록 구빈보호적 성격을 띠면서도 공적 특수교육에 뿌리를 내리고 있다.

1945년 민족의 광복과 더불어 민주교육이 추진됨에 따라 특수교육에 있어서도 제도적 정비를 하게 되었다. 1949년에 제정된 교육법에 특수학교의 설치 의무와 일반학교 내의 특수학급 설치를 명시하여 특수교육의 법적 근거를 마련하였다.

그러나 당시로서는 법제도적 규정에 불과한 것이었고 오히려 1950년대를 전후하여 민간 독지가에 의한 사립 특수학교가 많이 설립되었다는 사실은 이들 사학이 한국 특수교육 발전의 주도적 역할을 담당해 왔다는 점에서 더 중요한 의미를 지닌다고 할 것이다.

해방 후 최초로 설립된 사립특수학교는 1946년 4월에 이영식 목사가 대구에 설립한 대구맹아학원으로서 이 땅에 특수교육이 시작된 지 약 반세기 뒤의 일이다. 대구맹아학원은 제생원 맹아부출신 방영생 등이 교사로 부임하여 대구중앙교회 하층에서 맹여학생 2명과 농학생 12명을 수용하여 첫 수업을 시작했다.

외국과 마찬가지로 우리나라에 있어서도 맹·농교육은 비교적 일찍 시작된 반면에 정신지체나 지체부자유 교육은 다소 늦은 감이 없지 않다. 한국 최초의 지체부자유 학교는 1964년에 설립된 연세대학교 세브란스병원 소아재활원부속국민학교이며, 정신지체학교는 1966년의 대구보명학교가 최초이다. 이는 서양에 비해 약 한 세기가 뒤진 셈이다.

이 같은 사립 특수학교의 대부분은 기독교적 인도주의, 박애정신에 입각한 건학정신을 가진 학교가 대부분을 차지하고 있으며, 맹·농학교는 1950년대, 지체부자유와 정신지체학교는 1960년대에 설립되었음을 알 수 있다. 또한 설립 당초에는 일종의 수용보호적인 복지시설에서 출발하여 뒤에 학교체제로 바뀐 것이 많다. 이러한 발전은 1962년에 8개 학교이던 것이, 1967년에는 22개로 증가하였고, 1972년에는 38개교, 1977년에는 51개교, 1981년에는 61개교, 1991년에는 102개교, 2004년 141개교로 확대되었다.

한편 국·공립 특수교육기관의 경우는 해방 후 제생원 맹아부가 미군정청에 의해 6년제로 바뀌어 이른바 최초로 특수학교 교육이 근대학교의 기틀을 마련하였고, 1947년에는 보건사회부에서 문교부로 특수교육 관장 사무가 이관되었다. 당시 국립맹아 학교의 초대 교장으로 윤백원 씨가 취임하여 농아동을 위한 한글 지문자를 제정하여 사용함으로써 농교육 발전에 크게 공헌하였다. 또한 같은 해 9월 1일에는 국립맹아학교 중등과를 신설하였는데, 이는 한국에 있어 중등특수교육 기관의 효시라 할 수 있다.

이와 같이 사실상 1960년대 후반기에 이르기까지 공립 특수교육기관의 성립은 그 명목뿐이었고 실질적인 진전은 거의 없었다. 따라서 국가적 차원에서 관심을 보인 것은 1067년 9월 문교부가 마련한 '특수교육 5개년 계획'이다. 이는 종래 사립에 의존해 오던 태도를 바꾸어 국가가 적극적으로 특수교육을 책임지고자 기획한 하나의 획기적인 중기 정책이라는 점에서 큰 의미를 지닌다고 할 수 있다. 이 계획은 1972년을 목표 연도로 하여 특수학교 초등부 취학률을 50%로 높이고 특수학교와 특수학급의 신설, 특수학교 초등과정의 의무교육화, 교원의 확보, 사학에 대한 재정 지원 등과 같은 구체적 정책을 강구하였다. 그러나 본 계획은 당시 정부의 경제발전 우선이라는 입장 때문에 그 실적은 부진하였다. 즉 본 계획 기간 동안에 경남혜림학교, 대구남양학교가 공립으로 설립되었고, 대전맹학교가 공립으로 바뀐 것 외에는 별다른 진전이 없었다.

1970년에는 한국의 교육을 장기적이고도 종합적인 차원에서 그 개혁을 추진키 위해 '장기종합 교육계획 심의회'가 구성되어, 특수교육 부문에서도 기본 계획을 수립한 바 있으나 본 계획은 구체적 실시 단계 이전에 그 계획이 유보되었다.

한편 특수교육에 관한 문교부 행정직제로서 1948년 정부조직법에 따라 보통교육국 안에 특수교육과가 설치되어 특수교육, 해외교포교육, 유치원 및 사설강습소에 관한 사항을 담당하여 오다가, 1951년에는 고등교육으로 이관되고, 다시 해외교육과 → 교육행정과 특수교육계 → 교육행정과 업무로 흡수 → 의무교육과로 이관되는 등 전담부서도 없이 이리저리 편의에 따라 소관사무가 이양되는 시련을 겪어왔다.

그러던 중 70년대에 접어들어 일반 초등학교에 특수학급이 설치된 것은 한국에 있어 특수교육의 공적 책임확대를 위한 중요한 계기가 되었다. 물론 특수학급 교육의 역사는 앞에서 밝힌 1937년의 동대문국민학교의 양호학급, 1969년의 서울월계국민학교의 약시학급, 1972년 서울맹학교와 대구광명학교의 약시학급, 또한 현존하고 있는 여의도 초·중·고등학교의 약시학급 등을 들 수 있으나 본격적인 특수학급 교육은 교육가능 정신지체아를 위한 특수학급이 설치된 때부터라 할 수 있다.

최초의 교육가능 정신지체아 특수학급은 1971년에 설치된 대구 칠성국민학교의 특수학급이다. 당시 경북북도 교육위원회는 특수학급 설치에 있어서 선구적 역할을 해왔다.

일반학교 내의 교육가능 정신지체아 특수학급의 시작과 보급은 한국 특수교육 발전에 중요한 계기를 마련한 것으로 볼 수 있으며, 또한 경북 도교육위원회가 중학교 특수학급 실험 운영에 있어서도 선진역할을 담당한 것은 주목할 만한 일이다.

이와 같이 1970년대에 와서 점차 특수교육에 관한 공적 책임이 확대되어 오던 중 1977년 말 특수교육진흥법이 국회를 통과하게 되고, 그 이듬해에는 동법 시행령과 시행규칙이 확정, 공포됨에 따라 특수교육의 법·제도적 규정이 실효성 있게 추진될 수 있게 되었고, 이에 따라 10

년에 걸쳐 완성되었지만 한국 특수교육이 1988년 의무교육과 무상교육의 원칙을 정립하게 된 것은 매우 고무적인 것으로 평가된다.

교사 양성에 있어서는 1961년 4년제 대학과정의 특수교육과가 대구대학교에 설치된 후, 1971년 단국대학교와 이화여자대학교가, 1980년대에는 강남대학, 전주우석대학과 공주사범대학, 1990년대에는 부산대학교, 창원대, 여수대, 한국체육대 등 국립대학에 특수교육과를 설치하여 교사를 양성하고 있다. 특히 문교부는 교수내용의 정립을 위해 맹, 농학교 교육과정을 1967년에, 정신지체학교는 1974년에 제정하였다. 그 후 1977년에 1차 개정을 거쳐, 1983년에는 2차 개정과 아울러 정신지체학교 중·고등부와 지체부자유학교의 초·중·고등부 교육과정을 처음으로 제정하였다. 또한 1998년에는 고시 제98-11호로 개정된 제7차 특수학교교육과정 기준을 고시하였다. 1996년 7월 교육부에 특수교육 담당관이 신설되었으며 1998년에는 특수교육정책과로 명칭이 변경되었다. 1999년 국민의 정부가 유아특수교육과로 축소 조정했다가 2001년 교육인적자원부로 개편되면서 특수교육보건과로 운영하다가 2005년 특수교육정책과로 분리되었다. 2007년 현재는 특수교육이 정착된 단계라고 할 수 있다.

국민의 호응과 교육과 경제, 산업 등 다양한 분야에서 특수교육 접근이 시도되고 있으며 앞으로 더 발전하리라 생각된다.

특수교육의 주요 흐름은 분리 특수교육-정상화 및 탈 시설화-주류화-일반교육주도의 특수교육-완전통합이란 일련의 과정을 거치면서 분리교육에서 점진적 통합과정을 거쳐 완전통합을 지향하는 단계로 발전해 가고 있다. 이러한 흐름으로 볼 때, 특수교육의 최근 동향은 장애인의 사회통합을 지향하는 교육이다.

20세기에 접어들면서 '장애인의 정상화'를 지향하는 철학에 근거하여 비장애인과 함께 생활하고 학습할 기회를 높이려는 통합교육이 특수교육의 주요 관심사가 되었다. 정상화의 이념에 근거하여 추진하고 있는 운동이 통합교육이다. 그 결과 아동의 장애정도와 교육적 요구 및 필요에 따라서 특수교육 프로그램의 연속성을 강조함으로써 분리된 교육환경에서 통합된 교육환경에 이르는 일련의 교육환경을 설정하기에 이르렀다.

특수교육이란 일반적인 학교교육이 방법이나 전략만으로는 그 나이에 해당되는 교육적, 사회적 기타 여러 수준의 목표에 도달되지 못하는 심신의 장애를 지닌 아동을 대상으로 특별한 방법이나 서비스로 교육함을 의미한다. 즉 정신지체, 청각장애, 언어장애, 시각장애, 정서장애, 지체부자유 그리고 학습장애를 지닌 아동 등과 같이 심신의 장애로 인하여 일반교육 방법이 아닌 특별한 교육 관련 서비스를 요구하는 아동을 특수아동이라고 하며, 이들을 대상으로 하는 교육을 특수교육이라고 한다.

우리나라 특수교육은 헌법을 비롯한 관련 법규에서 정해진 바에 따라 실시되고 있다. 예를 들면, 헌법 제31조 제1항에서 "모든 국민은 능력에 따라 균등하게 교육을 받을 권리가 있다"라고 정하고 있어, 장애로 인하여 특별한 교육적 배려가 필요한 특수아동의 교육에 대한 사항을 제시하고 있다. 또한 교육기본법 제18조에서는 "국가 및 지방자치단체는 신체적·정신적·지적 장애 등으로 인하여 특별한 교육적 배려가 필요한 자를 위한 학교를 설립·경영하여야 하며 이들의 교육을 지원하기 위하여 필요한 시책을 수립·실시하여야 한다."라고 정하고 있다.

이것은 계속적인 특수교육에 대한 관심이 필요한 것이라 할 수 있다.

10. 인본주의 교육

인본주의 학습이론은 1970년대부터 출현하게 된 인본주의 심리학 (humanistic psychology)에 그 이론적 토대를 두고 있다. 인본주의 심리학은 건전한 인간 자체를 그 대상으로 하며, 인간을 능동적인 무한한 잠재력을 가진 주체로 인정한다. 또한 인간은 자기주도적·자기통제적 ·자기선택적이기 때문에 그에 대한 명령·강요·통제를 지양하고, 그의 자발성과 자율성을 최대한 존중한다.

인본주의 심리학은 개인의 잠재력을 실현시키는 데 역점을 둔다는 점에서 역시 1970년대부터 출현한 실존주의 심리학과 일치한다. 그러나 실존주의 심리학에서는 자신에 대한 내적 정체성과 자유의지, 책임의식을 강조하는 반면, 인본주의 심리학은 비언어적 경험·신체적 접촉을 통한 감정의 교류 및 억제된 감정과 욕망의 자연스러운 분산 등을 특히 강조한다.

학습에 대한 인본주의적 접근은 '현상학적 접근'이라고 하는데, 그 이유는 이러한 심리학적 경향이 철학에 있어서 후설(Husserl)의 현상학 내지는 그의 제자인 실존주의 철학자들의 영향을 강하게 받았기 때문이다. 여기에서는 '학습'을 지식과 정의(情意)가 결합된 유의미한 실존적 경험이라고 간주한다. 또한 특정 사태에 대한 개인의 지각·해석·의미 등 인간의 주관적 경험을 강조한다. 따라서 행동주의 심리학처럼 자연과학적인 방법과 결정론적 기계론으로 인간의 행동을 예언하거나 통제한다든가, 정신분석학처럼 과거의 유아기 성장과정에 관심을 갖거나 비정상인을 대상으로 하지 않는다.

이러한 인본주의 학습이론의 대표적인 학자들로는 **올포트(Allport)**, **콤즈(Combs)**, **매슬로우(Maslow)**, **로저스(Rogers)** 등을 들 수 있다.

먼저 **올포트**는 인간행동의 연구에 있어서 일반적 원리나 법칙을 규명하려는 데 관심을 갖는 보편적 접근(nomothetic approach)과 각 개인의 독특성과 고유성을 규명하려는 개별적 접근(idiographic approach)을 구별하면서, 이 중 후자의 중요성을 강조하였다. 그는 특히 자아를 강조하였는데, 이를 '느끼고 알려진 나'라고 파악하면서 독특성 또는 고유성이라고 보았다. 그는 이 자아를 통하여 건전한 성격이 발달한다고 주장하였다.

그리고 **콤즈**는 학습에 있어서는 인지적 측면보다 개인적 지각이 더 중요하므로 교사는 학생들이 긍정적 자아개념을 갖도록 지도해야 한다고 역설하였다. 인간은 누구나 적합감을 갖기를 원하므로 교사는 학습 장면에서 명령자·통제자보다는 촉진자·조력자의 역할을 충실히 함으로써 학생으로 하여금 적합감과 긍정적 자아개념을 갖도록 해야 한다. 그렇게 하기 위해서는 교사는 교과를 잘 알고, 학생들의 감정에 민감하며, 개개 학생들의 능력을 믿고, 자신도 긍정적인 자아개념을 갖고 학생에 대하여 최대한의 조력을 아끼지 않으며, 다양한 교수방법을 사용하여 학생의 자아발달을 촉진시켜야 한다고 주장하였다.

한편, **매슬로우**는 그 당시 세력을 떨치던 '행동주의 심리학'과 '정신분석학'을 거부하고, 제3세력의 심리학으로서 '인본주의 심리학'을 제창하였다. 그는 한 개인이 고유한 인간으로서 실현할 수 있는 잠재가능성을 최대한 수용하고 표현하는 상태를 자아실현(self-realization)이라 하였으며, 그러한 사람을 자아실현인이라 하였는데, 그는 이것을 교육의 목적으로 삼아야 한다고 주장하였다. 여기에서는 기존의 사실이나 정보를 수동적으로 받아들이는 외적 학습(기계적 학습, 피상적 학습)보다는 개개인의 자아실현을 돕는 내적 학습이 더 중요하다고 역설하였다.

마지막으로, 인본주의 학습이론에 있어서 가장 대표적인 학자는 **로저스**인데, 그의 이론은 상담분야뿐만 아니라, 학습이론분야에도 많은 영향을 미쳤다. 매슬로우가 건전한 사람의 모습으로써 '자아실현인'을 강조한 데 반하여, 로저스는 '만발기능인'(fully functioning person)을 주장하였는데, 이는 자신의 경험에 대하여 개방적이며, 실존적 생활방식을 유지할 뿐만 아니라 창의적이고 건설적이며 신뢰로우며 정당한 행동을 통하여 자신의 잠재력을 유감없이 발휘하는 자유인을 말한다. 로저스는 이러한 인간을 양성하는 것을 교육의 목적으로 생각하였다. 그런데 이러한 교육목적이 달성되기 위해서는 유의미학습이 이루어져야 한다고 주장하였다.

로저스는 『학습하는 자유』(Freedom to Learn)라는 저서에서 두 종류의 학습에 대하여 언급하였는데, 그것은 '유의미학습'(significant learning)과 '무의미학습'(meaningless learning)이다. 이 중 무의미학습은 기존의 지식체제를 외워서 기억하도록 하는 정신적 측면만을 강조하고 또 학습자의 능동적 측면이 아니라 수동적·소극적 측면에서 초점을 둠으로써 학습자 각자에게 개인적 의미를 갖지 못하는 인지적 학습을 말한다. 반면, 유의미학습은 인지적 측면과 정의적 측면이 통합된 전인의 형성을 강조하는 학습으로, 자기주도적일 뿐만 아니라 행동·태도·성격에까지 침투하는 학습을 말하는 것으로서, 여기에서는 학습의 책임을 학습자 자신에 두며 스스로 평가하는 자기평가를 강조할 뿐만 아니라 개인적 욕구의 만족과 의미를 중시한다. 그렇기 때문에 이러한 유의미학습에는 특히 개인의 직접적인 경험과 사고·감정을 매우 중요시한다.

로저스는 유의미학습의 원리로 몇 가지를 들었는데 첫째, 인간은 자연적인 학습욕구, 세상에 관한 자연적인 호기심 그리고 새로운 경험을 탐색·동화하려는 열망을 갖고 있기 때문에 이를 만족시켜 주어야 한다. 둘째, 학습은 교육내용이 학습자에게 관련성이 깊을 때 유의미하고,

더 빠르게 이루어진다. 셋째, 학습은 외적 위협이나 지시가 감소될 때 촉진된다. 넷째, 능동적인 참여에 의한 학습은 수동적인 학습보다 훨씬 더 효과적이며, 자기주도적이고 자기지도적일 때 더 많이 학습한다. 다섯째, 학습은 학습자의 전인적 측면에 관련될 때, 즉 지적인 측면과 정의적 측면이 통합될 때 가장 지속적이다. 여섯째, 학습은 학습자의 자기책임이 강조되고 자기평가가 이루어질 때 더 고양된다.

로저스에 의하면, 이러한 원리를 따르는 학습이 되기 위해서는 교사는 학습의 조력자 내지는 촉진자의 역할을 충실히 함으로써 학습자중심의 수업을 이끌어야 하며, 학생들에게 따뜻하고 긍정적이며 허용적인 태도를 보이면서 학생의 능력을 신뢰해야 할 뿐만 아니라 학생의 생각이나 의견을 최대한으로 존중해 주어야 한다. 교사가 이러한 이해와 진솔한 태도를 보일 때 학생들은 자아를 깨닫고 수용하게 될 것이다. 즉 체제수업으로 바뀌어야 한다. 체제수업은 다음과 같다. 간단히 살펴보도록 하겠다. 한사람이 가지고 있는 재능의 최대한으로 끌어올릴 수 있는 교육이라 본다. 우리나라의 교육체제는 일단의 재능은 단순히 부가로 치고 오직 성적으로 보기 때문에 대학이나 취업처 등에서도 성적만 보고 한사람의 재능 등은 고려하지 않는 게 현실이다. 하지만 재능 있는 아이들이 다니는 학교도 있지만 그런 학교는 몇 개 안 되기 때문에 다니는 사람도 적기 때문에 힘들다고 본다.

초등학교 때부터 아이들의 재능을 살릴 수 있는 수업을 한다면 초등학교를 졸업하여 중학교를 올라갈 때 입문계라고 단순히 들어가는 것보다는 그 아이의 재능을 최대로 끌어줄 수 있는 학교로 진학시켜주는 것이 최대라 본다. [※ 예를 들어 한 아이가 바이올린이나 음악 쪽에 소질이 있는데 그런 것은 무시하고 공부만 시키면 음악은 단순히 취미가 되지만 반대로 음악 쪽으로 가르쳐 본다면 나중에 음악가나 작곡가 또는 음악선생 등으로 갈 수 있다고 본다.] 단순히 공부만 하는 것보다는 여러 가지를 보고 경험해 보고 자신의 재능을 살려보는 것이 좋다고 본다.

사회생활에서 자신이 즐기면서 일하는 분들은 얼마 안 되는 소수의 분들이지만 그분들은 자신의 재능의 알아보고 키워주신 부모님이나 선생님, 교수님의 도움이 크다고 본다. 만약 부모님이 자신의 재능을 알아보고 학원이나 학교에 보내고 학교 선생님이나 학원 선생님은 그 좋은 재능을 살려 주려고 더욱 분발한다. 이렇게 되면서 이 학생은 나중에 선생님이나 교수가 된다면 또 재능인들을 발굴해 가르치며 서로 순환된다고 생각된다.

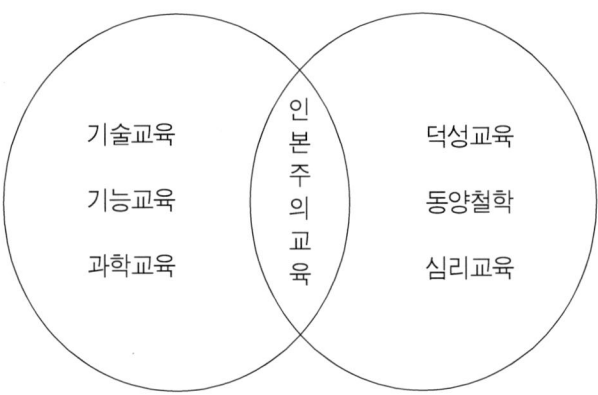

인본주의 교육은 종합적인 다원주의 틀에서 이해되어야 한다.

11. 토론교육

　　교수·학습 활동과 평가 활동을 통합적으로 수행하는 대표적인 평가 방법으로, 어떤 하나의 사실이나 과제에 관하여 창의적이고 논리적이면서도 설득력 있게 구두로 발표하거나 글로 작성하도록 하는 평가로서, 개인 나름의 생각이나 주장을 의사소통할 수 있는 평가 형태이다. 수행평가에서는 특히 찬·반 토론법을 많이 활용하는데, 찬·반 토론법이란 사회적으로나 개인적으로 서로 다른 의견을 제시할 수 있는 토론 주제를 가지고, 개인별로 혹은 소집단별로 찬·반 토론을 하도록 한 다음, 찬성과 반대의견을 토론하기 위해 사전에 준비한 자료의 다양성이나 충실성 그리고 토론 내용을 총체적으로 평가하는 방법이다. 교사는 이러한 찬·반 토론의 과정을 자세히 관찰함으로써 토론 진행과정에서 지도력을 발휘하여 토론을 이끌어 가는 사람, 당당하게 자기주장을 피력하는 사람, 남의 의견을 차분히 듣고 모두의 의견을 집약하는 능력을 발휘하는 사람 또는 상대방에게 의견을 자유롭게 제시하도록 한 후 결론은 자기 의견대로 끌고 가는 사람 등등 학생들의 여러 가지 유형의 성격도 파악할 수 있다.

토론법의 특징
(1) 협력학습을 권장한다.
(2) 한두 가지 측면에 초점을 맞추고 이에 대해 집중적으로 관찰하

며 누가 기록한다.

(3) 학생의 수학적 능력과 성향을 판단하는 보조자료로 활용한다.

(4) 장점: 논술형 검사와 구술시험을 통해 얻을 수 있는 정보를 모두 얻을 수 있다.

(5) 단점: 학생수가 많을 경우 개별 학생들이 충분히 발언할 기회를 갖지 못한다.

토론 시 유의할 점

- 상대방 주장의 논거를 확실히 파악해, 이에 대한 자신의 입장을 미리 정리해 둔다.
- 말하고자 하는 내용은 사실과 진실에 바탕을 두되, 보편적인 것이어야 한다.
- 의견을 인용할 때는 출처를 분명히 밝혀야 한다.
- 통계를 자료로 활용할 경우, 수치가 부정확하면 신뢰성을 잃게 되므로 수치의 정확성에 유념한다.
- 첫째, 우선, 먼저 생각할 것은, 둘째, 다음에, 바꾸어 말해서, 그것과 별도로, 단호히, 두말할 것도 없이, 무엇보다 먼저, 끝으로, 요컨대, 결국, 어떻든 간에 □□ 등과 같은 표현을 적절하게 구사하면서 자신의 주장을 명료하게 드러낸다.

상대방의 발언을 경청하도록 한다.

- 상대방의 주장의 근거가 되는 사실과 논거를 일단 인정하고, 될 수 있으면 상대방의 표현을 그대로 반복, 인용하여 상대방에게 그것을 확인시킨다.
- 자기주장의 근거가 되는 사실과 논거가 한층 신뢰성 있고 가치 있는 것임을 간결하게 말한다.
- 상대방 주장의 근거를 여러 각도에서 살펴보고, 그 취약점을 주의 깊게 고찰한 다음, 이유를 들어 문제점을 지적한다.

- 발언 내용이 단순하지 않을 경우, 자기주장의 요점을 다시 한번 강조하며 끝내도록 한다.
- 필요에 따라 상대방을 납득시켜 자기주장에 동조하게 한다.
- 인신 공격적인 발언을 해서는 안 되며, 상대방의 발언에 대해 감정적으로 대응해서는 안 된다.
- 바른 자세를 유지하도록 한다.

IV

한국교육의 대안 성균관교육

1. 동양전통교육의 복원

전통교육의 제도나 사상은 그 시대 삶의 표현이기 때문에 거기서 삶의 다양함과 풍부함 그리고 새로운 가능성을 배울 수 있다.

그래서 전통교육이 오늘의 삶 내지 교육을 위해서 할 수 있는 일은 단순히 과거의 삶 내지 교육의 형태를 보여주는 것 이상으로 오늘의 삶과 교육에 대한 올바른 비판을 제공해 주는 데 있다. 그래서 주자학적 이념을 지닌 지배층을 양성하기 위해서 만든 조선시대 최고의 학교인 성균관을 주목하여 성균관 교육의 성격을 올바르게 규명하여 보아야 하며, 동양전통 교육의 회복으로서 성균관 교육을 주장한다. 유학적인 단순한 교육을 의미하지는 않으며 21세기 현장적이며 현실적인 교육의 대안으로서 성균관 교육을 보자는 것이다.

1) 성균관의 역사

조선시대에 인재양성을 위하여 서울에 설치한 국립대학격의 유학교육기관·태학(太學)·반궁(泮宮)·현관(賢關)·근궁(芹宮)·수선지지(首善之地)라고도 하였다.

우리 역사상 국립 최고학부의 명칭으로 '성균(成均)'이라는 용어가 처음 사용된 것은 고려시대인 1298년(충렬왕 24)에 국학(國學, 國子監을 개칭한 것)을 성균감(成均監)이라 개칭한 데서 비롯된다. 그 뒤 1308년에 충선왕이 즉위하면서 성균감을 성균관이라 개칭하였으며, 공민왕 때 잠시 국자감으로 환원되었다가 다시 성균관으로 복구되었다. 성균관은 조선왕조가 세워진 뒤에도 그대로 존치되었는데, 고려시대의 국자감이 기술교육까지 담당했던 것과는 달리 유학교육만을 전담하였다.

성균관은 조선태조 때 한양(漢陽)으로 천도(遷都)한 뒤 새 도읍지의 동북부지역(지금의 종로구 명륜동 성균관대학교 구내)에 터가 정해져 대성전(大聖殿, 단종 때 大成殿으로 바뀜)과 동무(東廡)·서무(西廡)의 문묘(文廟)를 비롯하여 명륜당(明倫堂)·동재(東齋)·서재(西齋)·정록소(正錄所)·식당·양현고(養賢庫) 등의 건물이 신축됨으로써 새로운 모습을 보이게 되었다. 이 밖에 도서관인 존경각(尊經閣)과 반궁제(泮宮制)의 필수적인 요소인 반수(泮水)는 1478년(성종 9)에 갖추어졌다.

성균관의 직제는 조선 개국 초에는 고려시대의 것을 그대로 답습하다가 1466년(세조 12)의 관제 개혁 때 대폭적으로 바뀌어 정비되었다. 그 얼마 후에 반포된 법전인 ≪경국대전≫에 의하면 성균관에는 지사(知事) 1인, 동지사(同知事) 2인, 대사성(大司成) 1인, 사성(司成) 2인, 사예(司藝) 3인, 직강(直講) 4인, 전적(典籍) 13인, 박사(博士) 3인, 학정(學正) 3인, 학록(學錄) 3인, 학유(學諭) 3인의 관원을 두었다.

성균관유생의 정원은 개국 초에는 150인이었으나, 1429년(세종 11)에 200인으로 증원되었다. 이 중 반은 상재생(上齋生) 또는 상사생(上舍生)이라 하여 생원·진사로서 입학한 정규생(正規生)이었으며, 나머지 반은 기재생(寄齋生) 또는 하재생(下齋生)이라 하여 유학(幼學) 중에서 선발된 자들이었다. 기재생은 대체로 사학생도(四學生徒)로서 소정의 시험에 합격하여 입학한 승보기재(升補寄齋)와 부조(父祖)의 공덕에 힘

입어 입학한 문음기재(門蔭寄齋) 등이 있었다. 성균관에 입학할 수 있는 자격은 ① 생원과 진사, ② 사학생도 가운데 15세 이상으로 ≪소학小學≫ 및 사서(史書)와 오경(五經) 중 1경에 통한 자, ③ 공신과 3품 이상 관리의 적자(嫡子)로서 ≪소학≫에 통한 자, ④ 문과 및 생원·진사시의 초시(初試)인 한성시(漢城試)와 향시(鄕試)에 합격한 자, ⑤ 관리 가운데 입학을 원하는 자에게만 주어졌다.

성균관에 입학하여 동재와 서재에 기숙하며 공부하게 된 유생들은 아침·저녁 식사 때마다 식당에 비치된 명부인 도기(到記)에 서명하게 되어 있었는데, 아침·저녁 두 번 서명하면 원점(圓点) 1점을 얻게 되었다. 이것은 임종의 출석점수와 같은 것으로서 원칙적으로 원점을 통산하여 300점을 취득한 자에게만 관시(館試, 문과 초시에 해당하는 것으로서 성균관유생에게만 응시할 수 있는 특전을 준 시험)에 응시할 자격을 주었다.

성균관 유생들은 재학 중 일종의 학칙인 학령(學令)의 적용을 받았는데, 주요내용은 다음과 같다. ① 학관일강(學官日講, 經書試驗)과 순과(旬課, 製述試驗)를 실시하며, 그 성적은 연말에 종합하여 식년시(式年試)에 참작한다. ② 노(老)·불(佛)·백가자집(百家子集)을 읽는 자, 고담이론(高談異論)을 좋아하는 자는 벌한다. ③ 조정(朝廷)을 비방하는 자, 사장(師長)을 모독하는 자, 권세에 아부하는 자, 주색(酒色)을 말하는 자는 벌한다. ④ 오륜(五倫)을 범하는 자, 절개를 굽힌 자, 교만한 자, 스스로 자랑하는 자, 사치한 자, 교묘한 말과 보기 좋게 꾸민 얼굴빛으로 남의 환심을 사려는 자 등은 재(齋)에서 쫓아낸다. ⑤ 강경시험(講經試驗)의 점수는 대통(大通)·통(通)·약통(略通)·조통(粗通)으로 나누며, 조통 이하는 벌한다. ⑥ 매월 8일·23일은 정기휴일로 세탁하거나 부모를 찾아 뵙는 여가를 준다. ⑦ 해마다 품행이 단정하고 시무(時務)에 밝은 유생 1~2인을 천거하여 서용(敍用)한다.

성균관의 교육내용은 가장 기본적인 ≪대학≫, ≪논어≫, ≪맹자≫, ≪중용≫의 사서와 ≪예기≫, ≪춘추≫, ≪시전≫, ≪서전≫, ≪주역≫의 오경을 비롯하여 ≪근사록 近思錄≫ ≪성리대전 性理大典≫ ≪통감 通鑑≫ ≪좌전 左傳≫ ≪송원절요 宋元節要≫ ≪경국대전 經國大典≫ ≪동국정운 東國正韻≫ 등이었는데, 과거시험과목에 따라서 변동이 되기도 하였다. 이 밖에 시(詩)·부(賦)·송(頌)·책(策)과 같은 글을 짓는 방법을 비롯하여 중국의 왕희지와 조명부의 필법도 익히게 하였다. 성균관유생들에 대한 교육평가로는 학령에 명시되어 있는 학관일강과 순과를 비롯하여 예조월강(禮曹月講)이 있었는데 그 성적은 연말에 종합되어 식년시(式年試)와 천거에 참작되었다.

한편 성균관유생들은 과거(科擧)에 있어서 여러 가지 특전을 부여받았는데, 관시(館試)·알성시(謁聖試)·춘추도회(春秋都會) 등이 그것이며, 그 밖에 천거(薦擧)의 특전을 받기도 하였다. 성균관은 문과 준비를 위한 과업교육(科業敎育)을 담당하는 기관이었기에, 입학규정은 엄격하면서도 일정한 재학기간이나 졸업일이 없었다. 과거에 합격하는 날이 바로 졸업일이었다고 할 수 있다. 재학 중인 유생들에게는 성균관의 교육재정을 담당하는 양현고(養賢庫)에서 음식과 학용품 등의 생활필수품 일체를 제공하였다. 이러한 비용은 국가에서 성균관에 내려준 학전(學田)의 세수(稅收)와 성균관외거노비(成均館外居奴婢)의 신공(身貢)으로 충당되었다. 15세기 후반경 학전(學田)은 2,400여 결이었으며, 성균관 노비는 400여 명이었다. 성균관 노비 가운데 선상노비(選上奴婢)는 성균관 내의 잡역(雜役)에 종사하였고, 외거노비(外居奴婢)는 신공(身貢)을 바쳤다.

유생들의 기숙사인 동·서재에서의 생활은 규칙이 엄격하였고, 이 규칙은 유생들의 자치활동에 의하여 운영되었는데, 유생들의 자치기구로는 재회(齋會)가 있었다. 유생들은 자체의 내부적인 문제는 재회를 통해서 자치적으로 해결하였다. 그런데 유생들의 자치활동은 때로 대외적인 문제를 대상으로 이루어지기도 하였다. 즉 조정의 부당한 처사에 대한 시정 요구, 선대(先代)의 유신(儒臣)에 대한 문묘배향(文廟配享) 요구, 이단(異端)에 대한 배척 요구 등이 있을 때는 재회(齋會)를 열어 소두(疏頭)를 뽑고 유소(儒疏)를 올렸으며, 자신들의 요구가 받아들여지지 않을 경우에는 소행(疏行, 집단시위)이나 권당(捲堂, 수업거부, 단식투쟁) 또는 공관(空館, 동맹휴학) 등의 실력행사로 맞섰다.

성균관은 대체로 인재양성의 기능과 함께 선성(先聖)과 선현(先賢)에 대한 봉사(奉祀)의 기능을 가지고 있었다. 그런데 조선 초기에 있어서는 성균관이 주자학(朱子學)을 연구 보급하는 학문의 전당으로서의 기능과 주자학을 연구 보급하는 학문의 전당으로서의 기능과 주자학이념(朱子學理念)에 입각하여 관리를 양성하는 관리양성소로서의 기능을 발휘함으로써, 조선왕조의 지배사상과 관료체제를 재편성하고 강화하는 데 기여하였다는 점에서 그 역사적 의의를 찾을 수 있다.

그러나 조선왕조가 안정되어 감에 따라 공신(功臣)·훈신(勳臣)의 자제들에 대한 각종의 교육·과거의 특전이 부여됨으로써 성균관은 주자학에 대한 학문적 연구보다는 집권 양반자제들의 입신출세의 도구로 이용되게 되어 성균관교육은 침체되어 버렸고, 그 대신 주자학의 학문적 연구를 바탕으로 하는 사학(私學)인 서원(書院)이 지방 양반자제들의 과거준비교육기관으로 발흥하게 되었다. 그러나 조선시대의 성균관은 관념적인 면에서 19세기 말 신교육제도가 실시될 때까지 '풍화지원(風化之源)' '현사지관(賢士之關)'으로서의 위치는 면면히 지켜왔다.

임진왜란의 병화(兵火)로 성균관이 소실되자 난 후에 곧바로 복구사업이 이루어져 우선 문묘(文廟)와 명륜당(明倫堂)·동재(東齋)·서재(西齋) 등의 주요건물이 중건되고, 이어 존경각·정록청·식당·양현고 등의 부속건물도 다시 세워졌다. 그리고 그 뒤에 비천당(丕闡堂)·일량재(一兩齋)·벽입재(闢入齋)·계성사(啓聖祠)·육일각(六一閣) 등의 새로운 건물이 건립되어 그 규모가 전보다 확대되었다. 조선 후기에는 성균관의 직제가 일부 바뀌어 제주(祭酒, 정 3품) 1인과 사업(司業, 정 4품) 1인을 신설하고 대신 사성(司成, 종 3품)과 사예(司藝, 정 4품) 각 1인을 감축하였다. 그리고 실제 운영상의 직제로서 임시직이거나 겸직(兼職)의 성격을 갖는 겸직강(兼直講) 1인 및 겸박사(兼博士)·겸학정(兼學正)·겸학록(兼學錄)·겸학유(兼學諭) 각 3인이 증설되었다.

입학 정원은 임진왜란 이후 국가재정의 궁핍과 성균관 재원의 감소로 75인으로 대폭 감축되었으나 1742년(영조 18)에 126인으로 다소 늘어났다. 그중 106인은 생원·진사이고, 나머지 20인은 기재생이었다. 입학자격은 다소 완화되어 ① 서울과 지방의 유생 중 시강(試講)에 뽑힌 자, ② 과시(科試)의 하나인 통독(通讀)에서 기준점수는 얻었으나 합격하지 못한 자가 추가되었다. 그리고 양반신분이 아닌 서출(庶出)의 생원·진사도 입학하였는데, 이들은 남헌(南軒)에 머물면서 공부하였기에 남반(南班)이라 불렸다. 한편 성균관유생에 대한 과거의 특전도 확대되어 초기의 관시·알성시·춘추도회 외에 전강(殿講)·절일제(節日製, 春秋都會를 확대시킨 것). 황감제(黃柑製)·도기과(到記科)·응제(應製) 등이 추가되었다. 그리고 관시의 응시에 주로 적용된 원점 300점의 기준도 크게 완화되어 1744년(영조 20)에는 50점으로 낮추어졌다.

성균관의 교육재원으로 중요한 것은 학전(學田)과 노비였으며, 이 밖에 조선 중기 이래 성균관의 수세지로 각 지역의 토전(土田)을 절수(折受)받기도 하였다. 그런데 15세기 후반경에 2,400여 결이나 되었던 학전은 17세기 중엽인 효종 때에 358결로 크게 감소되었으며, 그 뒤 400결을 지급받았을 뿐이다. 그리고 성균관에서 절수받은 토전도 조선 후기에는 여러 궁가(宮家) 또는 국가기관에 의하여 빼앗기는 형편이었다.

한편 성균관 노비의 수는 15세기 후반경에 400여 명이던 것이 18세기 전반경에는 신공(身貢)을 바치는 장노비(壯奴婢)의 수가 크게 늘어나 7,000여 명이나 되었다. 그러나 성균관 노비가 1750년(영조 26)에 호조 (戶曹)로 이속(移屬)됨으로써, 이후로는 호조에서 신공을 거두어 1750 년에 성균관에서 거두었던 노비의 신공 총액만큼을 성균관에 보내게끔 되었다. 대체로 조선 후기에는 성균관 자체의 교육재정이 궁핍해지고, 과업교육(科業敎育)의 기능까지 담당하는 서원(書院)이 발달한 데다 성 균관유생들이 당쟁에 휩쓸려 학업을 소홀히 하고, 집권층인 벌열(閥閱) 들이 과거시험을 불공정하게 운용함으로써 성균관은 그 교육기능을 제 대로 발휘하지 못하고 부진하게 되었다.

1876년(고종 13) 개항 이후 개화의 분위기 속에서 구교육의 총본산 인 성균관은 더욱 침체하게 되었다. 이에 성균관 교육의 강화를 위하 여 1887년에 성균관에 경학원(經學院)을 부설하였지만, 종래의 유학교 육만을 답습함으로써 당시의 개화풍조에 부응하지 못하였기 때문에, 큰 성과는 거두지 못하였다. 그 뒤 1894년의 갑오경장(甲午更張) 때 과거 제의 철폐와 함께 새로운 관리등용법이 마련됨으로써 성균관은 인재양 성의 교육기능을 상실한 채 학무아문(學務衙門)의 성균관급상교서원국 (成均館及庠敎書院局)으로 변신되고 말았다.

그러나 이듬해 성균관은 관제가 새로이 마련되어 장(長) 1인, 교수 (敎授) 2인, 직원(直員) 2인이 두어졌고, 경학과(經學科)의 설치로 교육 기능이 부활되었다. 이때의 성균관은 종전의 성균관과 달리 개화의 물 결 속에서도 우리의 전통적인 유학과 도덕을 지켜 나가는 동시에, 이 러한 자세를 바탕으로 우리나라 근대화에 대처해 나갈 인재를 양성하 는 교육기관으로 새롭게 출발한 것이었다. 따라서 경학과의 학제도 옛 학제와 달리 3년제 학교로서 학급이 편성되고 학년이 전·후 2학기로 구분되었으며, 입학시험을 치러 학생을 선발하되 20세 이상 40세까지 의 연령제한을 두었고, 졸업시험에 합격한 자에게만 졸업증명서를 주었

다. 학과목도 많이 달라져서 유학 등의 전통적 학과목 외에 본국역사
(本國歷史)가 필수과목, 만국역사(萬國歷史)·본국지지(本國地誌)·만
국지지(萬國地誌)·산술(算術)이 선택과목으로 설치되었는데, 1년 뒤에
는 선택과목도 모두 필수과목으로 바뀌었다.

그 뒤 1905년(광무 9)에 성균관의 직제가 개정되어 교수가 3인으로
늘고 박사 3인이 신설되었는데, 박사는 2년 뒤에 사업으로 개칭되었다.
그리고 1908년(융희 2)에는 성균관이 경학 외에 기타 학과, 즉 신학문
도 학습하는 곳으로 법규가 바뀌었다.

그러나 1910년에 우리나라가 일제에 의해 주권을 빼앗긴 지 1년 만
에 성균관은 일제의 식민지정책의 일환으로 전면적인 개편을 강요당하
여 경학원(經學院)으로 개칭되면서 최고학부로서의 교육기능을 상실당
하고 석존향사(釋奠享祀)와 재산관리를 주 임무로 하는 기관으로 바뀌
게 되었다. 그 뒤 전국 유림(儒林)들에 의한 성균관 교육기능의 회복
움직임이 크게 일어나 1930년에 경학원 부설로 명륜학원(明倫學院)이
설립되었다. 1939년에는 명륜전문학원(明倫專門學院)으로 승격되는 부
령(府令)이 공포되었으며, 1942년에 재단법인 명륜전문학교의 설립 인
가를 얻어 신입생을 뽑고 교육에 임하였으나 그다음 해 일제가 태평양
전쟁에 광분하느라 폐교 조치되고 말았다. 1945년 광복과 함께 명륜전
문학교가 부활되고, 경학원도 성균관으로 환원되었다. 그 이듬해인
1946년에 명륜전문학교는 발전적으로 해체되고, 그 대신 성균관대학이
설립되고 현재의 성균관대학교로 발전하였다.

성균관은 조선왕조의 최고학부로서 조선의 정치이념을 알리고 체제
를 강화하는 데 주도적 역할을 담당하였던 기관이다.

여말 신진사대부들에 의해 정비되었다.

성균관의 성립과정, 즉 역대 대학교육을 담당한 최고학부의 연혁을
살펴보면 다음과 같다.

우리나라의 전통적인 고등교육기관은 유교를 사상적 배경으로 중국

의 교육제도를 본받아 성립된 것으로 고구려의 태학을 기원으로 하며 신라의 국학, 고려의 국자감, 조선의 성균관으로 맥락이 이어진다.

고려는 성종11년(992)에 당의 학제를 모방하여 개경에 국자감을 설치하고 본격적으로 대학교육을 실시하였다.

그러나 국자감은 고려 후기에 그 명칭이 자주 변경되었다.

고려의 성균관은 조선의 성균관으로 전승되었다.

성균관에는 최고의 책임자로 정3품직인 대사성(大司成)을 두었으며, 그 아래에 제주, 악정, 직강, 박사, 학정, 학록, 학유 등의 관직을 두었다.

조선시대의 교육제도는 과거제도와 긴밀히 연결되어서, 초시인 생원시와 진사시에 합격한 유생에게 우선적으로 성균관에의 입학 기회를 주었다. 성균관 유생의 정원은 개국 초에는 150명이었으나, 1429년(세종 11)부터 200명으로 정착되었다.

생원시와 진사시에 합격한 유생을 상재생이라 하였으며, 소정의 선발 시험인 승보나 음서에 의해 입학한 유생들을 하재생이라 하였다.

성균관 유생은 기숙사격인 동재와 서재에서 생활하였으며, 출석 점수 원점을 300점 이상 취득해야만 대과 초시에 응시할 수 있었다.

유생의 생활은 엄격한 규칙에 의해서 이루어졌으며, 자치적인 활동기구로 재회가 있었다. 유생은 기숙사생활을 하는 동안 국가로부터 학전과 외거노비 등을 제공받았으며, 교육 경비로 쓰이는 전곡의 출납은 양현고에서 담당하였다.

유생은 또한 당대의 학문·정치현실에도 매우 민감하여 문묘종사나 정부의 불교숭상 움직임에 대해 집단 상소를 올렸으며, 그들의 요구가 받아들여지지 않으면 권당(捲堂: 수업거부) 또는 공관(空館)이라는 실력행사를 하기도 하였다.

조선 전기 학문의 전당으로서 관리의 모집단으로 주요한 기능을 한 성균관은 조선 후기에 이르면서 교육재정이 궁핍화하고 과거제도가 불공정하게 운영되면서 그 기능이 약화되었다. 풍습에 있어서 좋지 않은 것들도 존재했다.

기숙사인 동재와 서재에서는 면책(面責)의 풍습이 있었는데, 선배가 후배를 부르면 동, 서재의 재직(심부름꾼)들이 호출당한 자가 있는 곳으로 몰려가서 신참을 에워싸고 함부로 성명을 불렀다. 이는 현재에서 본다면 군대에서 신병교육과도 비슷한 것이다. 선조 때 금령을 내렸으나 쉽게 고쳐지지 않았다고 한다. 그 외에도 교관천시풍조가 있었다. 세종 후기부터 성균관 교육은 침체돼 교관직은 관리들의 유배지와 같은 한직으로 인식됐다. 유능한 교관이 부임해도 곧 전직이 됐으며 때로는 환임을 요구해도 거부되기 예사였다고 한다. 또 성종 때 이르러서는 성균관 유생들이 교관의 학문적 자질과 인격을 희롱하는 시와 글을 쓰고 체벌에 대한 불만을 품어 권당(捲堂: 식당을 들어가지 않음)까지 감행하는 일이 벌어졌다.

이는 지나친 학생중심의 운영과도 무관하지는 않다. 학생자치권이 매우 강한 교육제도였기 때문에, 교수진들의 권위가 서지 못했던 데에도 그 주요한 원인이 있는 것으로 보인다.

조선 초기는 새 왕조가 자리를 잡아가는 시기인 만큼 여러 분야에서 많은 개혁의 논의가 분분했던 시기이며 교육에서도 역시 많은 논의가 있었다.

그 대략을 보면, 태조 3년에는 각 지방 토관의 자제를 교육시키기 위해 학교를 설치하였다. 사간원에서는 학문진흥에 관한 건의를 올리고, 태조 7년에는 정도전과 권근을 성균관 제조로 삼아 유생 교육에 힘을 썼다.

태종 4년에 사간원에서는 인재등용에 대한 상소를 올렸으며, 태종13년에는 길창근 권근이 권학에 대한 상소를 올리기도 하였다. 이 외에도 태종, 세종 시기를 거치면서 수많은 교육개혁에 관한 논의가 있다.

V

결 론

일본과 중국 등지에서 근대화 혹은 서구화의 물결이 진행되고 있을 무렵, 조선에서는 19세기 말까지도 다른 문명국을 의식하지 못하고 전근대적인 교육을 하고 있었다. 예를 들면, 성균관, 사학, 향교, 서당 등의 기관이 고, 중, 초등교육의 기능을 담당하고 있었으나, 연결체제가 갖추어지지 않은 각각의 독립된 기관이었으며 유가적 서적만을 교육내용으로 한정짓고 있었다. 그러나 1876년 일본과의 강화조약을 통해 세계 열국에 개국을 하게 되면서 각 나라의 문물이 물밀 듯이 들어왔고, 이에 따라 우리의 교육 형태도 서구적인 모습으로 변해가기 시작했다. 한국교육이 근대화되어 가는 과정은 여러 각도로 살펴볼 수 있다. 우리 민족의 자주적인 노력에 의한 교육 기관, 일제에 의한 교육 기관 등 다양한 경로를 통해 우리 교육이 점차 근대화되어 왔다. 또한 기존의 불교계가 교의 통합을 꿈꾸면서 몇몇 학교를 세우고 17세기 초 도입된 천주교(구교)와 그보다 약 80~90여 년 정도 늦게 들어온 개신교는 막 개국한 조선에서 포교의 자유가 없었기 때문에 의료 및 교육의 방법을 통해서 그 세력을 확장시키게 된다. 즉 여러 선교사들에 의해 시작된 교육이 한국교육의 서구화에 중요한 영향을 끼치게 된다는 사실을 쉽게 알 수가 있다.

우리는 동양전통 교육을 주목해 볼 줄 알아야 한다. 현재는 모든 것이 서양 중심이고, 서양 것이 더 우수하다는 인식하에 무비판적으로 받아들이고 있으며, 정책도 서양 중심으로 흘러간다. 이것을 바로잡을 수 있는 것은 전통적인 동양전통교육밖에 없다고 본다. 그렇다고 해서 서양 것이 무조건 나쁘다는 배타주의는 아니다. 단지 우리 것을 찾아 보강하고 전통을 이어나가는 교육이 필요하다는 것이다.

그런 의미에서 성균관은 큰 의미를 가진다. 특히 실기교육에 있어서는 선인들의 현장중심 교육을 더 깊이 있게 연구하고 본받아야 할 것이다.

유구한 역사를 가진 선인들의 교육이 부질없는 교육이 아닐진대 우리는 지금 200년밖에 안 된 미국 중심의 교육에만 매달리고 있다.

참고문헌

http://www.royalmuseum.go.kr/kor/cul/cul_att/2001/이덕일.hwp
http://www.happycampus.com/pages/2003/03/14/D1189005.html
http://www.hampyeong.jeonnam.kr/hwp/B2.hwp
http://www.koreandb.net/kinglife/king_study05_03.htm

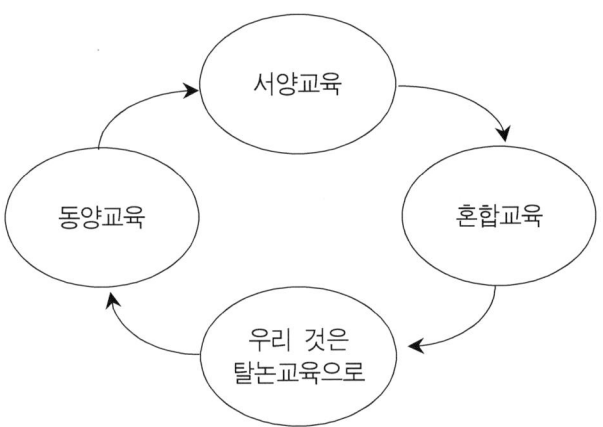

본질로 들어가야 한다. 동양전통 교육의 회복이 실기교육의 나아갈 근본적 방향이라고 할 수 있다.

● 저 자 ●

한만봉   韓萬奉
Han Man-Bong

● 약 력 ●

1994. U.S.A. Midwest University (M.Div,Hon D)
2002. 고려대학교 (교육정책학 석사졸－수석장학생)
2002. Midwestan Graduate school (D.Th. Hon)
2005. 성균관대학교 대학원 박사Cand (교육행정학 전공)

1985. 극단 백조 활동, 배우탈렌트 활동
1991. 한국세무신문사 전문취재부 기자
1995. 한국어린이선교원신학교캠퍼스 분교장
2002. 고려교육정책학회 상임회장(학진 학회검색가능)
2002. 몬테소리학회 상임회장(학진 학회검색가능)
2002. 고구려대학교 설립추진위원회 법인이사
2003. 한주신학 학술원 설립이사(신학원 교수)
2003. U.S.A. Glenford University 교육학과 교수역임
2004. U.S.A. Cohen University 정책학과 외래교수
2004. 한국복지상담학술재단 이사 겸 홍보처장

2005. U.S.A Holy People University Campus 유학담당 지도교수

2005. PHILIPPINE PRESBYTERIAN THEOLOGICAL COLLEGE 객원교수

2005. 지방분권신문사 사장(대표 이사)

2006. (대통령자문기구)사법제도개혁추진위원회 모의재판 배역으로 출연다수.

• 주요논저 •

우리나라의 복지행정제도에 관한 고찰 연구(1988)

Kal Barth의 신관 연구(1988)

한국 민중문화와 민중 신학 연구(1992)

Rein hold Niebuhr & Marx 에 대한 상관관계 연구(1993)

A CHRONOLOGICAL HARMONY OF THE RESURRECTION
APPEARANCES OF JESUS THE MESSIAH(1994)

북한종교의 변화 전망 연구(2002)

교육위원회와 지방의회 간의 갈등 현상에 관한 연구(2001)

조선조 과거시험 방식의 정책적 분석(공동, 2005)

조선의 과거제도에 대한 정책적 연구(공동, 2005)

조선왕조 과거제도 인사정책 연구(공동, 2005)

조선왕조 과거시험주기 정책적 주장 분석연구(공동, 2005)

조선왕조 과거제도가 현대 정책에 주는 의미(공동, 2005)

과거제도 시험주기의 정책 분석연구(공동, 2005)

북한 종교지형 변천 정책 분석연구(공동, 2005)

『대학생활영어 ENGLISH LANGUAGE』(공저)

『행정경제교육』(저술)

『행정정책기획론』(저술)

『의원학』(저술)

『교육정책학(상, 하)』(저술)

『산학협동교육학』(저술)

『영재교육심리』(저술)

『인사행정학』(저술)

『행정복지론』(저술)

『현대교육학실기론』(저술)

『국회의원학』(저술)

『조직신학』(공저)

『대학생활영어』Conversation in English(공저)

『현대환경행정론』(공저)

『행정사무관리론』(공저)

『아다르마성공비법』(저)

『동양환경행정』(저)

『실기교육방법론』(저)

『지방자치발전론』(저)

『교육학과비서행정』(저)

『행정복지론』(저)

『7만교인교육론』(저)

외 다수

본 도서는 한국학술정보(주)와 저작자 간에 전송권 및 출판권 계약이 체결된 도서로서, 당사와의 계약에 의해 이 도서를 구매한 도서관은 대학(동일 캠퍼스) 내에서 정당한 이용권자(재적학생 및 교직원)에게 전송할 수 있는 권리를 보유하게 됩니다. 그러나 다른 지역으로의 전송과 정당한 이용권자 이외의 이용은 금지되어 있습니다.

천년을 움직이는 교육

실기교육방법론

- 초판 인쇄　2007년 12월 30일
- 초판 발행　2007년 12월 30일

- 지 은 이　한만봉
- 펴 낸 이　채종준
- 펴 낸 곳　한국학술정보㈜
　　　　　　경기도 파주시 교하읍 문발리 513-5
　　　　　　파주출판문화정보산업단지
　　　　　　전화　031) 908-3181(대표) · 팩스　031) 908-3189
　　　　　　홈페이지　http://www.kstudy.com
　　　　　　e-mail(출판사업부)　publish@kstudy.com
- 등록　　　제일산－115호(2000. 6. 19)
- 가격　　　16,000원

ISBN　978-89-534-8019-3　93370 (Paper Book)
　　　　978-89-534-8020-9　98370 (e－Book)